根据《民法典》《不动产登记规程》(TD/T 1095—2024)
等最新法律、行政法规和不动产登记规则编撰

不动产登记实务问题解答

刘守君　编著

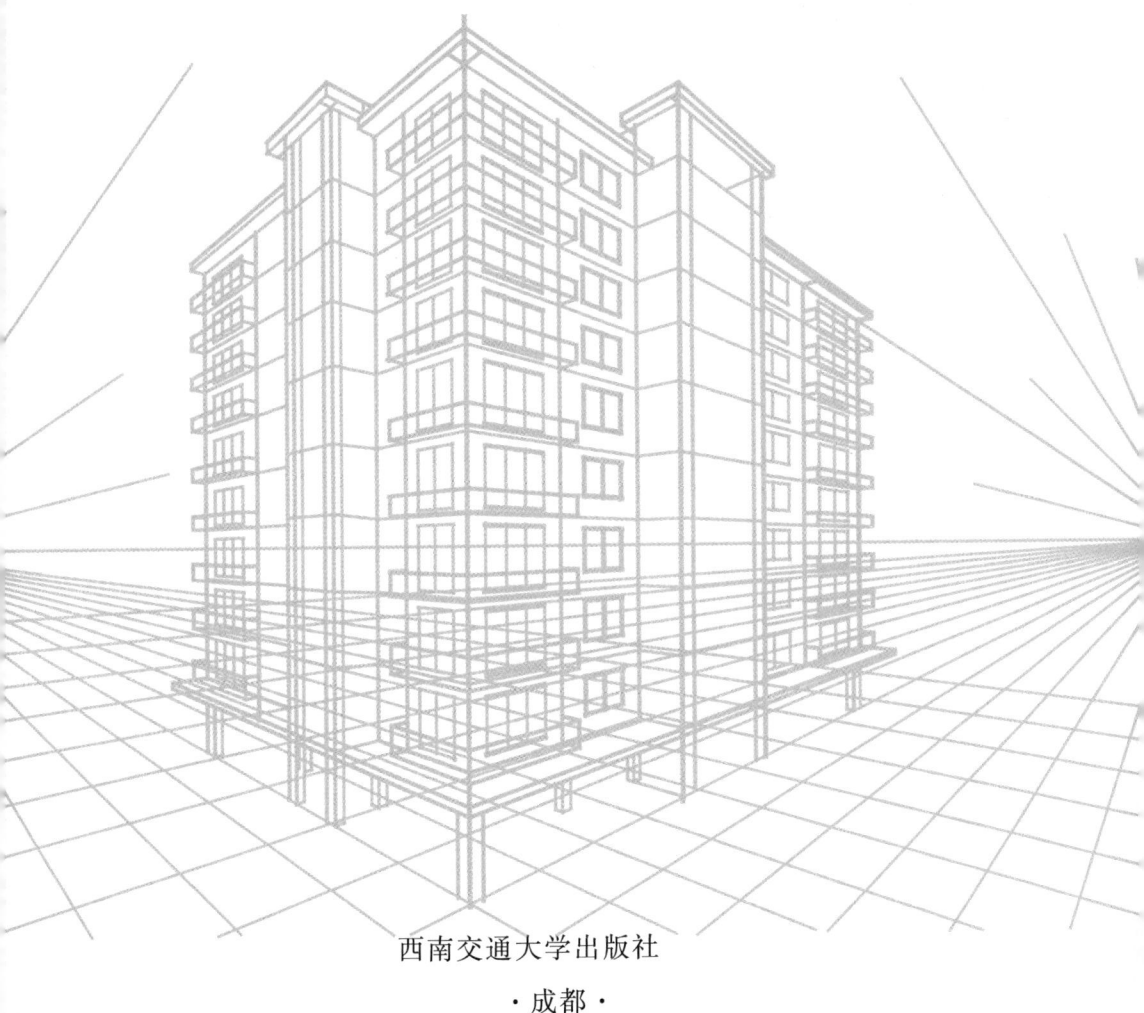

西南交通大学出版社
·成都·

内容简介

本书作者从他记录的与不动产登记实务界的业内同仁交流、探讨的诸多不动产登记实务问题中，选取了 130 个具有代表性的问题，通过法理分析、法条阐释和提出实务处理建议等方式予以解析，以期为读者解决不动产登记实务问题提供参考、借鉴。

图书在版编目（CIP）数据

不动产登记实务问题解答 / 刘守君编著. -- 成都：西南交通大学出版社，2025.1 -- ISBN 978-7-5774-0260-4

Ⅰ. D923.25

中国国家版本馆 CIP 数据核字第 2025W9D357 号

Budongchan dengji Shiwu Wenti Jieda
不动产登记实务问题解答

刘守君　编著

策 划 编 辑	黄庆斌
责 任 编 辑	孟秀芝
封 面 设 计	何东琳设计工作室
出 版 发 行	西南交通大学出版社 （四川省成都市二环路北一段 111 号 西南交通大学创新大厦 21 楼）
发行部电话	028-87600564　028-87600533
邮 政 编 码	610031
网　　　址	http://www.xnjdcbs.com
印　　　刷	四川煤田地质制图印刷厂
成 品 尺 寸	170 mm×230 mm
印　　　张	16.75
字　　　数	215 千
版　　　次	2025 年 1 月第 1 版
印　　　次	2025 年 1 月第 1 次
书　　　号	ISBN 978-7-5774-0260-4
定　　　价	48.00 元

图书如有印装质量问题　本社负责退换
版权所有　盗版必究　举报电话：028-87600562

作者简介

刘守君，男，1969年9月出生，党校大学文化，高级经济师职称。中国注册房地产估价师和中国注册房地产经纪人资格。乐山市首批学术和技术带头人。

1993年9月至2014年5月，在四川省犍为县房地产管理所从事房屋登记工作，现从事不动产登记研究、咨询和教学工作。

主要学术兼职：北京城市学院众城智库中国不动产（自然资源）登记研究院研究员。

主要参研项目：《福建省不动产登记办法》前期调研论证、河北雄安新区不动产登记制度体系研究。

主要荣誉：四川省优秀人民陪审员、乐山市社会科学优秀成果二等奖等。

主要研究兴趣：民法物权，不动产登记。公开出版《〈不动产登记暂行条例实施细则〉条文理解与适用》《不动产登记典型问题解析》《不动产登记收件实务》《不动产登记典型案例剖析》《不动产登记典型判例解析》《不动产登记中的民法原理与实务》《不动产登记审查实务》《不动产登记原理与实务》等11部专著。有190多篇关于不动产登记的论文、案例剖析文章发表在《中国国土资源报》《中国不动产》《中国房地产》《房地产权产籍》等专业报纸、期刊上。

前 言

PREFACE

与不动产登记实务界的业内同仁在微信群和QQ群交流、讨论不动产登记实务问题，或通过线上沟通，单独与不动产登记实务界的业内同仁交流、讨论不动产登记实务问题，已经成为我工作生活的重要组成部分，让我的工作生活愉快而精彩。

通过交流、讨论，我看到了业内同仁对解决不动产登记实务问题的思路、观点和支持这些思路、观点的法律、法规、政策或理论依据，在此基础上反思自己对该问题的思路、观点和支持这些思路、观点的法律、法规、政策或理论依据是否得当、准确，通过比较、分析，或坚持自己的观点，或抛弃自己的观点而吸收业内同仁的观点，或辩证地融合自己的观点和业内同仁的观点。总之，通过交流、讨论，其中的每一个不动产登记实务问题在我心中有一个合法、合规、中性的解决办法。出于习惯，我把这些通过思考得出的结论以及支撑这些结论的法律、法规、政策或理论依据记录下来，不知不觉间，又汇集了几百个不动产登记实务问题的解析，我从中选取了130个不动产登记实务问题的解析进行组合，形成了您手中的《不动产登记实务问题解答》。

本书的编撰体系沿袭了我之前出版的《不动产登记典型问题解析》《不动产登记典型案例剖析》《不动产登记实务问答》的编撰体系，即按不动产登记类型，将这些问题进行分类，以便于读者查阅和关联理解。在方法上，通过法理分析、法条阐释和提出实务处理建议等方式对这些问题进行解析。解析中，虽然也引用了法学家们的经典理论，但更多的还是根据自己研习民法物权、不动产登记理论和曾经从事二十余年不动产（房屋）登记实务的体会、经验以及与朋友们交流探讨中学到的新知识、提升的新认识，来说法理、讲法条、提建议。

我期盼本书的出版，能够为从事不动产登记实务的朋友们解决工作中的问题提供参考、借鉴，但限于我的能力和水平，本书的疏漏之处在所难免，敬请读者和各位仁达贤翁不吝赐教。

本书能够顺利出版，得益于西南交通大学出版社的大力支持，在此深表谢忱。在本书编撰过程中，得到了我亲爱的妻子范晓容女士的真情陪伴和倾心相助，谨以此书向她致敬。谨以此书与我的四川大学生物治疗全国重点实验室的博士研究生女儿刘默涵同学共勉，祝她快乐、健康、阳光、课题研究顺利并学业有成。

刘守君

二〇二四年十一月，犍为

主要法律规范性文件缩略语

1.《中华人民共和国民法典》——《民法典》

2.《中华人民共和国城市房地产管理法》——《房地产管理法》

3.《中华人民共和国土地管理法》——《土地管理法》

4.《中华人民共和国民事诉讼法》——《民事诉讼法》

5.《中华人民共和国行政诉讼法》——《行政诉讼法》

6.《中华人民共和国公证法》——《公证法》

7.《中华人民共和国农村土地承包法》——《农村土地承包法》

8.《中华人民共和国森林法》——《森林法》

9.《中华人民共和国防洪法》——《防洪法》

10.《中华人民共和国公司法》——《公司法》

11.《中华人民共和国村民委员会组织法》——《村民委员会组织法》

12.《中华人民共和国居民委员会组织法》——《居民委员会组织法》

13.《中华人民共和国破产法》——《破产法》

14.《中华人民共和国物权法》——《物权法》

15.《中华人民共和国城乡规划法》——《城乡规划》

16.《中华人民共和国城镇国有土地使用权出让和转让暂行条例》——《城镇国有土地使用权出让和转让暂行条例》

17.《中华人民共和国不动产登记暂行条例》——《不动产登记暂行条例》

18.《中华人民共和国土地管理法实施条例》——《土地管理法实施条例》

19.《中华人民共和国土地增值税暂行条例》——《土地增值税暂行条例》

20.《最高人民法院关于适用〈中华人民共和国民事诉讼法〉的解释》——《民事诉讼法司法解释》

21.《最高人民法院关于适用〈中华人民共和国民法典〉继承编的解释（一）》——《民法典继承编司法解释（一）》

22.《最高人民法院关于适用〈中华人民共和国民法典〉物权编的解释（一）》——《民法典物权编司法解释（一）》

23.《最高人民法院关于适用〈中华人民共和国民法典〉有关担保制度的解释》——《民法典担保制度司法解释》

24.《最高人民法院关于适用《中华人民共和国企业破产法》若干问题的规定（二）》——《破产法司法解释（二）》

25.《最高人民法院关于适用〈中华人民共和国物权法〉若干问题的解释（一）》——《物权法司法解释（一）》

目 录
CONTENTS

第一部分 首次登记

第 1 问 村民委员会改设为居民委员会后，未被征收的现居民（原村民）使用的宅基地的所有权应当登记在谁名下 // 1

第 2 问 房屋占用范围内的土地从集体土地变更为国有土地产生的不动产登记，适用什么不动产登记类型 // 3

第 3 问 因建设用地复耕产生的不动产登记，适用什么不动产登记类型 // 5

第 4 问 登记机构办理因出让产生的集体建设用地使用权首次登记时，可否不再进行公告 // 7

第 5 问 当事人持农业科研所与其签订的国有土地承包合同申请的土地经营权首次登记，登记机构可否办理 // 8

第 6 问 申请人申请的因桥上建房产生的国有建设用地使用权及房屋所有权首次登记，登记机构可否办理 // 10

第 7 问 按规划条件建造的超出宗地范围的楼上房屋，登记机构可否为申请人办理首次登记 // 11

第 8 问 当事人在地下空间权不在出让范围内的宗地的地下建造的房屋，可否申请房屋所有权首次登记 // 12

第 9 问　公司被注销后，其剩余的未经登记的房屋应当首次登记在谁名下 // 14

第 10 问　因违法占地、建造导致房地产被没收后，当事人在完善了用地、规划手续的基础上申请的国有建设用地使用权及地上房屋所有权首次登记，登记机构可否办理 // 15

第二部分　变更登记

第 11 问　一宗集体建设用地与毗邻的另一宗国有建设用地可否合并成一个不动产单元后申请土地使用权变更登记 // 18

第 12 问　申请人因非住宅建设用地使用权续期申请的不动产登记，登记机构应当适用首次登记还是变更登记 // 19

第 13 问　申请人申请的因变更抵押房屋的共有性质产生的变更登记，登记机构可否办理 // 21

第 14 问　依职权更正登记程序运行中申请人申请的因权利人名称变更产生的变更登记，登记机构可否办理 // 22

第三部分　转移登记

第 15 问　申请人申请转让转移登记的国有建设用地上面有他人合法建造且已竣工但未办理所有权首次登记的房屋的，登记机构可否办理该件国有建设用地使用权转移登记 // 25

第 16 问　因生效的民事判决书改变离婚民事调解书中约定的房屋归属产生的不动产登记，登记机构可否办理 // 26

第 17 问　登记机构可否凭人民法院同意转让的情况说明办理有查封登记的房屋的转让转移登记 // 28

第 18 问　继母可否作为监护人代继女申请转让房屋产生的转移登记 // 29

目 录

第 19 问　申请人提交的转移登记申请材料中有监护人代被监护人放弃继承的材料的，登记机构可否办理该件继承转移登记 // 30

第 20 问　监护人将两个被监护人的房屋互换后申请的转移登记，登记机构可否办理 // 34

第 21 问　临时监护人委托的照顾死者的人因分得该死者遗留的房屋申请的转移登记，登记机构可否办理 // 35

第 22 问　父母代限制行为能力的未成年人申请因转让房地产产生的转移登记时，该未成年人是否到场接受登记机构的询问 // 37

第 23 问　因父母与同为共有人的未成年子女约定不等额按份共有申请的商品房转移登记，登记机构可否办理 // 40

第 24 问　受托人代为申请的转移登记拟记载于登记簿的时间在委托期限之后的，登记机构可否记载 // 44

第 25 问　登记机构在受理受托人代为申请的转让转移登记后，可否凭委托人出具的取消委托书的证明停止办理该转让转移登记 // 45

第 26 问　申请人申请因整体转让按份共有的房地产产生的转移登记时未提交其他共有人放弃优先购买权的证明的，登记机构可否办理 // 46

第 27 问　申请人申请的因共有人间的份额转让产生的转移登记中缺少其他共有人放弃优先购买权的材料的，登记机构可否办理 // 49

第 28 问　转让转移登记申请材料中有监护人代被监护人出具的放弃优先购买权的声明的，登记机构可否办理该件转移登记 // 50

第 29 问　申请人申请其于法定结婚年龄届满前购买的商品房转移登记时，登记机构可否不询问该房屋的共有情况 // 51

第 30 问　以家庭经营方式经营的个体工商户中的经营者死亡后，对登记在该个体工商户字号下的国有建设用地使用权，其继承人该怎样申请因继承产生的不动产登记 // 54

第 31 问　当事人婚前取得的房地产离婚时约定归对方配偶后又单独与受让方申请的转让转移登记，登记机构可否办理 // 55

第 32 问　申请人以对方配偶离婚时放弃分割夫妻共同财产为由申请的将登记为原夫妻共有的房屋变更为其单独所有产生的不动产登记，登记机构可否办理 // 57

第 33 问　申请人再婚后基于与前夫的离婚协议申请的不动产转移登记中，共有情况是申请登记为现夫妻共有还是其单独所有 // 58

第 34 问　当事人基于生效的判决书取得的房屋未登记在其名下又据此作离婚分割产生的转移登记，登记机构可否办理 // 60

第 35 问　夫妻中的一方在对方死亡后持离婚协议单独申请的不动产转移登记，登记机构可否办理 // 62

第 36 问　第一顺序继承人全部放弃继承权后，由转继承人因继承作为遗产的全部房地产申请的转移登记，登记机构可否办理 // 64

第 37 问　第一顺序继承人全部放弃继承后由代位继承人继承宅基地使用权及地上房屋所有权产生的转移登记，登记机构可否办理 // 65

第 38 问　放弃继承的继承人将其本应继承的份额赠与儿子产生的转移登记，登记机构可否办理 // 67

第 39 问　放弃继承的继承人将其本应继承的份额安排给其他继承人继承产生的转移登记，登记机构可否办理 // 68

第 40 问　全部继承人放弃继承的宅基地使用权及地上房屋所有权，村民小组该怎样申请不动产登记 // 69

第 41 问　因被继承人死亡，其与配偶共同共有的房屋产生继承后，继承人申请与被继承人的配偶共同共有该房屋产生的转移登记，登记机构可否办理 // 71

第 42 问　申请人申请的因继承房改时以标准价购得的有限产权房屋产生的转移登记，登记机构可否办理 // 72

第 43 问　申请继承转移登记的房屋已经灭失，登记机构可否将该已经灭失的房屋的所有权转移登记给继承人 // 74

目 录

第 44 问　申请人申请因继承商业用途的划拨土地及地上商业用途的房屋产生的转移登记时，登记机构是否收取准予转移的批文或土地出让金缴纳凭证 // 77

第 45 问　申请人申请因继承产生的转移登记的房屋系遗嘱中指定由其继承但后被立遗嘱人卖出后再买回，对此继承转移登记，登记机构可否办理 // 78

第 46 问　继承人按公证遗嘱要求转让作为遗产的房屋后申请的转移登记，登记机构可否办理 // 79

第 47 问　申请人持遗产管理人出具的遗产分配情况说明申请的继承转移登记，登记机构可否办理 // 80

第 48 问　无继承人的人与他人签订房地产转让合同后死亡的，受让方可否单方申请转让转移登记 // 82

第 49 问　当事人以其和已死亡的配偶的名义签订的商品房预售合同可否作为转移登记的申请材料 // 83

第 50 问　申请人在不动产登记申请书上用艺术字签名申请的因继承房屋产生的转移登记，登记机构可否受理 // 85

第 51 问　小区某业主一次性购买 200 个车位申请的转移登记，登记机构可否办理 // 86

第 52 问　申请人申请的因征收产生的转移登记，登记机构可否办理 // 88

第 53 问　登记簿上记载的当事人关于抵押人不得转让抵押不动产的约定是否约束登记机构 // 89

第 54 问　登记机构办理因转让《民法典》实施后抵押的不动产产生的转移登记时，是否收取抵押权人同意转让的证明 // 91

第 55 问　被转移的房地产上的查封解除后，登记机构可否基于 3 年前受理的不动产登记申请为当事人继续办理转移登记 // 93

第 56 问　登记机构办理预购商品房预告登记转房屋所有权转移登

记时权利人的不动产登记证明遗失的，是否应当收取权利人刊发的遗失声明 // 95

第四部分　注销登记

第 57 问　申请人申请的因只放弃房屋占用范围内的宅基地的使用权产生的注销登记，登记机构可否办理 // 97

第 58 问　部分继承人申请的因房屋灭失产生的注销登记，登记机构可否办理 // 98

第 59 问　凭骗取的建房手续办理了所有权登记的房屋被强制拆除后，登记机构可否凭县政府要求撤销房屋所有权证的嘱托文书办理更正登记 // 100

第 60 问　对人民政府嘱托的因收回被查封的闲置土地产生的注销登记，登记机构可否办理 // 101

第五部分　居住权登记

第 61 问　申请人申请的因在合法建造并竣工但尚未办理首次登记的房屋上设立居住权产生的居住权登记，登记机构可否办理 // 104

第 62 问　申请人因在成套住房的某些房间上设立居住权申请的居住权登记，登记机构可否办理 // 105

第 63 问　申请人申请的因在未成年人的房屋上设立居住权产生的居住权登记，登记机构可否办理 // 107

第 64 问　房屋因赠与转移登记到未成年人名下后按赠与合同所附义务在该房屋上为赠与人设立居住权申请的居住权登记，登记机构可否办理 // 109

第 65 问　基于遗嘱设立的居住权，可否由居住权人单方申请登记 // 110

目 录

第 66 问　申请人凭占份额三分之二以上的共有人立下的设立居住权的公证遗嘱申请的居住权登记，登记机构可否办理 // 112

第 67 问　申请人申请的在有抵押权登记、查封登记的房屋上设立居住权产生的居住权登记，登记机构可否办理 // 114

第 68 问　申请人在登记簿上有异议登记的情形下申请的居住权登记，登记机构可否办理 // 115

第 69 问　当事人因在宅基地上的房屋上设立居住权申请的居住权登记，登记机构可否办理 // 117

第六部分　抵押权登记

第 70 问　划拨取得的净的国有建设用地（净地）使用权可否抵押 // 119

第 71 问　申请人申请的只用在建建筑物占用范围内的国有建设用地使用权作抵押产生的抵押权首次登记，登记机构可否办理 // 121

第 72 问　以未成年人与成年人共同共有的房地产为该成年人的贷款作抵押申请的抵押权登记，登记机构可否办理 // 124

第 73 问　当事人因抵押一幢房屋中的部分楼层申请的抵押权登记，登记机构可否办理？ // 125

第 74 问　用已经拆除但尚未办理注销登记的房屋作抵押申请的抵押权登记，登记机构可否办理 // 126

第 75 问　申请人因设立一个抵押权担保两个债权申请的抵押权登记，登记机构可否办理 // 127

第 76 问　申请人持债权合同和抵押合同摘要表申请的一般抵押权登记，登记机构可否办理 // 130

第 77 问　登记机构可否根据当事人的约定将其登记为同一顺位的抵押权人 // 131

第 78 问　债权人以其不动产向债务人的保证人作反担保抵押申请的抵押权登记，登记机构可否办理　// 132

第 79 问　抵押当事人在债务履行期间届满后申请的一般抵押权变更登记，登记机构可否办理　// 133

第 80 问　申请人申请的最高额抵押权首次登记中债权确定期间的始期在其取得国有建设用地使用权之前的，登记机构可否办理　// 135

第 81 问　申请人申请的因自然人间的借贷产生的最高额抵押权登记，登记机构可否办理　// 136

第 82 问　抵押人的继承人与抵押权人申请的因延长债务履行期间产生的抵押权变更登记，登记机构可否办理　// 140

第 83 问　申请人申请的因展期（债务履行期间延长）产生的最高额抵押权变更登记，登记机构可否办理？　// 141

第 84 问　因减少抵押物产生的抵押权变更登记可否由抵押权人单方申请　// 142

第 85 问　申请人申请抵押权转移登记时申请书中载明的主债权数额增大的，登记机构可否办理该件抵押权转移登记　// 144

第 86 问　正在建造的拆迁安置房可否做在建建筑物抵押权的标的物　// 146

第 87 问　申请人以其合法建造且已竣工但尚未办理竣工验收手续的房屋作抵押申请的在建建筑物抵押权首次登记，登记机构可否办理　// 147

第 88 问　以抵押土地上新增的在建建筑物向其他债权人作抵押申请的在建建筑物抵押权首次登记，登记机构可否办理　// 148

第 89 问　以净地为贷款作抵押担保的抵押权记载在登记簿上后又增加地上新增的在建建筑物作为抵押物担保该贷款债权的，申请人应该申请什么不动产登记　// 149

目 录

第 90 问　债权受让人申请的因注销原债权人名下的抵押权产生的不动产登记，登记机构可否办理 // 151

第 91 问　申请人在不动产被查封期间申请的抵押权注销登记，登记机构可否办理 // 153

第 92 问　登记机构办结因转让抵押不动产产生的转移登记的同时，可否依职权办理将抵押人变更为受让人产生的抵押权变更登记 // 154

第七部分　预告登记

第 93 问　申请人申请的因预购在未首次登记的国有建设用地上建造的商品房产生的预购商品房预告登记，登记机构可否办理 // 158

第 94 问　申请人因购买查封土地上新增的商品房申请的预购商品房预告登记，登记机构可否办理 // 160

第 95 问　申请人基于预购商品房预告登记申请房地产转移登记时，是否需要申请人同时申请预购商品房预告登记注销登记 // 162

第八部分　更正登记

第 96 问　因增加共同共有人的配偶为共有人的，当事人应当如何申请不动产登记 // 164

第 97 问　申请人申请的因增加城镇户口的配偶为宅基地使用权及地上房屋所有权的共有人产生的更正登记，登记机构可否办理 // 165

第 98 问　享有优先购买权的共有人申请的更正登记，登记机构可否办理 // 167

第 99 问　登记簿上没有登记共有性质的情形下共有人约定共有为按份共有的，应当申请什么不动产登记 // 170

第 100 问　有证据证明登记簿上记载的补证事项是错误的，登记机构该怎样处理　// 172

第 101 问　登记簿上记载的不动产登记被行政复议决定撤销后，登记机构该怎样处理　// 173

第 102 问　申请人申请的因继承权公证书被撤销产生的更正登记，登记机构可否办理　// 175

第 103 问　申请人在异议登记有效期内持人民法院生效的撤销不动产登记的行政判决书申请的更正登记，登记机构可否直接办理　// 178

第 104 问　申请人凭撤销作为协助执行通知书附件的判决书的判决书申请的更正登记，登记机构可否办理　// 179

第 105 问　登记机构可否凭当事人提交的人民法院撤销执行裁定书的裁定书，将已经按协助执行通知书要求办结转移登记的土地使用权更正登记回原来的权属登记状态和查封登记状态　// 181

第九部分　异议登记

第 106 问　申请人提交的以不动产登记程序违法为由起诉登记机构的行政案件受理通知书，登记机构可否用作延长异议登记期间的证据材料　// 185

第 107 问　申请人对登记簿上记载的异议登记申请的异议登记，登记机构可否办理　// 187

第十部分　协助执行

第 108 问　登记机构可否按人民法院送达的协助执行通知书要求，对一宗出让取得的但未首次登记的国有建设用地使用权办理预查封登记// 189

目 录

第 109 问　登记机构可否协助人民法院办理只签订了房地产转让合同的房屋的预查封登记 // 190

第 110 问　人民法院送达协助执行通知书要求将被执行人未经首次登记的房屋过户登记给申请执行人的，登记机构该如何办理 // 194

第 111 问　协助执行实现抵押权产生的不动产登记时，作为抵押物的树种事前已经发生变化的，登记机构适用什么不动产登记类型 // 197

第 112 问　人民法院送达的协助执行通知书载明的协助执行事项不明确的，登记机构该如何处理 // 200

第 113 问　破产管理人申请的注销查封登记，登记机构可否办理 // 201

第十一部分　其　他

第 114 问　分期开发中的第一批房屋转移登记到业主名下后，宗地的国有建设用地使用权该登记给谁 // 206

第 115 问　登记机构遗失待发的不动产权属证书的，该怎么处理 // 207

第 116 问　申请人申请的基于人民法院生效的判决书取得有预购商品房预告登记和预购商品房抵押预告登记负担的房屋所有权产生的不动产登记，登记机构该如何办理 // 211

第 117 问　申请人基于一本载明了两宗国有建设用地使用权的国有土地使用权证申请的换证，登记机构该如何处理 // 214

第 118 问　申请人持载明土地使用权（工业用地）期限已经届满的国有土地使用权证申请的换证，登记机构可否办理 // 215

第 119 问　申请人申请换证时提交的集体土地使用权证与地上的房屋所有权证的主体不同一的，登记机构可否为其换证 // 219

第 120 问　申请人申请补证时要求增加共有人的，登记机构可否办理 // 223

第 121 问　房、地均已经灭失但尚未办理注销登记，表征该房地产权利的不动产权属证书是否还有效 // 226

第 122 问　作为申请材料收回的不动产权属证书上是否要盖登记机构的作废章 // 229

第 123 问　《契税法》实施后，契税缴纳凭证是否是登记机构办理相关不动产登记时的收件 // 231

第 124 问　当事人提交的用契税纳税凭证复印件调换不动产登记档案中的契税纳税凭证原件的申请，登记机构可否同意 // 232

第 125 问　小区业主委员会以小区全体业主的名义提交申请书申请查询房地产开发企业的土地出让合同的，登记机构可否提供查询 // 233

第 126 问　营业执照被吊销的公司的法定代表人以公司名义申请查阅该公司的不动产登记原始资料的，登记机构可否提供查询 // 235

第 127 问　申请人申请不动产转移登记时提交的身份证上的信息与登记簿上记载的身份证信息不一致的，登记机构该怎样履行合理审慎的查验职责 // 236

第 128 问　因放弃产生的不动产注销登记完成后原权利人持其曾经申请该不动产首次登记的申请材料再次申请该不动产首次登记的，登记机构可否作不予登记处理 // 238

第 129 问　登记机构为当事人办理转让抵押不动产产生的转移登记，是否侵害抵押权人的利益 // 239

第 130 问　如何理解不动产登记中的"法无禁止即可为"与"法无授权不可为" // 242

主要参考书目 // 247

第一部分　首次登记

第 1 问　村民委员会改设为居民委员会后，未被征收的现居民（原村民）使用的宅基地的所有权应当登记在谁名下

2020 年 12 月，某村村民成建制转为城镇居民后，原该村村民委员会改设为某社区居民委员会，原该村的区域范围为现社区的区域范围。现社区工作人员到登记机构咨询：现居民（原村民）使用的宅基地没有被征收，如果申请这部分土地的集体土地所有权首次登记，该登记在谁名下？

有观点认为，本问适用 2011 年 1 月修订后发布实施的《土地管理法实施条例》，按该条例第二条第（五）项规定，农村集体经济组织全部成员转为城镇居民的，原属于其成员集体所有的土地属于国家所有。据此可知，自农村集体经济组织全部成员转为城镇居民之时起，原属于农村集体经济组织成员集体所有的土地自动转为国有土地。本问中，某村村民已经成建制转为城镇居民，现居民（原村民）使用的宅基地的所有权自动从集体所有转为国有（即国家所有），因此，对该部分宅基地，当事人不能再申请集体土地所有权登记。笔者不支持此观点。

按 1998 年 12 月发布实施的《土地管理法实施条例》第二条第（五）项规定，农村集体经济组织全部成员转为城镇居民的，原属于其成员集体所有的土地属于国家所有。《国务院法制办公室、国土资源部关于对〈中华人民共和国土地管理法实施条例〉第二条第（五）项的解释意见》（国法函〔2005〕36 号）明确对该《土地管理法实施条例》第二条第（五）

项作出如下解释:"该项规定,是指农村集体经济组织土地被依法征收后,其成员随土地征收已经全部转为城镇居民,该农村集体经济组织剩余的少量集体土地可以依法征收为国家所有。"据此可知,农村集体经济组织全部成员转为城镇居民后,属于原农村集体经济组织全部成员集体所有的土地不经征收不转为国有土地。换言之,农村集体经济组织全部成员转为城镇居民后,属于原农村集体经济组织全部成员集体所有的土地不经征收,其集体土地所有权的性质不改变。笔者认为,2011年1月修订后发布实施的《土地管理法实施条例》第二条第(五)项规定是对1998年12月发布实施的《土地管理法实施条例》第二条第(五)项规定的继承,《国务院法制办公室、国土资源部关于对〈中华人民共和国土地管理法实施条例〉第二条第(五)项的解释意见》(国法函〔2005〕36号)明确对1998年12月发布实施的《土地管理法实施条例》第二条第(五)项作出的解释仍然适用于本问。因此,本问中,某村村民虽然已经成建制转为城镇居民,但现居民(原村民)使用的宅基地的所有权仍然是集体土地所有权。申言之,某村村民成建制转为城镇居民后,现居民(原村民)使用的宅基地的集体土地所有权仍然属于这些居民集体所有。那么,该部分集体土地所有权由谁申请登记,登记在谁名下?

在不动产登记实务中,《不动产登记暂行条例实施细则》第二十九条规定:"集体土地所有权登记,依照下列规定提出申请:(一)土地属于村农民集体所有的,由村集体经济组织代为申请,没有集体经济组织的,由村民委员会代为申请;(二)土地分别属于村内两个以上农民集体所有的,由村内各集体经济组织代为申请,没有集体经济组织的,由村民小组代为申请;(三)土地属于乡(镇)农民集体所有的,由乡(镇)集体经济组织代为申请。"按《不动产登记规程》(TD/T 1095—2024)A.2.2.6条之a)规定,登记簿上记载的集体土地所有权人填写为"××组(村、乡)农民集体"。据此可知,集体土地所有权,由农村集体经济组织代相应的农民集体申请登记,没有农村集体经济组织的,由村民小组、村民委员会

第一部分　首次登记

代相应的农民集体申请登记，但登记簿上记载的权利人为"××组（村民、乡）农民集体"。本问中，某村村民成建制转为城镇居民后，原村民委员会改设为某社区居民委员会，实质上就是撤销原村民委员会后，新设立居民委员会。《村民委员会组织法》第三条第二款规定，村民委员会的设立、撤销、范围调整，由乡、民族乡、镇的人民政府提出，经村民会议讨论同意，报县级人民政府批准。《居民委员会组织法》第六条第二款规定，居民委员会的设立、撤销、规模调整，由不设区的市、市辖区的人民政府决定。据此可知，农村村民委员会的撤销和社区居民委员会的设立均须取得县级人民政府的批准。本问中，现居民（原村民）使用的没有被征收的宅基地，可以由社区居民委员会持县级人民政府关于原农村村民委员会撤销和现社区居民委员会设立的批文代为申请集体土地所有权登记，登记在"某社区居民集体"名下。此情形是我国社会发展进程中出现的特殊现象，登记机构应当正视。

第 2 问　房屋占用范围内的土地从集体土地变更为国有土地产生的不动产登记，适用什么不动产登记类型

甲在因批准拨用取得的集体建设用地上建造了一幢房屋，房屋竣工后，办理了集体建设用地使用权及地上房屋所有权首次登记，领取了不动产权属证书。后来，人民政府对甲的房屋占用范围内的集体建设用地使用权实施了征收，转化为国有建设用地使用权后又出让给了甲。现甲持不动产权属证书、人民政府的征收决定、土地出让合同等材料向登记机构申请将其房屋占用范围内的集体建设用地使用权变更为国有建设用地使用权产生的不动产登记。登记机构查验甲提交的登记申请材料得知：人民政府的征收决定中只载明征收甲的房屋占用范围内的土地，未载明地上房屋征收事宜。询问甲，甲告知登记人员：只征收了房屋占用范围内的土地，没有征收房屋。问：对甲申请的将其房屋占用范围内的集体建设用地使用权变更为国有建设用地使用权产生的不动产登记，登记机构适

用什么不动产登记类型?

有观点认为,按《不动产登记暂行条例实施细则》第二十六条第(三)项规定,不动产权利来源发生变化,属于权利人向登记机构申请变更登记的情形。因此,本问中,对甲申请的因房屋占用范围内的集体建设用地使用权变更为国有建设用地使用权产生的不动产登记,登记机构应当适用变更登记。笔者不支持此观点。

《民法典》第二百二十九条规定,因人民法院、仲裁机构的法律文书或者人民政府的征收决定等,导致物权设立、变更、转让或者消灭的,自法律文书或者征收决定等生效时发生效力。在不动产登记实务中,按《不动产登记暂行条例实施细则》第二十八条第(三)项规定,不动产被征收,属于当事人向登记机构申请注销登记的情形。按该实施细则第三十四条规定,因出让取得国有建设用地使用权,属于当事人向登记机构申请国有建设用地使用权首次登记的情形。据此可知,不动产被征收的,自人民政府的征收决定生效时起,原权利人在该不动产上的权利消灭,当事人应当向登记机构申请因征收产生的不动产注销登记。但是,因出让取得的国有建设用地使用权,当事人可以向登记机构直接申请国有建设用地使用权首次登记。本问中,甲基于批准拨用取得的集体建设用地使用权因被人民政府征收转为国有建设用地后又出让给甲,表明登记在甲名下的集体建设用地使用权因被征收而消灭,甲基于出让取得的国有建设用地使用权设立,因此,甲应当先向登记机构申请集体建设用地使用权注销登记后,再向登记机构申请国有建设用地使用权首次登记。换言之,对甲申请的因房屋占用范围内的集体建设用地使用权变更为国有建设用地使用权产生的不动产登记,登记机构应当先适用注销登记消灭登记在甲名下的集体建设用地使用权,再适用首次登记将甲因出让新取得的国有建设用地使用权记载在登记簿上。由于人民政府的征收决定中只载明征收甲的房屋占用范围内的土地,未载明地上房屋征收事宜,表明地上房屋所有权,并不因集体建设用地使用权的注销而消灭,对该房屋所有权,待甲因出让新取得的国有建设用地使用权被记载在登记簿上后，登记机构在登记簿上录入房屋所有权信息，对房屋所有权部分作换证处理，之后，向甲核发记载有国有建设用地使用权及地上房屋所有权的不动产权属证书。

至于《不动产登记暂行条例实施细则》第二十六条第（三）项关于不动产权利来源发生变化适用变更登记的规定，笔者认为，如果是指土地使用权时，应当是指权利人在同一性质的土地所有权上取得（设立）土地使用权的方式发生变化的情形，如集体建设用地使用权的取得方式由批准拨用变更为出让，取得国有建设用地使用权的方式由租赁变更为作价出资等。

第3问 因建设用地复耕产生的不动产登记，适用什么不动产登记类型

张三因出让取得了一宗地的国有建设用地使用权，办理首次登记后领取了不动产权属证书。后来，因种种原因，该宗国有建设用地因复耕变成国有农业用地，且张三通过出让又取得了该宗农业用地的使用权。现张三持农业用地使用权出让合同、复耕文件、张三名下的不动产权属证书等材料向登记机构申请变更登记，申请将国有建设用地使用权变更为国有农业用地使用权。问：对张三申请的变更登记，登记机构可否办理？

笔者认为，对张三申请的变更登记，登记机构不能办理。

《民法典》第三百四十四条规定，建设用地使用权人依法对国家所有的土地享有占有、使用和收益的权利，有权利用该土地建造建筑物、构筑物及其附属设施。据此可知，国有建设用地使用权是在国家所有的土地上设立的用于建造建筑物、构筑物及其附属设施的用益物权。按《土地管理法》第四条第二款规定，农用地是指直接用于农业生产的土地，包括耕地、林地、草地、农田水利用地、养殖水面等。笔者据此认为，国有农用地使用权是在国家所有的土地上设立的用于耕种、建设农田水利设施、

水面养殖等农业生产的用益物权。因此，国有建设用地使用权与国有农用地使用权是两种不同的用益物权。

本问中，张三基于出让取得的国有建设用地因复耕变成国有农用地，表明国有建设用地因复耕丧失了"建设"用途，设立国有建设用地使用权的目的无法实现，笔者认为，此为国有建设用地消灭的情形，即国有建设用地因其使用目的消灭而消灭。与之相对应，该宗国有建设用地因复耕变成国有农业用地，且张三通过出让取得了该宗农业用地的使用权，表明该宗地因复耕形成了新的国有农用地，且张三又通过出让取得了该农业用地的使用权。该宗地变更为农业用地后又被出让，也表明原国有建设用地使用权的消灭。

在不动产登记实务中，《不动产登记暂行条例实施细则》第二十六条规定："下列情形之一的，不动产权利人可以向不动产登记机构申请变更登记：（一）权利人的姓名、名称、身份证明类型或者身份证明号码发生变更的；（二）不动产的坐落、界址、用途、面积等状况变更的；（三）不动产权利期限、来源等状况发生变化的；（四）同一权利人分割或者合并不动产的；（五）抵押担保的范围、主债权数额、债务履行期限、抵押权顺位发生变化的；（六）最高额抵押担保的债权范围、最高债权额、债权确定期间等发生变化的；（七）地役权的利用目的、方法等发生变化的；（八）共有性质发生变更的；（九）法律、行政法规规定的其他不涉及不动产权利转移的变更情形。"据此可知，变更登记，是指登记簿上记载的不动产物权的权利主体不变，但权利内容、权利客体变动产生的不动产登记。本问中，如前所述，由于国有建设用地使用权与国有农用地使用权是两种不同的用益物权，所以，张三申请将国有建设用地使用权变更为国有农业用地使用权，属于物权种类变动，而非登记簿上记载的国有建设用地使用权的权利内容、权利客体变动，故对张三申请的变更登记，登记机构不能办理。

在不动产登记实务中，按《不动产登记暂行条例实施细则》第二十八

第一部分　首次登记

条第一款第（一）项规定，不动产灭失属于当事人申请注销登记的情形。按该实施细则第三十四条、第五十二条规定，因出让取得的国有农用地使用权，当事人应当申请国有农用地使用权首次登记。因此，本问中，张三应当先向登记机构申请国有建设用地使用权注销登记后，再向登记机构申请国有农业用地使用权首次登记。当然，原国有建设用地使用权注销登记和现国有农业用地使用权首次登记可以合并受理，登记机构受理后，满足登记要求的，先在登记簿上记载国有建设用地使用权注销登记，再记载国有农业用地使用权首次登记。

第 4 问　登记机构办理因出让产生的集体建设用地使用权首次登记时，可否不再进行公告

甲公司基于出让取得了一宗地的集体建设用地使用权，现甲公司持土地出让合同等材料向登记机构申请集体建设用地使用权首次登记。登记机构查阅登记档案后得知：该宗地的集体土地所有权登记在乙村农民集体名下，档案材料中留存有登记机构办理集体土地所有权登记时发布的公告。问：登记机构为甲公司办理集体建设用地使用权首次登记时，可否不再进行公告？

有观点认为，根据《土地管理法》第三十八条规定，国土空间规划确定为工业、商业等经营性用途，且已依法办理土地所有权登记的集体经营性建设用地，土地所有权人可以通过出让、出租等方式交由单位或者个人在一定年限内有偿使用的规定分析，集体经营性建设用地入市的前提为宗地须符合国土空间规划和土地所有权已经依法登记，土地所有权已登记说明已履行过公告程序，出让和出租的有偿使用方式应和国有建设用地同价同权，所以，登记机构办理集体经营性建设用地使用权首次登记时无须再进行公告。因此，本问中，登记机构为甲公司办理集体建设用地使用权首次登记时，可以不再进行公告。笔者不支持此观点。

在不动产登记实务中，《不动产登记暂行条例实施细则》第十七条第

一款规定:"有下列情形之一的,不动产登记机构应当在登记事项记载于登记簿前进行公告,但涉及国家秘密的除外:(一)政府组织的集体土地所有权登记;(二)宅基地使用权及房屋所有权,集体建设用地使用权及建筑物、构筑物所有权,土地承包经营权等不动产权利的首次登记;(三)依职权更正登记;(四)依职权注销登记;(五)法律、行政法规规定的其他情形。"据此可知,登记机构在办理集体土地所有权首次登记和集体建设用地使用权首次登记时,均应当在登记事项记载于登记簿上前进行公告,即登记机构在办理集体土地所有权首次登记和集体建设用地使用权首次登记的程序中公告均是必要环节。本问中,登记机构查阅登记档案后得知:该宗地的集体土地所有权登记在乙村农民集体名下,档案材料中留存有登记机构办理集体土地所有权登记时发布的公告,表明登记机构在办理甲公司申请集体建设用地使用权首次登记的宗地的集体土地所有权登记时,已经按照办理集体土地所有权登记的相关要求进行了公告,但此公告是登记机构办理该宗地的集体土地所有权登记程序中的环节,而非登记机构办理在该集体土地所有权上设立的集体建设用地使用权首次登记程序中的环节。换言之,登记机构虽然在办理该宗地的集体土地所有权首次登记时进行了公告,但办理在该集体土地所有权上设立的集体建设用地使用权首次登记时,仍然要按照办理集体建设用使用权首次登记的相关要求进行公告,否则,违反《不动产登记暂行条例实施细则》第十七条第一款规定,登记机构办理的集体建设用使用权首次登记程序不充分,属于不动产登记程序违法的情形。因此,登记机构为甲公司办理集体建设用地使用权首次登记时,必须再进行公告。

第 5 问 当事人持农业科研所与其签订的国有土地承包合同申请的土地经营权首次登记,登记机构可否办理

某市农业科研所与张三签订国有土地承包合同,将其基于政府划拨取得的国有农业用地承包给张三,承包期二十年。现该农业科研所与张

第一部分　首次登记

三持事业单位法人登记证明、居民身份证、土地承包合同等材料向登记机构申请土地经营权首次登记。登记人员询问某农业科研所的经办人后得知：该农业科研所没有取得该土地可以对外承包的批文，也不能提交其他可以对外承包的依据。问：对农业科研所与张三申请的土地经营权首次登记，登记机构可否办理？

笔者认为，对农业科研所与张三申请的土地经营权首次登记，登记机构不可以办理。

《民法典》第三百三十条第二款规定，农民集体所有和国家所有由农民集体使用的耕地、林地、草地以及其他用于农业的土地，依法实行土地承包经营制度。据此可知，依法实行土地承包经营制度的是农民集体所有的用于农业的土地和国家所有但由农民集体使用的用于农业的土地。按《民法典》第三百四十三条规定，国家所有的农用地实行承包经营的，可以参照适用该法第三百三十条第二款规定。据此可知，国家所有的由非农村集体经济组织使用的农用地，有法律、法规、规章和政策规定实行承包经营的，可以参照《民法典》第三百三十条第二款规定执行。本问中，某农业科研所承包给张三的国有农用地，可以参照《民法典》第三百三十条第二款规定执行吗？

笔者认为，关键是看该承包地是农业用地还是农业科研用地。

按《土地管理法》第五十四条第（三）项规定，公益事业用地可以划拨取得。按《划拨用地目录》第（六）项公益性科研机构用地之1规定，科学研究、调查、观测、实验、试验（站、场、基地）设施属于可以划拨取得用地的范围。据此可知，作为公益事业的科研用地可以划拨取得。本问中，持有事业单位法人登记证明的某市农业科研所应当是公益性的从事农业科研的事业单位，其通过政府划拨取得的土地应当是农业科研用地，不是《民法典》第三百三十条第二款规定的耕地、林地、草地等普通农业用地。申言之，某市农业科研所通过政府划拨取得的农业科研用地不是法律、法规、规章和政策规定的可以实行承包经营的国有农业用地。

概言之，某农业科研所承包给张三的国有农用地，不可以参照《民法典》第三百三十条第二款规定执行。因此，对农业科研所与张三申请的土地经营权首次登记，登记机构不可以办理。

第 6 问　申请人申请的因桥上建房产生的国有建设用地使用权及房屋所有权首次登记，登记机构可否办理

某县城有条河穿城而过，为了打造县城景观，县政府通过招商引资的方式引进一家企业，在河上建造了一座桥，在桥上建造了用于休闲、商贸的仿古建筑物。现该企业持两个桥头堡占地的土地出让合同、建设工程规划核实验收证明、不动产权籍调查成果报告等材料申请两个桥头堡占地的国有建设用地使用权及桥上仿古建筑物的房屋所有权首次登记。问：对该企业申请的两个桥头堡占地的国有建设用地使用权及桥上仿古建筑物的房屋所有权首次登记，登记机构可否办理？

笔者认为，对该企业申请的两个桥头堡占地的国有建设用地使用权及桥上仿古建筑物的房屋所有权首次登记，登记机构不可以办理。

在不动产登记实务中，《不动产登记暂行条例实施细则》第二条第二款规定，房屋等建筑物、构筑物和森林、林木等定着物应当与其所依附的土地、海域一并登记，保持权利主体一致。该实施细则第六条规定，不动产登记簿以宗地或者宗海为单位编成，一宗地或者一宗海范围内的全部不动产单元编入一个不动产登记簿。据此可知，房地一并登记是不动产登记的原则，且登记房地产的不动产登记簿以宗地为单位编制。本问中，企业持两个桥头堡占地的土地出让合同、建设工程规划核实验收证明、不动产权籍调查成果报告等材料申请两个桥头堡占地的国有建设用地使用权及桥上仿古建筑物的房屋所有权首次登记，表明桥及桥上建造的仿古建筑物只享有两个桥头堡占地的土地使用权，不享有两个桥头堡间的土地使用权。换言之，桥及桥上建造的仿古建筑物是跨两个以上的宗地建造的，无法编制一个登记簿一并登记两个桥头堡占地的国有建设用地使用权及桥上仿古建筑物的房屋所有权，且登记桥上建造的仿古建筑物

的房屋所有权时，因其不享有两个桥头堡间的土地使用权，即该部分土地使用权不能与桥上建造的仿古建筑物的房屋所有权一并登记，不符合房地一并登记的不动产登记原则。因此，对该企业申请的两个桥头堡占地的国有建设用地使用权及桥上仿古建筑物的房屋所有权首次登记，登记机构不可以办理。那么，该企业怎样才可以申请桥上建造的仿古建筑物的房屋所有权及其占用范围内的国有建设用地使用权首次登记呢？

《民法典》第三百四十五条规定，建设用地使用权可以在土地的地表、地上或者地下分别设立。按《不动产登记暂行条例》第八条第一款规定，不动产以不动产单元为基本单位进行登记。在不动产登记实务中，《不动产登记暂行条例实施细则》第五条第一款、第二款规定，《条例》第八条规定的不动产单元，是指权属界线封闭且具有独立使用价值的空间。没有房屋等建筑物、构筑物以及森林、林木定着物的，以土地、海域权属界线封闭的空间为不动产单元。据此可知，在土地的地表、地上或者地下分别设立的建设用地使用权，其权属界线能够围成一个封闭且具有独立使用价值的空间，才满足不动产单元的要求，才可以作为不动产登记的基本单位，当然，也可以作为登记簿编制的基础。本问中，登记机构应当告知该企业，取得两个桥头堡间的桥身以下，河面以上的建设用地使用权，且与两个桥头堡占用范围内的土地合并成一宗地（宗地范围可以通过高程、坐标予以明确、具体）后，其权属界线才能够围成一个封闭且具有独立使用价值的空间，才满足不动产单元的要求，才可以编制不动产登记簿，此情形下，该企业才可以持载明桥上建造的仿古建筑物占用范围内的国有建设用地使用权的土地出让合同、建设工程规划核实验收证明、不动产权籍调查成果报告等材料申请国有建设用地使用权及桥上仿古建筑物的房屋所有权首次登记。

第 7 问　按规划条件建造的超出宗地范围的楼上房屋，登记机构可否为申请人办理首次登记

张三以出让方式取得了一宗国有建设用地的使用权，办理首次登记后领取了不动产权属证书。之后，张三按规划条件在地上建造了一幢三层的房屋，房屋第一层在宗地范围内，第二层、第三层有部分房屋超出了宗地范围。现张三持载明国有建设用地使用权的不动产权属证书、规划核实验收证书等材料向登记机构申请房屋所有权首次登记。问：登记机构可否为张三办理该房屋第二层、第三层的所有权首次登记。

笔者认为，登记机构可以为张三办理该房屋第二层、第三层的所有权首次登记。

按《城乡规划法》第四十五条规定，县级以上地方人民政府城乡规划主管部门按照国务院规定对建设工程是否符合规划条件予以核实。按该法第六十四条规定，未按照建设工程规划许可证的规定进行建设是应当受到惩处的违法行为。据此可知，经过规划核实验收的已竣工的建筑物，是按照规划条件建造的建筑物，是合法的建筑物。本问中，张三建造的三层房屋中的第二层、第三层虽然有部分房屋超出了宗地范围，但取得了规划核实验收证书，也是合法建造并竣工的建筑物。《民法典》第二百三十一条规定，因合法建造、拆除房屋等事实行为设立或者消灭物权的，自事实行为成就时发生效力。据此可知，合法建造并竣工的建筑物，自竣工时起，权利人无须办理不动产登记即依法、即时享有该建筑物的所有权。本问中，如前所述，张三建造的三层的房屋是按规划条件建造并竣工的合法建筑物，自房屋竣工时起，张三无须办理不动产登记即已经依法、即时享有该房屋的所有权，张三向登记机构申请首次登记，是拟将其已经依法享有的房屋所有权记载在登记簿上，登记机构应当支持，即登记机构可以为张三办理该房屋第二层、第三层的房屋所有权首次登记。

第 8 问 当事人在地下空间权不在出让范围内的宗地的地下建造的房屋，可否申请房屋所有权首次登记

房地产开发企业持土地出让合同、建设工程规划核实证明、建设工程竣工验收备案表等材料，向登记机构一并申请国有建设用地使用权及

第一部分　首次登记

房屋所有权首次登记，其中申请首次登记的房屋所有权是地上 32 层、地下 2 层。经登记机构查验：土地出让合同中明确载明地下空间权不出让。问：对房地产开发企业一并申请的国有建设用地使用权及房屋所有权首次登记，登记机构可否办理？

有观点认为，本问中，既然土地出让合同中明确载明地下空间权不出让，表明该宗地的地下建设用地使用权不在出让范围内，当事人享有的只是该宗地的地表的建设用地使用权，其建造的房屋的地下 2 层，属于非法占用未出让的地下建设用地使用权建造，地上部分与地下部分是连接在一起的，整幢房屋的用地不合法，因此，对该房地产开发企业一并申请的国有建设用地使用权及房屋所有权首次登记，登记机构不可以办理。笔者不支持此观点。

《民法典》第三百四十五条规定，建设用地使用权可以在土地的地表、地上或者地下分别设立。据此可知，建设用地使用权可以在土地的地表、地上或者地下分层设立。笔者认为，在地表设立的建设用地使用权，应当包括该宗地的地上和地下的一定的空间范围。在地上设立的建设用地使用权，应当是在地表以上一定高度及该高度以上的一定的空间范围。在地下设立的建设用地使用权，应当是在地表以下的一定深度及该深度以下的一定的空间范围。在地表、地上或地下分层设立的建设用地使用权的范围均在一个有长度、宽度和高度的权属界线围成的封闭的立体空间内。本问中，土地出让合同中明确载明地下空间权不出让，表明当事人没有单独以出让方式取得该宗地的地下一定深度及该深度以下的一定空间范围的建设用地使用权。《民法典》第二百三十一条规定，因合法建造、拆除房屋等事实行为设立或者消灭物权的，自事实行为成就时发生效力。按《城乡规划法》第四十条第二款规定，申请办理建设工程规划许可证，应当提交使用土地的有关证明文件、建设工程设计方案等材料。该法第四十五条第一款规定，县级以上地方人民政府城乡规划主管部门按照国务院规定对建设工程是否符合规划条件予以核实。未经核实或者经核实不符合规划条件的,建设单位不得组织竣工验收。据此可知,取得建设工程规划许可证后建造并竣工的房屋,经过规划核实并取得规划核实证明的,就是合法建造的房屋,自该房屋竣工时起,无须办理不动产登记,权利人即依法、即时享有该房屋的所有权,且该房屋的地上和地下部分享有申请建设工程规划许可证时提交的用地证明文件载明的土地使用权。本问中,房地产开发企业申请首次登记的地上32层、地下2层的房屋所有权,依附的是其提交的土地出让合同载明的土地使用权,即地下2层不存在违法占地建造情形,因此,对该房地产开发企业一并申请的国有建设用地使用权及房屋所有权首次登记,登记机构可以办理。

第9问　公司被注销后,其剩余的未经登记的房屋应当首次登记在谁名下

某公司经清算后办理了注销登记,但该公司有一处依法建造并完工的房屋尚未办理首次登记。问:该处房屋应当登记在谁名下?

笔者认为,该处房屋应当登记在公司章程或公司股东会、股东大会、清算报告决定的主体名下。公司章程或公司股东会、股东大会、清算报告中对该房屋的归属没有作决定的,应当登记在该公司的股东名下。

《民法典》第七十二条第二款规定,法人清算后的剩余财产,按照法人章程的规定或者法人权力机构的决议处理。法律另有规定的,依照其规定。《公司法》第三条第一款规定,公司是企业法人,有独立的法人财产,享有法人财产权。公司以其全部财产对公司的债务承担责任。按该法第三十六条和第九十八条规定,有限责任公司的股东会是其权力机构,股份有限公司的股东大会是其权力机构。按该法第一百八十四条第(六)项规定,处理公司清偿债务后的剩余财产属于公司清算组的职责。据此可知,本问中,公司经清算办结注销登记而消灭后,其依法建造并完工的尚未办理首次登记的房屋,应当由该公司章程或公司股东会、股东大会、清算报告决定的主体申请登记在其名下。如果该公司章程或公司股东会、

第一部分　首次登记

股东大会、清算报告对该房屋归属没有作决定的，该房屋应当登记在谁名下呢？

《公司法》第一百八十六条第二款规定，公司财产在分别支付清算费用、职工的工资、社会保险费用和法定补偿金，缴纳所欠税款，清偿公司债务后的剩余财产，有限责任公司按照股东的出资比例分配，股份有限公司按照股东持有的股份比例分配。据此可知，公司清算后的剩余财产归其股东。在司法实务中，最高人民法院在"中国某科工集团有限公司、营口某房地产开发有限公司建设工程施工合同纠纷案"中认为"根据《中华人民共和国公司法》第四条、第一百八十六条规定，股东享有公司剩余财产分配权，是公司注销之后权利义务的法定继受主体"[①]。据此可知，最高人民法院的认为表明公司经清算办结注销登记后，剩余财产归其股东。本问中，若公司章程或公司股东会、股东大会、清算报告中没有确定作为剩余财产的房屋的归属的，该房屋应当由其股东申请首次登记，登记在股东名下。

第 10 问　因违法占地、建造导致房地产被没收后，当事人在完善了用地、规划手续的基础上申请的国有建设用地使用权及地上房屋所有权首次登记，登记机构可否办理

甲厂在违法占用的宗地上违法建造了一幢厂房，房屋竣工后，被规划机关出具的行政处罚决定书决定没收，行政处罚决定书中载明没收的厂房由国有资产管理机关接收。规划机关也将该行政处罚决定书抄送给登记机构一份。后来，甲厂通过合法途径取得了该宗地的国有建设用地使用权并完善了地上厂房的规划、竣工验收手续。现甲厂持土地出让合同、建设工程规划许可证、房屋竣工证明等材料向登记机构申请该宗地的国有建设用地使用权及地上房屋所有权首次登记。登记机构经核实：

[①] 最高人民法院："中国某科工集团有限公司、营口某房地产开发有限公司建设工程施工合同纠纷案"，https://www.baidu.com，访问日期：2024 年 11 月 16 日。

国有资产管理机关没有凭行政处罚决定书申请该处厂房的房屋所有权登记。问：对甲厂申请的国有建设用地使用权及地上房屋所有权首次登记，登记机构可否办理？

笔者认为，在规划机关出具的没收该厂房的行政处罚决定书被撤销或改变后，对甲厂申请的国有建设用地使用权及地上房屋所有权首次登记，登记机构才可以办理。

《行政处罚法》第六十六条规定，行政处罚决定依法作出后，当事人应当在行政处罚决定书载明的期限内，予以履行。该法第七十三条第一款规定，当事人对行政处罚决定不服，申请行政复议或者提起行政诉讼的，行政处罚不停止执行，法律另有规定的除外。据此可知，一般情形下，行政处罚决定自作出时起生效，被处罚人应当按行政处罚决定书载明的内容、期限履行相关义务。本问中，甲厂在违法占用的宗地上违法建造的厂房被规划机关出具的行政处罚决定书决定没收，被没收的厂房由国有资产管理机关接收，故该行政处罚决定书是被没收的厂房归国有的权属证明。但是，在行政处罚决定书生效之后，甲厂完善了厂房的用地、规划、竣工验收手续，表明自用地、规划、竣工验收手续完善时起，甲厂也对该厂房享有所有权，即甲厂、国家同时对该厂房享有所有权，二者形成权属冲突且尚未解决。按《不动产登记暂行条例》第二十二条第（二）项规定，对存在尚未解决的权属争议的不动产登记申请，登记机构应当作不予登记处理。因此，本问中，在规划机关出具的没收该厂房的行政处罚决定书被撤销或改变前，表明甲厂申请的国有建设用地使用权及地上房屋所有权首次登记存在尚未解决的权属争议，登记机构不得办理。

本问中，甲厂通过合法途径完善了地上厂房的规划、竣工验收手续，且负责接收被没收厂房的国有资产管理机关没有凭行政处罚决定书申请该处厂房的房屋所有权登记，表明行政处罚决定不再执行，即行政处罚决定已经发生改变，规划机关应当撤销自己作出的行政处罚决定，便于甲厂申请国有建设用地使用权及地上房屋所有权首次登记。那么，规划机关可否撤销自己作出的行政处罚决定呢？

规划机关可否撤销自己作出的行政处罚决定？法律、行政法规没有作明确、具体的规定。在司法实务中，最高人民法院在"再审申请人易某明、易某兰、易某因诉被申请人某县人民政府、一审被告某市人民政府、一审第三人周某平、周某安土地行政登记一案"中认为"行政行为一旦作出，即具有确定力及执行力，但是对于违法或不当的行政行为以及由于事实和法律变迁而不宜存续的行政行为，行政机关具有自我纠错的权力和职责。自我纠错的价值在于减少或者避免行政争议的产生，尽早结束行政行为效力的不确定状态，维护行政法律关系的稳定，增强公众对行政机关的认同和信赖。在目前缺少法律明确规定的情况下，行政机关可以采取的自我纠错方式主要有撤销、补正、改变原行政行为、确认违法等方式"[1]。据此可知，最高人民法院的认为表明，行政机关可以撤销自己作出的行政处罚决定。本问中，规划机关撤销没收厂房的行政处罚决定后，甲厂申请该厂房的所有权首次登记才没有争议。因此，在规划机关出具的没收该厂房的行政处罚决定书被撤销或改变后，对甲厂申请的国有建设用地使用权及地上房屋所有权首次登记，登记机构才可以办理。

---

[1] 最高人民法院："再审申请人易某明、易某兰、易某因诉被申请人某县人民政府、一审被告某市人民政府、一审第三人周某平、周某安土地行政登记一案"，https://www.baidu.com，访问日期：2024 年 11 月 16 日。

第二部分　变更登记

第11问　一宗集体建设用地与毗邻的另一宗国有建设用地可否合并成一个不动产单元后申请土地使用权变更登记

在农村产业结构调整中，张三取得了一宗集体建设用地的使用权，在地上建成厂房后经营农产品加工，办理了房地产首次登记，领取了不动产权属证书。为了扩大生产规模，张三以出让方式取得了与其使用的集体建设用地毗邻的另一宗国有建设用地的使用权，办理国有建设用地使用权首次登记后，领取了不动产权属证书。现张三到登记机构咨询：他可否将其使用的一宗集体建设用地与毗邻的另一宗国有建设用地合并成一宗地后办理土地使用权变更登记？

笔者认为，登记机构应当告知张三：他不可以将其使用的一宗集体建设用地与毗邻的另一宗国有建设用地合并成一宗地。

《土地管理法》第二条第一款规定，中华人民共和国实行土地的社会主义公有制，即全民所有制和劳动群众集体所有制。据此可知，我国的土地分为国有土地（即国家所有的土地）与集体所有的土地，即国有土地所有权与集体土地所有权是两种不同种类的权利（所有权）。按《不动产登记暂行条例》第八条第一款规定，不动产以不动产单元为基本单位进行登记。在不动产登记实务中，按《不动产登记暂行条例实施细则》第五条第一款、第二款规定，不动产单元，是指权属界线封闭且具有独立使用价值的空间。没有房屋等建筑物、构筑物以及森林、林木定着物的，以土地、海域权属界线封闭的空间为不动产单元。该实施细则第六条规定，不动产登记簿以宗地或者宗海为单位编成,一宗地或者一宗海范围内的全部不动产单元编入一个不动产登记簿。据此可知,不动产单元是实施不动产登记的基本单位。土地的不动产单元是一块权属界线封闭的空间,即宗地。宗地是不动产登记簿编制的基础。概言之,宗地是不动产登记簿编制的基础,也是设定不动产单元实施土地登记的基本单位。如前所述,不动产单元是指权属界线封闭且具有独立使用价值的空间。笔者认为,此处的权属界线,是指同一权利人享有的同一种类的不动产权利的权属界线。本问中,虽然一宗集体建设用地使用权与毗邻的另一宗国有建设用地使用权都归张三享有,但在集体土地所有权上设立的集体建设用地使用权与在国有土地上设立的国有建设用地使用权却是两种不同种类的不动产权利,不同种类的建设用地使用权的权属界线不能围成一个封闭的空间,即若一宗集体建设用地与另一宗毗邻的国有建设用地合并,该两宗地的权属界线不能围成一个封闭的空间,不满足作为登记簿编制基础的要求,也不满足作为实施土地登记基本单位的不动产单元的设定要求。本问中,张三拟将其使用的一宗集体建设用地与毗邻的另一宗国有建设用地合并成一宗地,实质上就是拟将一宗集体建设用地与毗邻的另一宗国有建设用地合并成一个不动产单元。因此,登记机构应当告知张三:他不可以将其使用的一宗集体建设用地与毗邻的另一宗国有建设用地合并成一宗地。当然,该两宗地要合并成一个不动产单元,须依法通过征收方式将集体建设用地转为国有建设用地,且取得县级以上人民政府自然资源管理机关同意宗地合并的批文后才可以。

第 12 问　申请人因非住宅建设用地使用权续期申请的不动产登记,登记机构应当适用首次登记还是变更登记

有一宗地的非住宅建设用地使用权登记在某公司名下,使用期限届满前,该公司与出让方重新签订土地出让合同约定其继续享有该宗地的非住宅建设用地 20 年的使用权。尔后,该公司持重新签订的土地出让合

同等材料向登记机构申请非住宅建设用使用权登记。登记机构查验登记申请材料后得知：该公司申请非住宅建设用使用权登记时，原非住宅建设用使用权的使用期限尚未届满。问：对该公司持重新签订的土地出让合同等材料申请的非住宅建设用使用权登记，登记机构应当适用首次登记还是变更登记？

有观点认为，法律规定非住宅建设用地使用权续期应在使用年限届满前一年向出让人提交续期申请，出让人同意续期的，土地使用者应当依法办理出让手续，重新签订出让合同，支付土地出让价款。据此可以看出，建设用地使用权续期的程序与出让一致，性质上依然属于设权的法律行为，原使用权到期消灭后新设立与原权利的权利人相同的使用权，应按《民法典》第三百四十九条规定，向登记机构申请不动产首次登记，建设用地使用权自登记时设立。因此，本问中，对该公司持重新签订的土地出让合同等材料申请的非住宅建设用使用权登记，登记机构应当适用首次登记。笔者不支持此观点。

按《土地管理法》第五十八条第一款第（二）项规定，土地出让等有偿使用合同约定的使用期限届满，土地使用者未申请续期或者申请续期未获批准的，由有关人民政府自然资源主管部门报经原批准用地的人民政府或者有批准权的人民政府批准，可以收回国有土地使用权。质言之，有偿取得的国有土地使用权期限届满，土地使用者未申请续期或者虽申请续期但未获批准的，该国有土地使用权因消灭而被国家收回。如果该国有土地使用权没有消灭，则土地使用者继续享有该国有土地使用权，国家就不能"收回"该国有土地使用权。国家要取得该国有土地使用权，应当通过征收、收储等方式，而不是"收回"。概言之，有偿取得的国有建设用地使用权期限届满且未申请续期或虽申请续期但未获批准的，该国有建设用地使用权消灭。申言之：一是土地出让等有偿使用合同中约定的使用期限届满，土地使用者未申请续期或者虽申请续期但未获批准的，原批准用地的人民政府作出收回土地使用权决定的，该国有土地使

第二部分　变更登记

用权消灭。在不动产登记实务中，当事人可以按《不动产登记暂行条例实施细则》第二十八条第一款第（一）项规定，申请办理国有土地使用权注销登记。二是土地出让等有偿使用合同中约定的使用期限届满前，土地使用者申请续期且获批准的，则现时记载在登记簿上的有效的国有建设用地使用权期限延长。当事人可以按《不动产登记暂行条例实施细则》第二十六条第（三）项规定和第三十七条第（三）项、第（四）项和第（五）项规定，申请办理国有土地使用权变更登记。因此，本问中，登记机构应当为该公司办理非住宅建设用地使用权变更登记。当然，该公司继续享有该宗非住宅建设用地 20 年的使用权是第一次记载在登记簿上，属于首次登记，但笔者认为，不动产登记类型的大类是变更登记，即变更登记中有首次登记的元素，此变更登记是一种复合登记。

第 13 问　申请人申请的因变更抵押房屋的共有性质产生的变更登记，登记机构可否办理

甲、乙为了获取银行贷款，用登记为其共同共有的房屋作抵押担保，签订抵押合同后，办理了一般抵押权登记。之后，甲、乙书面约定：房屋由共同共有变更为按份共有，其中，甲占四分之三份额，乙占四分之一份额。现甲、乙持共有情况书面约定等材料向登记机构申请因共有性质变更产生的变更登记。登记机构查询登记簿后得知：甲、乙共有的房屋上记载有银行的抵押权。问：对甲、乙申请的因抵押房屋共有性质变更产生的变更登记，登记机构可否办理？

笔者认为，对甲、乙申请的因抵押房屋共有性质变更产生的变更登记，登记机构可以办理。

《民法典》第四百零六条第一款规定，抵押期间，抵押人可以转让抵押财产。当事人另有约定的，按照其约定。抵押财产转让的，抵押权不受影响。据此可知，一般情形下，抵押人在抵押期间转让该抵押财产的，该财产上既有的抵押权负担随之转移。此情形下，抵押权负担的转移，是基

于抵押权的追及效力。所谓抵押权的追及效力，是指抵押人在抵押权未依法消灭的情形下转让抵押财产后，在实现抵押权的条件成就时，抵押权人跟踪该抵押财产行使抵押权的法律效力。抵押权的追及效力可以对抗取得抵押财产的新的物权主体。本问中，共有人甲、乙书面约定抵押房屋由共同共有变更为按份共有，其中甲占四分之三份额、乙占四分之一份额，只是共有人对其共有的房屋所有权进行的抽象的"量"的分割，不存在将该抵押房屋的所有权份额向第三人转让。按《民法典》第四百零六条第一款规定，抵押房屋的所有权尚且可以转让，那么，抵押房屋的共有性质也可以变更。在司法实务中，《民法典担保制度司法解释》第三十八条第二款规定，担保财产被分割或者部分转让，担保物权人主张就分割或者转让后的担保财产行使担保物权的，人民法院应予支持，但是法律或者司法解释另有规定的除外。据此可知，一般情形下，担保财产可以进行实体分割或部分转让。本问中，如前所述，共有人甲、乙书面约定抵押房屋由共同共有变更为按份共有，只是共有人对其共有的房屋所有权进行的抽象的"量"的分割，按《民法典担保制度司法解释》第三十八条第二款规定，抵押房屋尚且可以进行实体分割或部分转让，那么，抵押房屋也可以进行抽象的量上的分割。概言之，抵押房屋尚且可以整体转让，可以进行实体分割或部分转让，那么，抵押房屋也可以进行抽象的"量"的分割。因此，对甲、乙申请的因抵押房屋共有性质变更产生的变更登记，登记机构可以办理。变更登记完成后，既有的抵押权在甲、乙的份额上存续。

第14问　依职权更正登记程序运行中申请人申请的因权利人名称变更产生的变更登记，登记机构可否办理

甲房地产开发有限公司出让取得了一宗国有建设用地使用权，土地出让合同载明国有建设用地用途为城镇商住，甲房地产开发有限公司申请首次登记时，登记申请书上申请登记的用途也是城镇商住，登记机构

第二部分 变更登记

在登记簿和不动产权属证书上记载的用途却是城镇住宅。后来，登记机构发现了自己的登记错误，按《不动产登记暂行条例实施细则》第八十一条规定，书面通知甲房地产开发有限公司在30个工作日内到登记机构办理更正登记。登记机构要求甲房地产开发有限公司办理更正登记的通知发出后的第三天，甲物业发展有限公司持不动产权属证书、新办的营业执照、市场监督管理机关出具的载明"甲房地产开发有限公司"名称变更为"甲物业发展有限公司"的证明等材料，向登记机构申请因权利人名称变更产生的变更登记。登记机构询问甲物业发展有限公司的承办人员后得知：该公司不办理因国有建设用地用途错误产生的更正登记。问：在登记机构依职权启动的更正登记程序运行中，对甲物业发展有限公司申请的因权利人名称变更产生的变更登记，登记机构可否办理？

笔者认为，在登记机构依职权启动的更正登记程序运行中，对甲物业发展有限公司申请的因权利人名称变更产生的变更登记，登记机构可以办理。

在不动产登记实务中，《不动产登记暂行条例实施细则》第八十一条规定，不动产登记机构发现不动产登记簿记载的事项错误，应当通知当事人在30个工作日内办理更正登记。当事人逾期不办理的，不动产登记机构应当在公告15个工作日后，依法予以更正；但在错误登记之后已经办理了涉及不动产权利处分的登记、预告登记和查封登记的除外。据此可知，能够影响登记机构依职权办理更正登记的情形有：一是错误登记之后，不动产权利已经转移登记在他人名下，或该不动产上有有效的抵押权登记存在，或该不动产因权利人放弃权利产生的注销登记已经办结；二是该不动产上有因权属转移、抵押产生的预告登记存在；三是该不动产上有人民法院等有权的国家机关的有效的查封登记存在。本问中，甲物业发展有限公司申请的是因权利人名称变更产生的变更登记，不影响登记机构依职权启动的更正登记的办理。

在不动产登记实务中，按《不动产登记暂行条例实施细则》第二十六

· 23 ·

条和第三十七条规定,权利人名称变更属于申请人可以申请不动产变更登记的情形。申请人申请作为不动产物权的国有建设用地使用权变更登记时,应当提交不动产权属证书、变更原因证明等材料。本问中,甲物业发展有限公司申请因权利人名称变更产生的变更登记时向登记机构提交了不动产权属证书、新办的营业执照、市场监督管理机关出具的载明"甲房地产开发有限公司"名称变更为"甲物业发展有限公司"的证明等材料,表明甲物业发展有限公司申请的因权利人名称变更产生的变更登记符合《不动产登记暂行条例实施细则》第二十六条规定和第三十七条规定,登记机构应当支持。

当然,甲物业发展有限公司申请的因权利人名称变更产生的变更登记完成后,登记簿上记载的国有建设用地使用权人虽不再是甲房地产开发有限公司,但该国有建设用地使用权人没有变,登记机构要求甲房地产开发有限公司办理更正登记的通知与市场监督管理机关出具的载明"甲房地产开发有限公司"名称变更为"甲物业发展有限公司"的证明组合后,能够充分证明登记机构要求办理更正登记的当事人是由"甲房地产开发有限公司"变更名称后的"甲物业发展有限公司",不影响登记机构依职权启动的更正登记的办理。

结论:本问中,在登记机构依职权启动的更正登记程序运行中,甲物业发展有限公司申请的因权利人名称变更产生的变更登记符合登记规则的规定,且该变更登记的办理,不影响登记机构依职权启动的更正登记的办理。因此,对甲物业发展有限公司申请的因权利人名称变更产生的变更登记,登记机构可以办理。

第三部分 转移登记

第15问 申请人申请转让转移登记的国有建设用地上面有他人合法建造且已竣工但未办理所有权首次登记的房屋的，登记机构可否办理该件国有建设用地使用权转移登记

甲因出让取得一宗地的国有建设用地使用权后，办理了国有建设用地使用权首次登记并领取了不动产权属证书。现在，甲将该宗地的国有建设用地使用权转让给乙，缴纳了土地使用权转让的相关税费后，甲、乙共同持不动产权属证书、转让合同、税务缴纳凭证等材料向登记机构申请国有建设用地使用权转让转移登记。登记机构经询问甲得知：该宗地上有一栋已经竣工的楼房，但规划、竣工手续上的主体却是乙。问：对甲、乙共同申请的国有建设用地使用权转让转移登记，登记机构可否办理？

有观点认为，将国有建设用地使用权转移登记到乙名下后，建造房屋的用地、规划和竣工材料上的主体都是乙，乙可以顺利申请地上房屋所有权首次登记，从而达到房地权利主体同一的登记效果，因此，对甲、乙共同申请的国有建设用地使用权转让转移登记，登记机构可以办理。这是最普遍的处理方式，但笔者不支持。

《民法典》第二百三十一条规定，因合法建造、拆除房屋等事实行为设立或者消灭物权的，自事实行为成就时发生效力。据此可知，合法建造的房屋，自竣工时起，权利人无须办理房屋所有权首次登记即依法、即时享有该房屋的所有权。本问中，甲依法享有国有建设用地使用权自无可言，但以乙为主体的地上房屋的规划、竣工材料在没有被依法撤销或确

认无效的情形下，乙无须办理地上房屋所有权首次登记，自该房屋竣工时起，即依法、即时享有该房屋的所有权。但是，在不动产登记实务中，《不动产登记暂行条例实施细则》第二条第二款规定，房屋等建筑物、构筑物和森林、林木等定着物应当与其所依附的土地、海域一并登记，保持权利主体一致。据此可知，一般情形下，地上有合法建造并竣工的房屋时，房地一并登记且房地主体同一是不动产登记的原则。本问中，甲、乙申请国有建设用地使用权转移登记时，应当一并申请地上房屋所有权转移登记，但甲、乙没有一并申请国有建设用地使用权及地上房屋所有权转移登记，且地上房屋尚未办理所有权首次登记，无法一并申请国有建设用地使用权及地上房屋所有权转移登记。即使地上房屋要办理所有权首次登记，也不能登记在甲的名下，国有建设用地使用权及地上房屋所有权的权利主体仍然不能同一。概言之，甲、乙申请的国有建设用地使用权转移登记有悖前述不动产登记原则，因此，对甲、乙申请的国有建设用地使用权转移登记，登记机构应当作不予受理处理，同时，告知甲凭其作为主体办理的地上房屋建造符合规划的证明、房屋竣工证明等材料申请房屋所有权首次登记后再申请国有建设用地使用权及地上房屋所有权转移登记。当然，如果乙的规划、竣工材料被依法撤销或确认无效的，地上房屋属于非法建造物，非法建造物不产生权利，没有一并申请国有建设用地使用权及地上房屋所有权转移登记的前提，登记机构可以为甲、乙办理国有建设用地使用权转移登记。登记机构在不知晓地上有乙按规划条件建造并竣工的房屋的情形下，也可以为甲、乙办理国有建设用地使用权转移登记。

第 16 问　因生效的民事判决书改变离婚民事调解书中约定的房屋归属产生的不动产登记，登记机构可否办理

张三、李四系夫妻，有两套房屋登记为其共同共有。2019 年，张三、李四因离婚产生诉讼，人民法院以调解方式结案，生效的离婚民事调解书载明张三、李四按份共有两套房屋，各占50%。张三、李四一直未办理将房屋由共同共有变更为按份共有产生的变更登记。后来，张三、李四又因为这两套房屋的归属产生诉讼，人民法院生效的民事判决书判决张三、李四各自拥有一套房屋。现张三、李四持生效的民事判决书、离婚民事调解书等材料向登记机构申请房屋转移登记，拟将两套房屋分别登记在各自名下。问：对张三、李四申请的房屋转移登记，登记机构可否办理？

笔者认为，对张三、李四申请的房屋转移登记，登记机构可以办理。

原《物权法》第二十八条规定，因人民法院、仲裁委员会的法律文书或者人民政府的征收决定等，导致物权设立、变更、转让或者消灭的，自法律文书或者人民政府的征收决定等生效时发生效力。在司法实务中，原《物权法司法解释（一）》第七条规定，人民法院、仲裁委员会在分割共有不动产或者动产等案件中作出并依法生效的改变原有物权关系的判决书、裁决书、调解书，以及人民法院在执行程序中作出的拍卖成交裁定书、以物抵债裁定书，应当认定为物权法第二十八条所称导致物权设立、变更、转让或者消灭的人民法院、仲裁委员会的法律文书。该解释第二十二条规定，本解释自2016年3月1日起施行。现时的《民法典》第二百二十九条规定，因人民法院、仲裁机构的法律文书或者人民政府的征收决定等，导致物权设立、变更、转让或者消灭的，自法律文书或者征收决定等生效时发生效力。在司法实务中，《民法典物权编司法解释（一）》第七条规定，人民法院、仲裁机构在分割共有不动产或者动产等案件中作出并依法生效的改变原有物权关系的判决书、裁决书、调解书，以及人民法院在执行程序中作出的拍卖成交裁定书、变卖成交裁定书、以物抵债裁定书，应当认定为民法典第二百二十九条所称导致物权设立、变更、转让或者消灭的人民法院、仲裁机构的法律文书。据此可知，当事人基于2016年3月1日起立案产生的分割共有不动产的民事调解书取得的不动产物权，自该民事调解书生效时起，无须办理不动产登记即依法、即时享有该不动产的物权。本问中，张三、李四自其于2019年离婚时产生的民事调解书生效时起，无须办理将房屋由共同共有变更为按份共有产生的变更登记，即依法、即时按份共有该两套房屋，各占50%份额。后来，张三、李四又因为这两套房屋的归属产生诉讼，人民法院生效的民事判决书判决张三、李四各自拥有一套房屋，此判决是在离婚民事调解书固定的张三、李四按份共有该两套房屋的基础上作出的，是对张三、李四按份共有的房屋的分割。如前所述，按《民法典》第二百二十九条规定，自民事判决书生效时起，张三、李四无须办理不动产登记即依法、即时各自享有一套房屋的所有权，换言之，张三、李四申请的是自己已经依法享有所有权的房屋的转移登记，此情形下，登记机构应当支持，即对张三、李四申请的房屋转移登记，登记机构可以办理。

第17问　登记机构可否凭人民法院同意转让的情况说明办理有查封登记的房屋的转让转移登记

登记在张三名下的房屋被人民法院查封，登记机构按人民法院送达的裁定书和协助执行通知书要求办理了查封登记。张三经查封房屋的人民法院同意，将房屋转让给李四，但该人民法院不出具解除查封的裁定书和协助执行通知书，只出具同意张三转让该房屋的书面情况说明。现张三、李四持转让合同、实施查封的人民法院出具的同意张三转让该房屋的书面情况说明等材料向登记机构申请转让转移登记。问：对张三、李四共同申请的转让转移登记，登记机构可否办理？

笔者认为，对张三、李四共同申请的转让转移登记，登记机构不可以办理。

在司法实务中，《民事诉讼法司法解释》第一百六十六条规定，解除以登记方式实施的保全措施的，应当向登记机关发出协助执行通知书。据此可知，人民法院解除以查封登记方式实施的保全措施的，应当向登记机构发出要求办理注销查封登记的协助执行通知书。本问中，实施查封的人民法院没有向登记机构送达解除查封的裁定书和要求办理注销查封登记的协助执行通知书，只向当事人张三出具了同意其转让该房屋的书面情况说明，但登记机构不能凭此同意张三转让房屋的书面情况说明注销该房屋上的查封登记，换言之，张三房屋上的查封登记仍然存续。《最高人民法院、国土资源部、建设部关于依法规范人民法院执行和国土资源房地产管理部门协助执行若干问题的通知》（法发〔2004〕5号）第二十二条第一款规定，国土资源、房地产管理部门对被人民法院依法查封、预查封的土地使用权、房屋，在查封、预查封期间不得办理抵押、转让等权属变更、转移登记手续。据此可知，被查封的房地产，登记机构不得办理以转让、抵押等方式变更房地产权属、抵押房地产产生的不动产登记。换言之，被查封的房地产，登记机构不得办理因转让、抵押等方式产生的转移登记、抵押权登记。在不动产登记实务中，《不动产登记规程》（TD/T 1095—2024）7.3.3.4条之c）规定，国有建设用地使用权及房屋所有权已经办理查封登记的，不予办理转移登记。因此，本问中，如前所述，张三房屋上的查封登记仍然存续，登记机构不得办理转让该房屋产生的转移登记。即对张三、李四共同申请的转让转移登记，登记机构不可以办理。

第18问　继母可否作为监护人代继女申请转让房屋产生的转移登记

张三与李四是夫妻，二人购买了一套住房并登记在3岁女儿李小四名下。第二年5月，张三去世。第二年12月，李四与王五再婚，李小四随李四、王五生活。第三年3月，李四为给5岁的李小四筹集医疗费，将登记在李小四名下的住房转让给他人。李四到登记机构咨询：是否需要继母王五与其共同作为监护人代李小四申请转让房屋产生的转移登记？

笔者认为，与继女形成了抚养关系的继母才可以作为监护人代继女申请转让房屋产生的转移登记。

《民法典》第二十七条第一款规定，父母是未成年子女的监护人。该法第一千零七十二条第二款规定，继父或者继母和受其抚养教育的继子女间的权利义务关系，适用本法关于父母子女关系的规定。据此可知，与未成年的继子女形成抚养关系的继父母，才是该未成年子女的监护人。本问中，李四与王五再婚后，李小四随李四、王五生活，表明作为继母的王五与李小四间形成了事实上的抚养关系，王五依法成为李小四的监护人。按《民法典》第二十条规定，不满八周岁的未成年人为无民事行为能力人。在不动产登记实务中，《不动产登记暂行条例实施细则》第十一条第一款规定，无民事行为能力人、限制民事行为能力人申请不动产登记的，应当由其监护人代为申请。据此可知，本问中，李小四是无民事行为能力的未成年人，其转让住房产生的转移登记，应当由其监护人李四和继母王五代为申请，即继母王五可以作为监护人代继女李小四申请转让房屋产生的转移登记。但笔者认为，如果李四持其和张三、李小四的亲属关系证明（如载明父母姓名的李小四的出生医学证明等）、张三的死亡证明及住房转让合同等材料，以唯一监护人的名义代李小四申请转让住房产生的转移登记的，登记机构应当准许，无须过问李四是否再婚，继母是否是李小四的监护人等。

本问中，若王五或可依法作李小四监护人的其他人就李小四的监护权产生诉讼时，一般情形下，人民法院根据王五与李小四间有没有共同生活、生活时间的长短以及王五是否承担照顾李小四的生活、是否分担李小四的开支等情况来判断抚养关系是否形成，从而判决确认王五是否享有对李小四的监护资格。当然，登记机构对此不予关注。

第19问　申请人提交的转移登记申请材料中有监护人代被监护人放弃继承的材料的，登记机构可否办理该件继承转移登记

有一套住房登记为丁单独所有。丁死亡后，继承人中只有三个儿子甲、乙、丙，其中，丙是人民法院生效的判决书确认的无民事行为能力的成年人，甲是该判决书为丙指定的监护人。现乙申请因继承丁遗留住房产生的转移登记，登记机构查验乙提交的申请材料时，发现有甲代丙出

第三部分　转移登记

具的放弃住房继承权声明书,遗产分割协议中也只有对该套住房的分割内容。经询问,随乙到受理窗口的甲明确告知登记人员"甲代丙出具的放弃住房继承权声明书"确系其所为。问:对乙申请的继承转移登记,登记机构可否办理?

有观点认为,《民法典》第三十四条第一款、第三款规定,监护人的职责是代理被监护人实施民事法律行为,保护被监护人的人身权利、财产权利以及其他合法权益等。监护人不履行监护职责或者侵害被监护人合法权益的,应当承担法律责任。据此可知,本问中,继承人作出的放弃住房继承权的声明属于单方民事法律行为,无民事行为能力人丙的监护人甲有权代其实施该民事法律行为,即甲代丙作出的放弃住房继承权的民事法律行为于法有据。甲保护被监护人丙的人身权利、财产权利以及其他合法权益等是其应当履行的监护职责,如果甲不履行或不当履行这些监护职责,甚至滥用监护职责代被监护人丙作出放弃住房继承权的民事法律行为而损害其权益的,由甲承担相应的法律责任,与乙现时申请的继承转移登记无关。因此,对乙申请的继承转移登记,登记机构应当办理。笔者不支持此观点。

一、从法理上看,监护人不得代被监护人作出放弃继承的民事法律行为

监护制度之设立,在于弥补被监护人民事行为能力之欠缺,着眼点在保护被监护人之合法权益,而非监护人自身之利益[①]。监护是对限制行为能力人和无行为能力人的行为与合法权益予以监督和保护的制度[②]。继承是指自然人死亡时其法律规定范围内的亲属按照死者生前所立的合法有效遗嘱或法律的规定取得死者所遗留的个人合法财产[③]。放弃继承也是

[①] 梁慧星:《民法总论》,法律出版社2001年版,第103页。
[②] 王利明:《民法学》,复旦大学出版社2004年版,第52页。
[③] 梁慧星:《中国民法典草案建议稿附理由·侵权行为编·继承编》,法律出版社2004年版,第135页。

一种单方法律行为，只有继承人本人作出放弃继承的意思表示，才具有法律效力。法定代理人一般不能代替他们作出放弃继承的意思，这是因为放弃继承这一行为涉及继承人的切身利益[①]。被继承人的法定代理人一般不能代理被代理人放弃继承权[②]。据此可知，从法理上看，保护被监护人的合法权益是设立监护人制度的主要目的之一，继承的接受或放弃直接关系到被监护人权益的得失，因此，考虑到保护被监护人合法权益，作为被监护人的法定代理人的监护人，不得代被监护人作出放弃继承的民事法律行为。故本问中，监护人甲代被监护人乙作出放弃住房继承权的声明没有法理依据。

二、从法律规范上看，监护人不得代被监护人作出放弃继承的民事法律行为

《民法典》第三十四条第一款、第三款规定，监护人的职责是代理被监护人实施民事法律行为，保护被监护人的人身权利、财产权利以及其他合法权益等。监护人不履行监护职责或者侵害被监护人合法权益的，应当承担法律责任。据此可知，监护人履行代理被监护人实施民事法律行为的职责时，必须以保护被监护人的人身权利、财产权利以及其他合法权益为目的，否则，是不履行监护职责或者不当履行监护职责的情形，属于应当承担法律责任的违法情形。《民法典》第一千一百二十二条第一款规定，遗产是自然人死亡时遗留的个人合法财产。该法第一千一百二十四第一款规定，继承开始后，继承人放弃继承的，应当在遗产处理前，以书面形式作出放弃继承的表示；没有表示的，视为接受继承。据此可知，一般情形下，继承开始后，如果继承人接受继承的，可以基于继承取得相应的财产权益。反之，如果继承人放弃继承的，则会失去相应的财产权益。按《不动产登记暂行条例》第二十二条第（一）项规定，不动产登

[①] 彭万林：《民法学》，中国政法大学出版社2002年版，第658页。
[②] 王国征：《中国民法原理》，山东人民出版社2004年版，第411页。

记申请违反法律、行政法规规定的，登记机构应当作不予登记处理。据此可知，违法的不动产登记申请，登记机构即使受理了，也会作不予登记处理。因此，监护人代被监护人作出放弃继承的民事法律行为，会使被监护人失去本应基于继承取得的财产权益，从而导致被监护人的权益受到损害。故监护人代被监护人作出放弃继承的民事法律行为，属于不当履行监护职责或滥用监护权致使被监护人的权益受到损害的应当承担法律责任的违法行为，据此申请的不动产登记违反法律规定，属于登记机构作不予登记处理的情形。因此，本问中，对乙申请的继承转移登记，登记机构不得办理。

三、延伸思考

如果登记机构询问甲、乙后得知：丙因继承了父亲丁的现金等其他遗产才放弃继承该套住房的，那么，对乙申请的继承转移登记，登记机构可否办理？笔者认为，在乙提交了丙继承丁的现金等其他遗产的有效的证据的情形下，对其申请的继承转移登记，登记机构可以办理。

《民法典》第一千一百二十二条第一款规定，遗产是自然人死亡时遗留的个人合法财产。按该法第一千一百四十五条和第一千一百四十五条第（一）项、第（五）项规定，没有遗嘱执行人、遗产管理人的，继承人共同担任遗产管理人，履行清理遗产并制作遗产清单、按照遗嘱或者依照法律规定分割遗产等遗产管理人职责。据此可知，遗产可以是自然人生前合法取得的现金、股票、动产、不动产等。在没有专门的遗嘱执行人、遗产管理人的情形下，共同担任遗产管理人的继承人，可以清理、分割遗产中的现金、股票、动产、不动产等。按《民法典》第二百一十二条第二款规定，申请登记的不动产的有关情况需要进一步证明的，登记机构可以要求申请人补充材料。据此可知，本问中，如果丙基于遗产分割继承了丁的现金等其他遗产后，不再继承该套住房，并不违反法律的规定，但作为继承转移登记申请人和清理、分割遗产的遗产管理人之一的乙，有义务依法向登记机构提交丙继承了丁的现金等其他遗产的有效证据，以进一步证明其申请的继承转移登记的情况。因此，在乙提交了丙继承丁的现金等其他遗产的有效的证据的情形下，对其申请的继承转移登记，登记机构可以办理。

第 20 问 监护人将两个被监护人的房屋互换后申请的转移登记，登记机构可否办理

A 房屋登记在无民事行为能力的未成年人甲名下，B 房屋登记在无民事行为能力的未成年人乙名下。甲、乙是双胞胎兄弟，丙、丁是甲和乙的父母。丙和丁通过互换方式将 A 房屋给乙，将 B 房屋给甲。现丙和丁持房屋互换情况说明、甲和乙名下的不动产权属证书等材料向登记机构申请因房屋互换产生的转移登记，申请将 A 房屋从甲名下转移登记给乙，将 B 房屋从乙名下转移登记给甲。问：对丙和丁代甲、乙申请的因房屋互换产生的转移登记，登记机构可否办理？

笔者认为，对丙和丁代甲、乙申请的因房屋互换产生的转移登记，登记机构不能办理。

房屋互换，是指房屋权利人在协商一致的情形下，相互交换自己的房屋所有权，即通过互换，使对方享有自己的房屋所有权的民事法律行为。质言之，房屋互换是权利人对其房屋所有权作处分，即房屋互换属于房屋处分行为。

《民法典》第二十条规定，不满八周岁的未成年人为无民事行为能力人，由其法定代理人代理实施民事法律行为。该法第二十七条第一款规定，父母是未成年子女的监护人。据此可知，作为监护人的父母是无民事行为能力的未成年人的法定代理人，以无民事行为能力的未成年人的名义实施民事法律行为，由其代为实施。本问中，作为监护人的丙、丁代无民事行为能力的未成年人甲、乙实施的是互换房屋的民事法律行为，属于处分被监护人甲、乙的房屋的民事法律行为。那么，丙、丁代无民事行为能力的未成年人甲、乙实施的互换房屋的民事法律行为合法吗？

法理上，从监护的角度看，监护人不得与被监护人为法律行为，也不得代理被监护人与自己的近亲属为法律行为。①法律规定上，按《民法典》第三十五条第一款规定，监护人除为维护被监护人利益外，不得处分被监护人的财产。据此可知，监护人为了维护被监护人的直接利益才可以处分被监护人的财产。笔者认为，一般情形下，与被监护人的利益直接相关的事项主要有：被监护人的就学、就医事项，被监护人应当依法承担的民事赔偿事项等。本问中，丙、丁代无民事行为能力的未成年人甲、乙实施互换房屋，与作为被监护人的甲、乙的利益没有直接的因果关系，不符合法律的规定。

结论：丙、丁代无民事行为能力的未成年人甲、乙实施互换房屋的行为没有法理依据，也不符合法律的规定，因此，丙和丁代甲、乙申请的因互换房屋产生的转移登记，登记机构不能办理。

第21问　临时监护人委托的照顾死者的人因分得该死者遗留的房屋申请的转移登记，登记机构可否办理

有一处国有建设用地使用权及地上房屋所有权登记在甲名下，甲是无民事行为能力的成年人，且无法定继承人。人民法院生效的判决书中指定县民政局为甲的临时监护人。现县民政局出具的文件载明：甲的旁系亲属乙受该局委托对其进行照顾，根据《民法典》第一千一百三十一条规定将甲遗留的房屋分给乙。现乙持甲名下的不动产权属证书、县民政局分给其房屋的文件等材料向登记机构申请转移登记。登记机构通过电话向县民政局核实后得知：到甲死亡时止，县民政局仍然是其临时监护人，甲没有其他监护人。问：对乙申请的转移登记，登记机构可否办理？

笔者认为，对乙申请的转移登记，登记机构不可以办理。

《民法典》第一千一百三十一条规定，对继承人以外的依靠被继承人

---

① 佟柔、周大新：《佟柔中国民法讲稿》，北京大学出版社2008年版，第151~152页。

扶养的人，或者继承人以外的对被继承人扶养较多的人，可以分给适当的遗产。据此可知，继承人以外的人直接扶养了被继承人的，在被继承人死亡后，可以分得适当的遗产。本问中，人民法院生效的判决书中指定县民政局为甲的临时监护人，县民政局委托甲的旁系亲属乙对其进行照顾。登记机构通过电话向县民政局核实后得知：到甲死亡时止，县民政局仍然其临时监护人，甲没有其他监护人，表明县民政局实质上是死者甲的监护人，甲的旁系亲属乙受作为甲的监护人的县民政局的委托照顾甲，是代县民政局履行必要的监护职责，即乙不是直接扶养了甲，在甲死亡后，县民政局将甲遗留的房屋分给乙不符合《民法典》第一千一百三十一条规定。按《不动产登记暂行条例》第二十二条第（一）项规定，对违反法律、行政法规规定的不动产登记申请，登记机构应当作不予登记处理。因此，本问中，对乙申请的转移登记，登记机构不可以办理。

本问中，县民政局将甲遗留的房屋分给乙，实质上是以该房屋抵偿乙代其照顾甲的费用，若如此，应当依法将房屋收归国有后，再通过因抵偿乙代县民政局照顾甲的费用产生的转移登记，将该房屋转移登记给乙。

延伸思考：如果乙不是受县民政局的委托，而是直接扶养了甲，在甲死亡后，县民政局根据《民法典》第一千一百三十一条规定出具文件，将甲遗留的房屋分给乙，乙据此申请的转移登记，登记机构可否办理？

按《民法典》第一千一百四十五条和第一千一百四十七条第（一）项、第（五）项规定，被继承人生前住所地的民政部门可以担任其遗产管理人，履行清理遗产并制作遗产清单、按照遗嘱或者依照法律规定分割遗产等遗产管理人职责。因此，民政部门作为死者的遗产管理人时，对死者的遗产可以进行分配。本问中，如前所述，如果乙不是受县民政局的委托，而是直接扶养了甲，在甲死亡后，根据《民法典》第一千一百三十一条规定，乙有权分得甲的遗产，若如此，作为甲的遗产管理人的县民政局出具文件，将甲遗留的房屋分给乙，乙据此申请的转移登记，登记机构可以办理。

第三部分　转移登记

第22问　父母代限制行为能力的未成年人申请因转让房地产产生的转移登记时，该未成年人是否到场接受登记机构的询问

父母为给17岁的高二学生甲筹集医疗费而出售登记在甲名下的一处房地产。父母以甲的名义与买方签订了房地产转让合同，收取购房款后，向买方交付了房屋。现甲的父母与买方持相关材料向登记机构申请转移登记。问：甲是否应当到登记机构接受询问？

有观点认为，《民法典》第十九条规定，八周岁以上的未成年人为限制民事行为能力人，实施民事法律行为由其法定代理人代理或者经其法定代理人同意、追认；但是，可以独立实施纯获利益的民事法律行为或者与其年龄、智力相适应的民事法律行为。按该法第三十五条规定，监护人应当按照最有利于被监护人的原则履行监护职责。监护人除为维护被监护人利益外，不得处分被监护人的财产。未成年人的监护人履行监护职责，在作出与被监护人利益有关的决定时，应当根据被监护人的年龄和智力状况，尊重被监护人的真实意愿。据此可知，《民法典》一方面明确了监护人在代被监护的未成年人实施相关民事法律行为时必须充分尊重被监护人的真实意愿，另一方面更是明确了未成年人在民事活动中的一般民事行为以及纯获利益的民事法律行为均可以由其独立实施。也就是说，在民事活动中非纯获利益的民事法律行为如转让未成年人名下房地产时，相关的民事法律行为需要由其监护人代为做出，但做出该行为的决定必须是未成年人自己的真实意愿。因此，八周岁以上的未成年人应当到场，参与登记机构办理不动产登记时所必须履行的询问程序，向登记机构清晰表达自己的真实意愿，在未成年人如实表述自己愿意申请相关不动产登记的真实意愿并由登记机构记载在询问笔录中后，申请不动产登记和其他涉及具体不动产登记办理的民事法律行为由其监护人代为做出。笔者不支持此观点。

一、申请登记是不动产登记程序上的行为，不是民事法律行为

《民法典》第一百三十三条规定，民事法律行为是民事主体通过意思表示设立、变更、终止民事法律关系的行为。民事法律关系，是平等主体之间发生的、符合民事法律规范的、以权利义务为内容的社会关系，是民法对平等主体的人身和财产关系加以调整的结果。[①]据此可知，民事法律行为是民事主体设立、变更、终止民事权利和民事义务的合法行为。

《不动产登记暂行条例》第二条第一款规定，不动产登记，是指不动产登记机构依法将不动产权利归属和其他法定事项记载于不动产登记簿的行为。据此可知，不动产登记是登记机构依法实施的在登记簿上记载不动产权利的归属和其他法定事项的行政行为。在不动产登记实务中，《不动产登记暂行条例实施细则》第二条规定，不动产登记应当依照当事人的申请进行，但法律、行政法规以及本实施细则另有规定的除外。该实施细则第十二条第一款规定，当事人可以委托他人代为申请不动产登记。据此可知，一般情形下，申请不动产登记是当事人实施的启动不动产登记程序的行为，即申请不动产登记是当事人实施的启动行政程序的行为。此启动行政程序的行为可以委托他人代为行使。

因此，申请不动产登记是当事人实施的启动不动产登记行政行为的程序的行为，不是当事人实施的设立、变更、终止民事权利和民事义务的民事法律行为，故《民法典》中关于监护人代被监护人实施民事法律行为时"尊重被监护人的真实意愿"的规定，不适用于监护人代被监护人申请不动产登记，换言之，八周岁以上的未成年人应当到场接受登记机构的询问没有法律上的依据，故本问中，甲无须到登记机构现场接受询问。

二、八周岁以上的未成年人不可以实施房地产转让行为

《民法典》第一百四十五条第一款规定，限制民事行为能力人实施的纯获利益的民事法律行为或者与其年龄、智力、精神健康状况相适应的

[①] 彭万林：《民法学》，中国政法大学出版社2002年版，第55页。

第三部分　转移登记

民事法律行为有效；实施的其他民事法律行为经法定代理人同意或者追认后有效。据此可知，八周岁以上的未成年人可以实施的是纯获利益的民事法律行为或者与其年龄、智力、精神健康状况相适应的民事法律行为，主要有：使未成年人纯获利益，或被免除义务的行为；未成年人自由财产的处分行为，如学费、旅费等由法定代理人预定使用目的的财产，及零用钱等未预定使用目的的财产；日常生活中的定型化行为，如利用自动售货机，利用公共交通工具，走入游园场所等。[1]本问中，按《土地增值税暂行条例》第二条、第十二条规定，转让房地产的出让方应当缴纳土地增值税，且土地增值税缴纳凭证是当事人申请转让房地产产生的转移登记时应当提交的材料。甲是房地产的出让方，是转让房地产收入的取得人，也是土地增值税的纳税义务人，即房地产转让关系是负有法定义务的法律关系，依法不能由八周岁以上的未成年人实施。

在不动产登记实务中，《不动产登记暂行条例实施细则》第十一条第一款规定，无民事行为能力人、限制民事行为能力人申请不动产登记的，应当由其监护人代为申请。据此可知，无民事行为能力人、限制民事行为能力人不得实施申请不动产登记的行为，换言之，无民事行为能力人、限制民事行为能力人不得实施启动不动产登记行政程序的行为，只能由其监护人代为实施。

按《民法典》第二百一十二条第一款第（二）项规定，询问申请人是登记机构的职责。笔者据此认为，在不动产登记中，一般情形下，接受登记机构询问的申请人，是指申请不动产登记的权利人和义务人，但在监护人、代理人代权利人、义务人申请不动产登记的情形下，由监护人、代理人代权利人、义务人接受登记机构的询问。简言之，在不动产登记中，接受登记机构询问的申请人，实质上是指向登记机构提交登记申请材料启动不动产登记程序的人。如前所述，限制行为能力人依法不能实施房

---

[1] 梁慧星：《民法总论》，法律出版社2001年版，第101~102页。

地产转让行为，依规不能实施申请因房地产转让产生的不动产登记，概言之，在不动产登记程序中，限制民事行为能力人不是登记机构的询问对象。本问中，甲不是登记机构的询问对象。

三、在不动产登记实务中，由监护人代被监护人接受登记机构的询问

在不动产登记实务中，《不动产登记暂行条例实施细则》第十一条第一款规定，无民事行为能力人、限制民事行为能力人申请不动产登记的，应当由其监护人代为申请。据此可知，监护人代无民事行为能力人、限制民事行为能力人申请不动产登记，即代无民事行为能力人、限制民事行为能力人行使申请不动产登记中的权利，履行申请不动产登记中的义务。前者如向登记机构提起申请，请求办理不动产登记等，后者如接受登记机构的相关询问等。如果要求无民事行为能力人、限制民事行为能力人到场接受询问，则无民事行为能力人、限制民事行为能力人履行了申请不动产登记的义务，成为实质上的不动产登记申请人，这违反前述《不动产登记暂行条例实施细则》第十一条第一款规定。因此，在不动产登记实务中，不能要求无民事行为能力人、限制民事行为能力人到场接受询问，而应当由监护人代被监护人接受登记机构的询问。

第23问 因父母与同为共有人的未成年子女约定不等额按份共有申请的商品房转移登记，登记机构可否办理

父母与5岁的子女共同签订商品房买卖合同并购买的一套住房申请转移登记时，提交的父母约定份额的材料载明：子女占1%，父母各占49.5%。问：此转移登记，登记机构可否办理？

有观点认为，按《民法典》第四条规定，平等是民法的基本原则，即参与民事活动的主体法律地位一律平等。本问中，父母与未成年子女共同签订商品房买卖合同并购买一套住房，表明未成年子女与其父母是商品住房的共同买方，未成年子女与其父母在商品住房买卖法律关系中的

地位平等，享有的权利、义务也应当均等，但未成年子女是其父母的监护对象，相应的义务由其父母代为履行，至于履行义务中的资金来源，不属于不动产登记机构关注的对象。因此，基于平等的民法原则，如果共有人对申请登记的商品房选择按份共有的情形，未成年子女对商品住房享有的份额不能少于其父母。

按《民法典》第三十四条第一款和第三十五条第一款规定，保护被监护人的财产权利是监护人的职责，且监护人应当按最有利于被监护人的原则履行监护职责。据此可知，监护人应当按最有利于被监护人的原则履行保护被监护人的财产权利的监护职责。本问中，申请人申请房屋转移登记时提交的父母约定份额的材料载明：子女占1%，父母各占49.5%。表明父母与其未成年子女对该商品住房选择的共有类型为按份共有，作为共有人之一的未成年子女监护人的父母代子女与自己约定共有份额时，约定：子女占1%，父母各占49.5%。据此可知，作为监护人的父母没有按最有利于未成年子女的原则履行保护子女的财产权利的监护职责。此情形下，父母按最有利于未成年子女的原则履行保护子女的财产权利的监护职责的判定标准应当是子女的份额不得少于其父母的份额。

按《不动产登记暂行条例》第二十二条第（一）项规定，不动产登记申请违反法律、行政法规规定的，登记机构应当作不予登记处理。本问中，申请人申请房屋转移登记时提交的父母约定份额的材料载明：子女占1%，父母各占49.5%，表明该不动产登记申请不符合前述《民法典》的规定，因此，对该转移登记，登记机构不得办理。笔者不支持此观点。

一、民法上的平等原则不是指民事主体通过参与民事活动取得的民事权利是等额的

《民法典》第四条规定，民事主体在民事活动中的法律地位一律平等。据此可知，平等原则是指民事主体参与民事活动时，相互之间处于平等的法律地位，即民事主体在参与民事活动时，平等地享有活动的机会，平

等地遵守活动程序，平等地经历活动过程，不是指民事主体通过参与民事活动平等地享有活动的结果，更不是指民事主体通过活动取得的权利是等额的。因此，本问中，申请人申请房屋转移登记时提交的父母约定份额的材料载明：子女占 1%，父母各占 49.5%，并不违反民法的平等原则。

二、无民事行为能力的共有人约定份额的民事法律行为依法由其监护人代为实施

《民法典》第二十条规定，不满八周岁的未成年人为无民事行为能力人，由其法定代理人代理实施民事法律行为。该法第二十三条规定，无民事行为能力人、限制民事行为能力人的监护人是其法定代理人。该法第二十七条第一款规定，父母是未成年子女的监护人。据此可知，无民事行为能力的未成年人，由作为其监护人的父母代为实施民事法律行为。本问中，父母与子女约定份额的行为属于民事法律行为，但 5 岁的子女属于无民事行为能力的未成年人，由作为其监护人的父母代为实施约定份额的民事法律行为有法律上的依据，即申请人申请房屋转移登记时提交的父母约定子女占 1%份额、父母各占 49.5%份额的材料符合法律的规定。

三、未被有权机关撤销的监护人代被监护人与其约定共有份额的材料是适格的登记申请材料

按《民法典》第三十六条规定，监护人实施了严重侵害被监护人合法权益的行为的，人民法院根据其他依法具有监护资格的人，即居民委员会、村民委员会、学校、妇女联合会、未成年人保护组织、民政部门等组织的申请，判决撤销监护人资格。据此可知，监护人在履行监护职责时，是否侵害了被监护人的合法权益，由人民法院确认。本问中，申请人申请房屋转移登记时提交的父母约定份额的材料载明：子女占 1%，父母各占 49.5%，虽然子女与父母享有的房屋份额差异较大，但作为监护人的父母是否侵害了子女的权益，由人民法院确认，登记机构无权确认。因此，申请人申请房屋转移登记时提交的父母约定子女占 1%份额、父母各占 49.5%

份额的材料在没有被人民法院生效的法律文书确认违法或无效前，登记机构应当用作办理不动产登记的证据材料。

四、作为不动产登记证据的监护人代被监护人与其约定共有份额的材料被有权机关撤销后的救济

《民法典》第二百二十条第一款规定，权利人、利害关系人认为不动产登记簿记载的事项错误的，可以申请更正登记。不动产登记簿记载的权利人书面同意更正或者有证据证明登记确有错误的，登记机构应当予以更正。据此可知，当登记簿上的记载内容错误时，登记机构应当通过更正登记予以纠正，简言之，更正登记是纠正登记簿上记载的错误内容的不动产登记。本问中，申请人申请房屋转移登记时提交的父母约定份额的材料载明：子女占1%，父母各占49.5%，子女与父母享有的房屋份额差异较大，如果人民法院生效的法律文书确认作为监护人的父母因此侵害了子女的权益的，登记机构可以根据此生效的法律文书将房屋份额更正登记为正确的状态。

在司法实务中，《最高人民法院关于审理房屋登记案件若干问题的规定》（法释〔2010〕15号）第十二条规定，申请人提供虚假材料办理房屋登记，给原告造成损害，房屋登记机构未尽合理审慎职责的，应当根据其过错程度及其在损害发生中所起作用承担相应的赔偿责任。据此可知，申请人提供虚假材料申请房屋登记，登记机构未尽合理审慎的注意义务造成登记错误并给他人造成损害的，才承担赔偿责任。本问中，申请人申请房屋转移登记时提交的父母约定份额的材料载明：子女占1%，父母各占49.5%。该材料的真实性毋庸置疑，如前所述，虽然子女与父母享有的房屋份额差异较大，但作为监护人的父母是否侵害了子女的权益，由人民法院确认，登记机构无权确认，概言之，据此办理的不动产登记产生错误时，登记机构不因此承担赔偿责任。

结论：父母与其未成年子女对其共同购买的房屋约定不等额按份共

有产生的转移登记，登记机构应当办理。

第 24 问　受托人代为申请的转移登记拟记载于登记簿的时间在委托期限之后的，登记机构可否记载

张三将登记在其名下的房地产转让给李四，但张三委托王五代其协助李四向登记机构申请转让转移登记，张三向王五出具的公证委托书载明：委托王五代为申请转移登记，委托期限为 A 年 3 月 6 日至 A 年 3 月 20 日。A 年 3 月 19 日，王五、李四持公证委托书、转让合同等材料向登记机构申请转移登记。登记机构经审查后受理了该转移登记申请。问：登记机构受理王五、李四申请的转移登记后，记载于登记簿上的时间可否在委托期限的终期 A 年 3 月 20 日之后？

笔者认为，登记机构受理王五、李四申请的转移登记后，记载于登记簿上的时间可以在委托期限的终期 A 年 3 月 20 日之后。

按《民法典》第一百七十三条第（一）项规定，代理期限届满或者代理事务完成的，委托代理终止。据此可知，代理期限届满后，受托人持有的委托代理手续失效，受托人据此代为实施的行为不对委托人发生效力。在不动产登记实务中，《不动产登记暂行条例实施细则》第二条第一款规定，不动产登记应当依照当事人的申请进行，但法律、行政法规以及本实施细则另有规定的除外。该实施细则第十二条第一款规定，当事人可以委托他人代为申请不动产登记。《不动产登记规程》（TD/T 1095—2024）5.1.1 条第 1 款规定："依申请的不动产登记一般按下列程序进行：a）申请；b）受理；c）审核；d）登簿。"据此可知，一般情形下，申请是不动产登记程序中的一个环节，申请不动产登记是当事人或其委托代理人启动不动产登记的程序性行为，自登记机构受理当事人或其委托代理人提交的不动产登记申请时起，申请环节结束，之后的审核、登簿环节由登记机构依法完成。本问中，转让方张三的受托人王五、受让方李四申请转移登记的时间是 A 年 3 月 19 日，张三向王五出具的公证委托书的有效期

第三部分 转移登记

的终期是 A 年 3 月 20 日，即王五代张三申请的转移登记对张三发生法律效力，登记机构应当受理该转移登记。登记机构受理该转移登记后，经审核，如果满足登记要求的，可以将该转移登记记载于登记簿。概言之，登记机构受理王五、李四申请的转移登记后，记载于登记簿上的时间可以在委托期限的终期 A 年 3 月 20 日之后。

第 25 问　登记机构在受理受托人代为申请的转让转移登记后，可否凭委托人出具的取消委托书的证明停止办理该转让转移登记

甲以公证委托书的方式委托乙代其申请房地产转让转移登记，乙凭公证委托书等材料与受让人一起向登记机构申请转让转移登记，登记机构经过审查，受理了乙代甲与受让人一起申请的转让转移登记。在该转移登记记载于登记簿上前，甲的委托律师持委托代理合同、律师执业证、甲取消委托乙代其申请房地产转让转移登记的公证委托书的声明等材料，请求登记机构停止办理乙代甲申请的转让转移登记。登记机构经查验得知：甲出具取消公证委托书的声明的时间在乙代其申请转让转移登记的时间之后。问：登记机构可否应甲的委托律师的请求，停止办理乙代甲申请的转让转移登记？

笔者认为，登记机构不能应甲的委托律师的请求，停止办理乙代甲申请的转让转移登记。

《不动产登记暂行条例》第十五条第一款规定，当事人或者其代理人应当向不动产登记机构申请不动产登记。据此可知，当事人可以委托代理人代其申请不动产登记。本问中，登记机构经过审查，受理了乙代甲与受让人一起申请的转让转移登记有行政法规上的依据。

按《民法典》第一百七十三条第（一）项、第（二）项规定，代理期限届满或者代理事务完成、被代理人取消委托或者代理人辞去委托的，委托代理终止。据此可知，代理期限届满或者代理事务完成的，委托代理自行终止。代理期限未届满或者代理事务未完成的，自被代理人取消委托时起,委托代理终止。在不动产登记实务中,《不动产登记规程》(TD/T 1095—2024)5.1.1 条第 1 款规定:"依申请的不动产登记一般按下列程序进行:a)申请;b)受理;c)审核;d)登簿。"据此可知,申请不动产登记只是不动产登记程序中的一个环节,自登记机构受理登记申请时起结束,之后的审核、登簿环节由登记机构依法完成。本问中,乙凭公证委托书等材料与受让人一起向登记机构申请转让转移登记,登记机构经过审查,受理了乙代甲申请的转让转移登记,表明:乙代甲申请转让转移登记的事务已经完成,甲对乙出具的公证委托书的效力无须甲的取消而终止,即甲在乙代其申请转让转移登记后出具的取消公证委托书的声明对该公证委托书的效力没有实际意义,因此,登记机构不能应甲的委托律师的请求,停止办理乙代甲申请的转让转移登记。

延伸思考:如果甲出具取消公证委托书的声明的时间在乙代其申请房地产转让转移登记之前,登记机构该怎样处理?按《不动产登记暂行条例》第十四条规定,一般情形下,不动产登记依当事人的申请启动。按该暂行条例第二十二条第(一)项规定,违反法律、行政法规规定的不动产登记申请,登记机构应当作不予登记处理。据此可知,本问中,如果甲出具的取消公证委托书的声明的时间在乙代其申请房地产转让转移登记之前的,则作为登记申请材料的该公证委托书的效力已经终止,乙代甲申请的转让转移登记没有法律、行政法规上的依据,即该转让转移登记系无转让方申请,登记机构若继续办理,不符合《不动产登记暂行条例》第十四条规定,因此,如果甲出具的取消公证委托书的声明的时间在乙代其申请房地产转让转移登记之前,对已经受理了的转让转移登记申请,登记机构应当作不予登记处理。

第26问　申请人申请因整体转让按份共有的房地产产生的转移登记时未提交其他共有人放弃优先购买权的证明的,登记机构可否办理

有一处国有建设用地使用权及地上房屋所有权登记为甲、乙、丙按

第三部分 转移登记

份共有，其中，甲占六分之四份额，乙、丙各占六分之一份额，甲、乙、丙共同持有一本不动产权属证书。甲、乙将该处国有建设用地使用权及地上房屋所有权转让给丁，签订了房地产转让合同。现甲、乙、丁持甲、乙、丙名下的不动产权属证书和房地产转让合同等材料向登记机构申请转让转移登记。登记机构经询问申请人甲、乙得知，丙不同意转让该处国有建设用地使用权及地上房屋所有权。经查验申请材料得知，申请材料中没有丙同意放弃优先购买权的材料。问：对甲、乙、丁申请的转让转移登记，登记机构可否办理？

笔者认为，对甲、乙、丁申请的转让转移登记，登记机构可以办理。

一、甲、乙有权转让该处国有建设用地使用权及地上房屋所有权并作为转让方申请转让转移登记

按《民法典》第三百零一条规定，处分共有的不动产应当经占份额三分之二以上的按份共有人或者全体共同共有人同意，但是共有人之间另有约定的除外。在不动产登记实务中，《不动产登记规程》（TD/T 1095—2024）5.2.3.2条之a）规定，处分按份共有的不动产，应由占份额三分之二以上的按份共有人申请，但共有人另有约定的除外。据此可知，一般情形下，占份额三分之二以上的按份共有人可以向共有人以外的人整体转让共有的不动产，且可以作为转让方与受让方共同向登记机构申请转让转移登记。本问中，有一处国有建设用地使用权及地上房屋所有权登记为甲、乙、丙按份共有，其中，甲占六分之四份额，乙、丙各占六分之一份额，表明作为转让方的甲、乙对被其转让的国有建设用地使用权及地上房屋所有权占有三分之二以上的份额，甲、乙将该处国有建设用地使用权及地上房屋所有权转让给丁，并作为转让方与丁共同向登记机构申请转让转移登记符合法律和不动产登记规则的规定。

二、甲、乙、丁申请转让转移登记时无须提交丙放弃优先购买权的证明

法学理论上，法律赋予共有人对份额的优先购买权旨在简化共有人之间的关系，防止因外人的介入而使共有人内部关系趋于复杂。①据此可知，有共有人向共有人之外的人转让其份额时，法律赋予其他共有人对该份额的优先购买权的目的，是减少共有人，简化既有的共有关系，即共有人行使优先购买权后，共有人对共有物的按份共有关系仍然存在，只是共有人减少，共有关系比原来简化而已。本问中，占份额三分之二以上的甲、乙依法将其与丙共有的国有建设用地使用权及地上房屋所有权整体转让给丁，消灭了甲、乙、丙对该处国有建设用地使用权及地上房屋所有权的共有关系，因此，丙对该国有建设用地使用权及地上房屋所有权没有行使优先购买权的前提。

另外，实体上，优先购买权又称"先买权"，是指特定的民事主体依照法律规定享有的先于他人购买某项特定财产的权利。②据此可知，优先购买权是由法律规定的一项权利。据笔者查询，法律、行政法规对占份额三分之二以上的共有人向共有人之外的人整体转让共有财产时，未参与转让的共有人对该共有财产是否享有优先购买权未作规定，即未参与转让的按份共有人对该被整体转让的共有财产是否享有优先购买权没有法律上的依据。程序上，据笔者查询，法律、行政法规和不动产登记规则均没有关于登记机构办理占份额三分之二以上的共有人向共有人之外的人整体转让共有的不动产后申请转移登记时，应当收取未参与转让的共有人放弃对该共有不动产享有的优先购买权的证明的规定。因此，本问中，甲、乙、丁申请转让转移登记时无须提交丙放弃优先购买权的证明。

结论：本问中，占份额三分之二以上的甲、乙依法将其与丙共有的国有建设用地使用权及地上房屋所有权整体转让给丁，消灭了甲、乙、丙对

---

① 王利明：《民法学》，复旦大学出版社2004年版，第312页。
② 王利明：《物权法教程》，中国政法大学出版社2003年版，第179页。

该处国有建设用地使用权及地上房屋所有权的共有关系，使丙对该处国有建设用地使用权及地上房屋所有权行使优先购买权的前提消失，即甲、乙、丁申请转让转移登记时无须提交丙放弃优先购买权的证明。概言之，对甲、乙、丁申请的转让转移登记，登记机构可以办理。

第27问　申请人申请的因共有人间的份额转让产生的转移登记中缺少其他共有人放弃优先购买权的材料的，登记机构可否办理

有一处不动产登记为甲、乙、丙按份共有，其中甲占80%份额，乙和丙各占10%份额，甲、乙、丙分别持有不动产权属证书。甲将其份额转让给丙，签订了转让合同。现甲、丙持转让合同、甲名下的不动产权属证书等材料向登记机构申请转让转移登记。登记机构查验登记申请材料后发现：甲、丙没有提交乙放弃优先购买权的书面材料。问：对甲、丙申请的转让转移登记，登记机构可否办理？

笔者认为，对甲、丙申请的转让转移登记，登记机构可以办理。

《民法典》第二百九十八条规定，按份共有人对共有的不动产或者动产按照其份额享有所有权。该法第三百零五条规定，按份共有人可以转让其享有的共有的不动产或者动产份额。其他共有人在同等条件下享有优先购买的权利。该法第二百四十条规定，所有权人对自己的不动产或者动产，依法享有占有、使用、收益和处分的权利。据此可知，不动产的按份共有人是按份额享有该不动产的所有权，按份共有人依自己的意思表示向他人转让其享有的份额，是行使所有权中的处分权能。按份共有人向共有人以外的人转让其享有的份额的，其他共有人在同等条件下享有优先购买的权利。按份共有人向其他共有人转让其享有的份额的，其他共有人则没有优先购买的权利。在不动产登记实务中，《不动产登记暂行条例实施细则》第十条第二款规定，按份共有人转让其享有的不动产份额，应当与受让人共同申请转移登记。该实施细则第二十七条第（六）项规定，共有人增加或者减少以及共有不动产份额变化的，当事人可以申请转移登记。《不动产登记规程》（TD/T 1095—2024）5.2.3.2条之b）规定，按份共有人转让或抵押其享有的不动产份额的，应由该按份共有人与受让人或者抵押权人共同申请。本问中，甲将其份额转让给丙，签订了转让合同，表明甲将其享有的份额转让给同为共有人的丙后，因失去份额而退出对不动产的共有关系，不再是该不动产的共有人，同时，丙因受让甲的份额而使自己对该不动产享有的份额增加，简言之，甲将其份额转让给丙导致了不动产的共有人减少和共有人对该不动产享有的份额变化，属于应当由甲、丙共同申请转移登记的情形，且申请转移登记时因另一个按份共有人乙无优先购买权，也就无须其提交放弃优先购买权的书面材料。因此，对甲、丙申请的转让转移登记，登记机构可以办理。

第28问　转让转移登记申请材料中有监护人代被监护人出具的放弃优先购买权的声明的，登记机构可否办理该件转移登记

有一处房地产登记为甲、乙按份共有，甲、乙各占二分之一份额，甲、乙各自持有不动产权属证书。乙是无民事行为能力的成年人，丙是乙的监护人。甲将其享有的二分之一份额转让给丁，签订房地产转让合同后，甲、丁持甲名下的不动产权属证书、房地产转让合同等材料向登记机构申请转让转移登记。登记机构经查验发现：申请材料中有丙代乙出具的放弃优先购买权的声明。问：对甲、丁申请的转让转移登记，登记机构可否办理？

有观点认为，优先购买权的行使，可以让被监护人在同等条件下购买取得其他共有人的不动产份额，从而减少共有人而简化共有关系，有利于被监护人的财产积累，切实保护被监护人的利益。因此，本问中，监护人丙代被监护人乙出具放弃优先购买权的声明，属于滥用监护权的违法行为，因此，对甲、丁申请的转让转移登记，登记机构不可以办理。笔者不支持此观点。

第三部分 转移登记

一、监护人可以代被监护人出具放弃优先购买权的声明

《民法典》第二十一条第一款规定，不能辨认自己行为的成年人为无民事行为能力人，由其法定代理人代理实施民事法律行为。该法第二十三条规定，无民事行为能力人、限制民事行为能力人的监护人是其法定代理人。据此可知，无民事行为能力人不得单独实施民事法律行为，只能由其监护人代为实施。本问中，作为无民事行为能力人的乙放弃对另一共有人甲的房地产份额的优先购买权，属于民事法律行为，其监护人丙有权代为实施，即丙代乙出具的放弃对甲的房地产份额的优先购买权的声明于法有据。

二、监护人代被监护人放弃优先购买权并不损害被监护人的利益

按《民法典》第三十五条规定，监护人应当按照最有利于被监护人的原则履行监护职责。据此可知，监护人履行监护职责时，应当最大化地保护被监护人的利益。笔者认为，监护人履行监护职责时，对被监护人利益最大化的保护体现在：一是使被监护人的既有财产不受损害；二是代被监护人接受不支付对价的财产；三是代被监护人实施其他纯获利益的民事法律行为。本问中，如果监护人丙不代乙放弃对甲的房地产份额的优先购买权，则乙应当以一定的对价购买甲的房地产份额，不属于纯获利益的民事法律行为，不是对乙的利益的最大化保护。因此，监护人代被监护人放弃优先购买权并不损害被监护人的利益。

结论：本问中，监护人可以代被监护人出具放弃优先购买权的声明，且不损害被监护人的权益，因此，对甲、丁申请的转让转移登记，登记机构应当办理。

第29问 申请人申请其于法定结婚年龄届满前购买的商品房转移登记时，登记机构可否不询问该房屋的共有情况

男青年张三20岁时与房地产开发企业签订商品房预售合同，购买了一套住宅。5年后，张三与房地产开发企业持商品房预售合同等材料向登

记机构申请转移登记。问：登记机构询问张三时可否不询问该房屋的共有情况？

有观点认为，在不动产登记实务中，《不动产登记规程》(TD/T 1095—2024)5.3.5.1条规定："不动产登记机构应根据不同的申请登记事项询问申请人以下内容，并制作询问记录，以进一步了解有关情况：a)申请登记的事项是否是申请人的真实意思表示；b)申请登记的不动产是否存在共有人；c)存在异议登记的，申请人是否知悉存在异议登记的情况；d)不动产登记机构需要了解的其他与登记有关的内容。"据此可知，申请登记的不动产是否存在共有人是登记机构询问申请人时必须询问的内容。本问中，如果登记机构询问张三时不询问该房屋的共有情况，则询问内容不充分，程序违法。因此，登记机构询问张三时应当询问该房屋的共有情况。笔者不支持此观点。

《不动产登记暂行条例》第十四条第一款规定，因买卖、设定抵押权等申请不动产登记的，应当由当事人双方共同申请。在不动产登记实务中，按《不动产登记暂行条例实施细则》第三十八条规定，买卖合同是申请人申请因买卖不动产产生的转移登记时应当提交的申请材料。据此可知，因买卖产生的不动产转移登记由买卖双方当事人共同申请，转移登记中，不动产物权的取得方是买卖合同上的买方，不动产物权的失去方是买卖合同上的卖方。本问中，张三与房地产开发企业持商品房预售合同等材料向登记机构申请的是转让转移登记，登记簿上拟记载的房屋所有权人是商品房预售合同上的买方张三，因此，登记机构通过询问查明该房屋的共有情况，主要指登记机构查明该房屋是否是张三的夫妻共有财产。

《民法典》第二百一十五条规定，当事人之间订立有关设立、变更、转让和消灭不动产物权的合同，除法律另有规定或者当事人另有约定外，自合同成立时生效；未办理物权登记的，不影响合同效力。据此可知，法律的规定严格区分债权与不动产物权，一般情形下，自当事人之间订立

第三部分　转移登记

有关取得不动产物权的合同生效时起，当事人享有以取得不动产物权为目的的合同债权，自记载于登记簿上时起，该合同债权才转化为不动产物权。合同债权是权利人取得不动产物权的原因。本问中，男青年张三20岁时与房地产开发企业签订商品房预售合同，购买了一套住宅，张三据此享有的是以取得商品房所有权为目的的合同债权。

《民法典》第一千零四十七条规定，结婚年龄，男不得早于二十二周岁，女不得早于二十周岁。按该法第一千零六十二条、第一千零六十三条规定，一般情形下，婚姻关系存续期间取得的财产是夫妻共同财产。据此可知，一般情形下，当事人在婚姻关系存续期间取得的财产是夫妻共同财产，非婚姻状态下取得财产是其个人独自享有的财产。在不动产登记实务中，《不动产登记规程》（TD/T 1095—2024）5.3.5.1条规定："不动产登记机构应根据不同的申请登记事项询问申请人以下内容，并制作询问记录，以进一步了解有关情况：a）申请登记的事项是否是申请人的真实意思表示；b）申请登记的不动产是否存在共有人；c）存在异议登记的，申请人是否知悉存在异议登记的情况；d）不动产登记机构需要了解的其他与登记有关的内容。"

据此可知，不动产登记机构工作人员应根据不同的申请登记事项决定询问申请人的内容，并制作询问记录，即《不动产登记规程》（TD/T 1095—2024）5.3.5.1条规定的询问内容由登记机构询问申请人时根据具体情况自行确定。本问中，男青年张三20岁时与房地产开发企业签订商品房预售合同并享有合同债权时，由于其未达法定结婚年龄，属于其独自享有的合同债权，由此转化而来的房屋所有权也属于其单独享有的情况已经很明确，登记机构在询问张三时，可以不再询问该房屋的共有情况。因此，申请人申请其于法定结婚年龄届满前购买的商品房转移登记时，登记机构可以不询问该房屋的共有情况。

第 30 问　以家庭经营方式经营的个体工商户中的经营者死亡后，对登记在该个体工商户字号下的国有建设用地使用权，其继承人该怎样申请因继承产生的不动产登记

有一宗因出让取得的国有建设用地使用权登记在某科技服务部名下，该科技服务部的营业执照显示为个体工商户，且组成形式是家庭经营。现营业执照上载明的经营者去世，其继承人到登记机构咨询：对该国有建设用地使用权，他们该怎样申请登记？

笔者认为，继承人应当一并申请因分割国有建设用地使用权产生的转移登记和因继承国有建设用地使用权产生的转移登记。

《民法典》第五十四条规定，自然人从事工商业经营，经依法登记，为个体工商户。个体工商户可以起字号。该法第五十六条规定，个体工商户的债务，个人经营的，以个人财产承担；家庭经营的，以家庭财产承担；无法区分的，以家庭财产承担。笔者据此认为，个体工商户等同于自然人，个体工商户有个人经营和家庭经营两种经营方式。个人经营的，个体工商户的字号相当于经营者个人的曾用名。家庭经营的，个体工商户的字号相当于经营者家庭的代号。因此，个人经营的，登记在个体工商户字号下的不动产，是该经营者单独享有的财产；家庭经营的，登记在个体工商户字号下的不动产是该经营者的家庭共有财产。但笔者认为，家庭中的未成年人属于被抚养、被监护的对象，对家庭财产的产生、积累没有贡献，故未成年人不是家庭共有财产的共有人。本问中，登记在某科技服务部名下的国有建设用地使用权是经营者的家庭共有财产，家庭中的成年成员是该宗国有建设用地使用权的共有人。

《民法典》第一千一百二十一条第一款规定，继承从被继承人死亡时开始。该法第一千一百五十三条第二款规定，遗产在家庭共有财产之中的，遗产分割时，应当先分出他人的财产。据此可知，自被继承人死亡时起继承开始，但是被继承人的遗产包括在家庭共有财产之中的，应当先行分割出属于其他家庭成员的财产后，遗产部分才可以由其继承人继承。本问中，如前所述，登记在某科技服务部名下的国有建设用地使用权是经营者的家庭共有财产，登记机构应当告知申请人凭家庭财产分割证明、遗产继承证明等材料一并申请因分割国有建设用地使用权产生的转移登记和因继承被继承人遗留的国有建设用地使用权份额产生的转移登记。当然，如果某科技服务部是个人经营的，则申请人只需申请因继承国有建设用地使用权产生的转移登记即可。

第31问　当事人婚前取得的房地产离婚时约定归对方配偶后又单独与受让方申请的转让转移登记，登记机构可否办理

小丁婚前购买了一套商品房，登记在其名下并领取了房屋所有权证书，但登记簿和房屋所有权证书上均未记载共有情况。之后，小丁与小张结婚。再后，小丁与小张离婚，离婚协议中约定登记在小丁名下的商品房归小张，但小张没有凭离婚协议将该房屋转移登记到其名下。现小丁将该商品房转让给小陈，小丁、小陈共同持房屋所有权证、转让合同等材料向登记机构申请转移登记。登记人员询问小丁转让的房屋是否是其单独所有，小丁出示离婚协议，以离婚协议上载明的结婚时间证明该房屋是其婚前取得的单独所有的财产，但离婚协议也载明该房屋归小张。小丁告知登记机构：他已对小张作了其他形式的补偿，该房屋不再归小张。登记机构将小丁的告知记入了询问笔录。问：对没有小张参与的由小丁、小陈申请的转让转移登记，登记机构可否办理？

笔者认为，对没有小张参与的由小丁、小陈申请的转让转移登记，登记机构可以办理。

按《民法典》第一千零六十五条规定，男女双方可以约定婚前财产归各自所有、共同所有或者部分各自所有、部分共同所有。夫妻对婚前财产的约定，对双方具有法律约束力。申言之，男女双方可以约定婚前财产归对方所有，但该约定只对男女双方有法律约束力。该法第二百一十四条规定，不动产物权的设立、变更、转让和消灭，依照法律规定应当登记的，自记载于不动产登记簿时发生效力。该法第二百一十六条第一款规定，不动产登记簿是物权归属和内容的根据。该法第二百四十条规定，所有权人对自己的不动产或者动产，依法享有占有、使用、收益和处分的权利。据此可知，一般情形下，当事人基于民事法律行为设立、变更、转移和消灭不动产物权的，自记载于不动产登记簿时发生效力，即不动产物权的权利主体、权利内容，以登记簿上的记载为准。本问中，小丁、小张在离婚协议中将小丁婚前取得且登记在其名下的商品房约定归小张所有，但小张没有向登记机构申请将该商品房转移登记到其名下，即小张没有依法取得该商品房的所有权。换言之，登记簿上现时记载的该商品房的所有权人仍然是小丁，小丁有权以转让等方式处分登记在其名下的商品房，且小丁关于他已对小张作了其他形式的补偿，该房屋不再归小张的陈述被登记机构录入了询问笔录。小丁的陈述是否属实，登记机构无须过问。因此，对没有小张参与的由小丁、小陈申请的转移登记，登记机构可以办理。当然，如前所述，约定该商品房归小张所有的离婚协议对小丁与小张有约束力，小丁转让该商品房致小张权利受损的，小张可以凭此离婚协议通过协商、申请调解或仲裁、提起诉讼等方式向小丁主张权利。

另外，按《不动产登记暂行条例》第二十二条第（二）项规定，对存在尚未解决的权属争议的不动产登记申请，登记机构受理后应当作不予登记处理。本问中，登记机构受理小丁、小陈申请的转移登记后，在将该转移登记记载于登记簿上前，若小张持离婚协议到登记机构对该房屋主张权利的，登记机构应当以该转移登记申请存在尚未解决的权属争议为由作不予登记处理。

第三部分 转移登记

第32问 申请人以对方配偶离婚时放弃分割夫妻共同财产为由申请的将登记为原夫妻共有的房屋变更为其单独所有产生的不动产登记，登记机构可否办理

甲、乙是夫妻，婚姻关系存续期间取得的一套房屋登记为甲、乙共同共有。后来，甲、乙经人民法院调解离婚。现甲持登记在两人名下的不动产权属证书、民事调解书申请因离婚析产产生的转移登记，申请将该房屋登记为甲单独所有。登记机构查验甲提交的登记申请材料后发现：离婚民事调解书没有载明对夫妻共有的房屋进行分割的内容，但载明乙放弃分割夫妻共同财产。问：对甲申请的将登记为原夫妻共同共有的不动产变更为其单独所有产生的不动产登记，登记机构可否办理？

笔者认为，对甲申请的将登记为原夫妻共同共有的不动产变更为其单独所有产生的不动产登记，登记机构不能办理。

《民法典》第一千零六十二条规定："夫妻在婚姻关系存续期间所得的下列财产，为夫妻的共同财产，归夫妻共同所有：（一）工资、奖金、劳务报酬；（二）生产、经营、投资的收益；（三）知识产权的收益；（四）继承或者受赠的财产，但是本法第一千零六十三条第三项规定的除外；（五）其他应当归共同所有的财产。夫妻对共同财产，有平等的处理权。"该法第一千零六十三条规定："下列财产为夫妻一方的个人财产：（一）一方的婚前财产；（二）一方因受到人身损害获得的赔偿或者补偿；（三）遗嘱或者赠与合同中确定只归一方的财产；（四）一方专用的生活用品；（五）其他应当归一方的财产。"该法第一千零六十五条规定，男女双方可以约定婚姻关系存续期间所得的财产以及婚前财产归各自所有、共同所有或者部分各自所有、部分共同所有。约定应当采用书面形式。没有约定或者约定不明确的，适用本法第一千零六十二条、第一千零六十三条的规定。

据此可知，一般情形下，夫妻可以对其婚姻关系存续期间取得的财产以及婚前财产书面约定归各自所有、共同所有或者部分各自所有、部分共

同所有。没有约定或者约定不明确的，婚姻关系存续期间取得的财产为夫妻共同财产，婚前取得的财产为夫或妻的婚前财产。本问中，甲、乙婚姻关系存续期间取得的房屋登记为其夫妻共同共有，表明甲、乙对该婚姻关系存续期间取得的房屋归属做了明确的约定。换言之，甲、乙在其婚姻关系存续期间对该套房屋做了明确的分割。按《民法典》第一千零八十七条第一款规定，离婚时，夫妻的共同财产由双方协议处理。据此可知，本问中，登记为甲、乙夫妻共同共有的房屋仍然是其夫妻共同财产，甲、乙离婚时可以通过书面协议的方式对其进行再分割。但甲、乙离婚时的民事调解书却没有载明对登记为甲、乙夫妻共同共有的该房屋进行再分割的内容，却载明乙放弃分割夫妻共同财产。笔者认为，对该套房屋而言，由于甲、乙在其婚姻关系存续期间已经对其做了明确的分割，离婚时不再进行分割，是为了维持既有的共同共有状态。此情形下，放弃分割的是其婚姻关系存续期间取得的且对其共有情况没有作约定的财产（如对婚姻关系存续期间取得的不动产是共同共有，还是按份共有均没有作约定），或虽然对其共有情况有约定但约定不明确的财产（如对婚姻关系存续期间取得的不动产约定为夫妻共有）。概言之，甲、乙离婚时的民事调解书载明乙放弃分割夫妻共同财产，并不表明登记为甲、乙共同共有的房屋通过离婚析产归甲单独所有。因此，对甲申请的因离婚析产产生的转移登记，登记机构不能办理。

第33问　申请人再婚后基于与前夫的离婚协议申请的不动产转移登记中，共有情况是申请登记为现夫妻共有还是其单独所有

有一处国有建设用地使用权及地上房屋所有权登记为甲、乙夫妻共有，甲、乙分别领取了不动产权属证书。后来，甲、乙协议离婚，离婚协议载明该处国有建设用地使用权及地上房屋所有权归乙，且由乙自行负责申请该国有建设用地使用权及地上房屋所有权的过户登记。之后，乙与丙登记结婚。现乙、丙持甲和乙的离婚证、离婚协议、乙和丙的结婚证、

第三部分 转移登记

甲和乙名下的不动产权属证书等材料申请转移登记，拟将该处国有建设用地使用权及地上房屋所有权转移登记为乙、丙按份共有，各占一半份额。问：对乙和丙共同申请的转移登记，登记机构可否办理？

笔者认为，对乙和丙共同申请的转移登记，登记机构不能办理。

《民法典》第一千零六十二条规定："夫妻在婚姻关系存续期间所得的下列财产，为夫妻的共同财产，归夫妻共同所有：（一）工资、奖金、劳务报酬；（二）生产、经营、投资的收益；（三）知识产权的收益；（四）继承或者受赠的财产，但是本法第一千零六十三条第三项规定的除外；（五）其他应当归共同所有的财产。夫妻对共同财产，有平等的处理权。"该法第一千零六十三条规定："下列财产为夫妻一方的个人财产：（一）一方的婚前财产；（二）一方因受到人身损害获得的赔偿或者补偿；（三）遗嘱或者赠与合同中确定只归一方的财产；（四）一方专用的生活用品；（五）其他应当归一方的财产。"据此可知，一般情形下，夫妻在婚姻关系存续期间取得的财产为夫妻共同财产，夫或妻在婚前取得的财产为其单独享有的财产。本问中，有一处国有建设用地使用权及地上房屋所有权登记为甲、乙夫妻共有，甲、乙分别领取了不动产权属证书。后来，甲、乙协议离婚，离婚协议载明该处国有建设用地使用权及地上房屋所有权归乙，且由乙自行负责申请该国有建设用地使用权及地上房屋所有权的过户登记，表明乙、丙共同申请转移登记的国有建设用地使用权及地上房屋所有权是乙因与其前夫甲离婚分割夫妻共同财产所得，是乙与丙登记结婚前取得的由其单独享有的财产。因此，对乙和丙共同申请的将该国有建设用地使用权及地上房屋所有权登记为其按份共有产生的转移登记，登记机构不能办理。

《民法典》第一千零六十五条规定，男女双方可以约定婚姻关系存续期间所得的财产以及婚前财产归各自所有、共同所有或者部分各自所有、部分共同所有。约定应当采用书面形式。没有约定或者约定不明确的，适用本法第一千零六十二条、第一千零六十三条的规定。据此可知，在协商一致的前提下，夫妻可以约定婚姻关系存续期间取得的财产以及婚前财产归各自所有、共同所有或者部分各自所有、部分共同所有。笔者据此认为，夫或妻将其婚前财产约定为夫妻共有，将夫妻共有财产约定为归对方单独享有，是一方将其享有的财产或财产份额赠与另一方。在不动产登记实务中，按《不动产登记规程》（TD/T 1095—2024）7.2.3.1 条规定，已经登记的国有建设用地使用权，在导致权属发生转移的情形出现时，当事人可申请转移登记。因此，本问中，乙应当持甲和乙的离婚证、离婚协议、甲和乙名下的不动产权属证书等材料申请因离婚产生的转移登记，将国有建设用地使用权及地上房屋所有权转移登记在乙名下后，乙和丙才可以持结婚证和夫妻财产约定申请因夫妻财产约定产生的转移登记，将该处国有建设用地使用权及地上房屋所有权转移登记为乙和丙共有。当然，乙因离婚产生的转移登记和乙、丙因夫妻财产约定产生的转移登记可以合并申请，登记机构受理后，满足登记要求的，先在登记簿上记载因离婚产生的转移登记，将国有建设用地使用权及地上房屋所有权登记为乙单独享有。再在登记簿上记载因夫妻财产约定产生的转移登记，将该国有建设用地使用权及地上房屋所有权登记为乙、丙按份共有，各占一半份额。

第34问　当事人基于生效的判决书取得的房屋未登记在其名下又据此作离婚分割产生的转移登记，登记机构可否办理

小方、小吴是夫妻，婚姻关系存续期间，小方以其名义与房地产开发企业网签商品房预售合同，购买了一套商品住房。房屋交付后转移登记在小方名下前，该房屋因权属纠纷与卖方房地产开发企业产生诉讼，人民法院生效的判决书判决该房屋归小方，但小方一直没有将该房屋申请登记在其名下。后来，小方、小吴协议离婚，离婚协议约定该房屋归小吴。现小方、小吴持离婚证、离婚协议、人民法院生效的判决书等材料申请不动产登记。登记人员经查询登记簿得知：小方、小吴申请登记的房屋现时还登记在房地产开发企业名下。问：登记机构该怎样为小方、小吴办理不动产登记？

笔者认为，登记机构应当将该房屋从房地产开发企业名下直接转移登记到小吴名下。

《民法典》第二百二十九条规定，因人民法院、仲裁机构的法律文书或者人民政府的征收决定等，导致物权设立、变更、转让或者消灭的，自法律文书或者征收决定等生效时发生效力。据此可知，当事人基于人民法院出具的确认权属的法律文书取得的不动产物权，自该法律文书生效时起无须办理不动产登记即依法、即时享有该不动产物权。该法第一千零六十二条规定："夫妻在婚姻关系存续期间所得的下列财产，为夫妻的共同财产，归夫妻共同所有：（一）工资、奖金、劳务报酬；（二）生产、经营、投资的收益；（三）知识产权的收益；（四）继承或者受赠的财产，但是本法第一千零六十三条第三项规定的除外；（五）其他应当归共同所有的财产。夫妻对共同财产，有平等的处理权。"该法第一千零六十三条规定："下列财产为夫妻一方的个人财产：（一）一方的婚前财产；（二）一方因受到人身损害获得的赔偿或者补偿；（三）遗嘱或者赠与合同中确定只归一方的财产；（四）一方专用的生活用品；（五）其他应当归一方的财产。"质言之，一般情形下，当事人在婚姻关系存续期间取得的财产为夫妻共同财产。据此可知，当事人在婚姻关系存续期间基于人民法院生效的确认权属的法律文书取得的不动产物权也属于夫妻共同财产。本问中，人民法院生效的判决书判决该房屋归小方是在小方、小吴婚姻关系存续期间，因此，该房屋所有权属于小方、小吴的夫妻共有财产。

按《民法典》第一千零八十七条规定，离婚时，夫妻的共同财产由双方协议处理。据此可知，离婚时，夫妻共同财产可以通过离婚协议处理。因此，本问中，小方、小吴协议离婚时，离婚协议约定该房屋归小吴于法有据。在不动产登记实务中，按《不动产登记暂行条例实施细则》第二十七条第（七）项规定，因人民法院生效的法律文书导致不动产权利发生转移的，当事人可以向登记机构申请转移登记。《不动产登记规程》（TD/T 1095—2024）5.2.5.2 条规定，已办理首次登记的不动产，申请人因继承、受遗赠，或者人民法院、仲裁机构的生效法律文书取得该不动产但是尚未办理转移登记，又因继承、受遗赠，或者人民法院、仲裁机构的生效法律文书导致不动产权利转移的，不动产登记机构应首先将之前转移登记的有关事项在不动产登记簿的附记栏中记载但不颁发证书，涉及纳税的，应查验相关完税结果材料是否齐全，再依法办理后续登记。本问中，人民法院生效的判决书判决该房屋归小方，小方一直没有将该房屋申请登记在其名下。小方、小吴协议离婚时，离婚协议约定该房屋归小吴，表明人民法院生效的确认权属的判决书导致该房屋权利从房地产开发企业转移给小方后，又基于离婚协议转移给小吴，因此，登记机构应当引导小方、小吴申请转移登记，将该房屋从房地产开发企业名下直接转移登记给小吴，同时在附记栏加注"小方基于××生效判决书取得房屋所有权后因离婚析产转移登记给小吴"。

另外，按《房地产管理法》第三十八条第（六）项规定，未依法登记领取权属证书的房地产不得转让。笔者认为，该处的"转让"，是指权利人依自己的意思表示将其房地产以买卖、投资入股等交易方式转移给他人的民事法律行为。本问中，小方、小吴基于离婚协议将其共有的房屋所有权约定归共有人之一的小吴，没有向共有人之外的他人转移，不属于转让行为，因此，登记机构无须凭人民法院生效的判决书将该房屋所有权从房地产开发企业名下转移登记给小方后，再凭离婚协议转移登记给小吴。

第35问 夫妻中的一方在对方死亡后持离婚协议单独申请的不动产转移登记，登记机构可否办理

甲、乙协议离婚，离婚协议约定登记为甲、乙共有的不动产归乙。办理离婚登记手续后，甲、乙一直没有申请因离婚产生的转移登记。后来，甲死亡。现乙持身份证明、离婚协议等材料向登记机构申请转移登记。问：对乙单独申请的因离婚产生的转移登记，登记机构可否办理？

笔者认为，对乙单独申请的因离婚产生的转移登记，登记机构不可以办理。

《不动产登记暂行条例》第十四条第一款规定，因买卖、设定抵押权等申请不动产登记的，应当由当事人双方共同申请。据此可知，因买卖、设定抵押权等当事人合意的民事法律行为产生的不动产登记，应当由当事人双方共同申请。本问中，甲、乙在离婚协议中约定登记为其共有的不动产归乙，属于甲、乙合意的民事法律行为，由此产生的离婚转移登记，应当由甲、乙共同申请。因此，对乙单独申请的因离婚产生的转移登记，登记机构不可以办理。但作为共同申请人的甲已经死亡，乙怎样才能将该不动产登记到其名下呢？笔者认为有两种处理方式：

第一种处理方式，《民法典》第一千一百五十九条规定，分割遗产，应当清偿被继承人依法应当缴纳的税款和债务；但是，应当为缺乏劳动能力又没有生活来源的继承人保留必要的遗产。质言之，法律规定，我国的继承实行权利和义务概括继承，即继承人在继承被继承人遗留的权利的同时，也要承接被继承人遗留的义务。按前述《不动产登记暂行条例》第十四条规定，基于离婚产生的不动产转移登记应当由当事人双方共同申请。本问中，协助乙申请基于离婚协议产生的不动产转移登记是已经死亡的甲遗留的义务，甲的继承人在继承甲遗留的权利的同时，应当同时承接该义务。因此，可以由甲的全部继承人协助乙共同申请因离婚产生的转移登记。

第二种处理方式，《民法典》第二百三十四条规定，因物权的归属、内容发生争议的，利害关系人可以请求确认权利。据此可知，当事人因不动产权属产生争执时，可以通过诉讼请求人民法院判决确认权属。本问中，笔者认为，在甲的继承人拒绝协助乙申请基于离婚协议产生的不动产转移登记的情形下，可以视为甲的继承人与乙就该不动产权属产生争执，乙可以将甲的全部继承人作为被告起诉，请求人民法院判决确认权属后，乙再凭人民法院生效的确认权属的判决书单方申请不动产登记。

第36问　第一顺序继承人全部放弃继承权后，由转继承人因继承作为遗产的全部房地产申请的转移登记，登记机构可否办理

有一处房地产登记在王一名下。A1年，王一死亡，有王二、王三、王四三个继承人，但王二、王三、王四一直没有申请因继承产生的转移登记。A3年，王三死亡。现王三唯一的继承人王小三持王二和王四放弃继承权的公证书、亲属关系证明、王一名下的不动产权属证书等材料申请因转继承产生的转移登记。问：对王小三申请的因转继承产生的转移登记，登记机构可否办理？

笔者认为，对王小三申请的因转继承产生的转移登记，登记机构可以办理。

《民法典》第一千一百二十一条第一款规定，继承从被继承人死亡时开始。该法第一千一百五十二条规定，继承开始后，继承人于遗产分割前死亡，并没有放弃继承的，该继承人应当继承的遗产转给其继承人，但是遗嘱另有安排的除外。该法第一千一百二十四条第一款规定，继承开始后，继承人放弃继承的，应当在遗产处理前，以书面形式作出放弃继承的表示；没有表示的，视为接受继承。该法第一千一百二十七条第一款、第二款规定，继承开始后，由第一顺序继承人继承，第二顺序继承人不继承；没有第一顺序继承人继承的，由第二顺序继承人继承。据此可知，一般情形下，在被继承人死亡后，遗产分割前，没有放弃继承权的继承人死亡，且其他继承人也不放弃继承权的，已死亡继承人应当继承的遗产份额转由其继承人继承。其他继承人放弃继承权的，则全部遗产可以转由已死亡继承人的继承人继承。本问中，王一死亡后，继承人王二、王三、王四一直没有申请因继承产生的不动产转移登记,且到王三死亡时,作为王一的遗产的房地产一直没有分割。王三系在该房地产分割前死亡,其继承人王小三作为转继承人与王二、王四共同分割该房地产。在王二和王四以放弃继承权公证书的方式放弃继承后,该房地产全部转由王小三继承。因此,对王小三申请的因转继承产生的转移登记,登记机构可以办理。

第37问　第一顺序继承人全部放弃继承后由代位继承人继承宅基地使用权及地上房屋所有权产生的转移登记,登记机构可否办理

有一处宅基地使用权及地上房屋所有权登记为村民张一单独所有。张一有三个儿子,即张二、张三和张四。张二先于张一去世,有一个成年儿子张小二。张一去世后,继承人有其再婚配偶蔡某、张三、张四和张小二。遗产分割协议约定:蔡某、张三、张四放弃对张一遗产的继承,张一的遗产全部由张小二继承。现张小二持张一名下的不动产权属证书、遗产分割协议、张一的死亡证明等材料申请因继承宅基地使用权及地上房屋所有权产生的转移登记。问:对张小二申请的因继承张一遗留的宅基地使用权及地上房屋所有权产生的转移登记,登记机构可否办理?

笔者认为,对张小二申请的因继承张一遗留的宅基地使用权及地上房屋所有权产生的转移登记,登记机构可以办理。

按《民法典》第一千一百二十七条第一款第(一)项规定,配偶、子女、父母同属被继承人的第一顺序继承人。该法第一千一百二十八条第一款、第三款规定,被继承人的子女先于被继承人死亡的,由被继承人的子女的直系晚辈血亲代位继承。代位继承人一般只能继承被代位继承人有权继承的遗产份额。该法第一千一百三十条第一款规定,同一顺序继承人继承遗产的份额,一般应当均等。据此可知,一般情形下,作为第一顺序继承人的子女先于被继承人死亡的,由该死亡子女的直系晚辈血亲

代替其与被继承人的配偶、父母、其他子女同属同一顺序的继承人。但代位继承人一般只能继承被代位继承人有权继承的遗产份额，即代位继承人只有一人的，该代位继承人与其他同一顺序继承人继承遗产的份额均等。代位继承人是两人以上的，全部代位继承人共同继承遗产的份额与其他同一顺序继承人继承遗产的份额均等，换言之，代位继承人是两人以上的，各代位继承人继承遗产的份额与其他同一顺序继承人继承遗产的份额不均等。本问中，张小二是张一遗留的宅基地使用权及地上房屋所有权的唯一代位继承人，与作为同一顺序继承人的蔡某、张三、张四平等分割张一遗留的宅基地使用权及地上房屋所有权。蔡某、张三、张四不放弃继承权的情形下，张小二、蔡某、张三、张四均等继承张一遗留的宅基地使用权及地上房屋所有权。

《民法典》第一千一百二十四条第一款规定，继承开始后，继承人放弃继承的，应当在遗产处理前，以书面形式作出放弃继承的表示；没有表示的，视为接受继承。该法第一千一百二十七条第一款第二款规定，继承开始后，由第一顺序继承人继承，第二顺序继承人不继承；没有第一顺序继承人继承的，由第二顺序继承人继承。据此可知，在继承开始后遗产处理前，继承人可以放弃对遗产的继承。第一顺序继承人没有全部放弃继承的，遗产由没有放弃继承的第一顺序继承人继承。第一顺序继承人全部放弃继承的，属于没有第一顺序继承人继承的情形，由第二顺序继承人继承。本问中，如前所述，张小二是张一遗留的宅基地使用权及地上房屋所有权的唯一代位继承人，与作为同一顺序继承人的蔡某、张三、张四平等分割张一遗留的宅基地使用权及地上房屋所有权。遗产分割协议关于蔡某、张三、张四放弃对张一遗产的继承，张一的遗产全部由张小二继承的约定符合法律的规定。因此，对张小二申请的因继承张一遗留的宅基地使用权及地上房屋所有权产生的转移登记，登记机构可以办理。

第三部分 转移登记

第38问 放弃继承的继承人将其本应继承的份额赠与儿子产生的转移登记，登记机构可否办理

张某死亡后，登记在其名下的商品房应当由其儿子张一和女儿张二继承，但张一书面声明：张一自愿放弃其继承权，将其应当继承的商品房的 50%份额赠与儿子张小一。现张小一、张二共同持张一的书面声明、继承证明等材料向登记机构申请转移登记，拟将该商品房转移登记为张小一、张二按份共有，各占 50%份额。问：对张小一、张二申请的转移登记，登记机构可否办理？

笔者认为，对张小一、张二申请的转移登记，登记机构不能办理。

一、如果张一放弃继承权，则房屋应当全部由张二继承

《民法典》第一千一百二十四条第一款规定，继承开始后，继承人放弃继承的，应当在遗产处理前，以书面形式作出放弃继承的表示；没有表示的，视为接受继承。该法第一千一百二十七条第一款、第二款规定："遗产按照下列顺序继承：（一）第一顺序：配偶、子女、父母；（二）第二顺序：兄弟姐妹、祖父母、外祖父母。继承开始后，由第一顺序继承人继承，第二顺序继承人不继承；没有第一顺序继承人继承的，由第二顺序继承人继承。"据此可知，在继承开始后，遗产处理前，继承人可以放弃继承，该继承人放弃继承后，遗产由同顺序的其他继承人继承。换言之，继承人放弃继承后退出对遗产的继承关系，对自己本来应当继承的遗产份额更无权以转让、赠与等方式作处置。本问中，继承人张一已经以书面声明方式明确放弃继承而退出对商品房的继承关系，无权将其本应继承的商品房的 50%份额赠与儿子张小一，该房屋应当全部由张二继承。因此，对张小一、张二申请的转移登记，登记机构不能办理。

二、即使张一要将其应当继承的份额赠与张小一，也须将房屋先行转移登记到其名下

按《民法典》第二百三十条、第二百三十二条、第一千一百二十一条

规定，自被继承人死亡时起，继承人无须办理不动产登记即依法、即时享有作为遗产的不动产物权，但继承人须将该不动产物权登记在其名下后再处分给他人，才能产生物权效力。申言之，继承人须将其因继承取得的不动产物权登记在其名下后再处分给他人，据此申请的不动产登记才能顺畅地记载在登记簿上，以产生物权效力。本问中，张一没有将其应当继承的商品房份额转移登记在其名下就赠与儿子张小一，不符合法律的规定，据此申请的转移登记，登记机构不能办理。

第39问　放弃继承的继承人将其本应继承的份额安排给其他继承人继承产生的转移登记，登记机构可否办理

有一处房屋登记为甲、乙夫妻按份共有，且甲、乙各占一半份额。不久前，甲去世，有三个继承人，即乙和儿子丙、丁。现乙、丁持遗产分割协议、甲的死亡证明等材料向登记机构申请因继承产生的转移登记，申请登记为乙、丁按份共有，其中乙占六分之五份额、丁占六分之一份额。登记人员查验遗产分割协议发现：被分割的遗产是房屋六分之三的份额，协议中有"丙放弃其对甲遗留房屋的继承权，该部分由母亲乙继承，即母亲继承的份额为六分之二，丁继承的份额为六分之一"的表述，遗产分割协议的当事人是甲、丙、丁。问：对乙、丁申请的继承转移登记，登记机构可否办理？

笔者认为，对乙、丁申请的继承转移登记，登记机构不可以办理。

《民法典》第一千一百二十四条第一款规定，继承开始后，继承人放弃继承的，应当在遗产处理前，以书面形式作出放弃继承的表示；没有表示的，视为接受继承。按《民法典继承编司法解释》第四十四条规定，继承诉讼开始后，继承人已书面表示放弃继承、受遗赠人在知道受遗赠后六十日内表示放弃受遗赠或者到期没有表示的，不再列为当事人。据此可知，一般情形下，继承人可以放弃继承，但应当以书面形式作出放弃继承的意思表示。放弃继承后，该继承人脱离继承关系。本问中，登记人员查验遗产分割协议发现：协议中有"丙放弃其对甲遗留房屋的继承权，该部分由母亲乙继承"的表述，遗产分割协议的当事人是甲、丙、丁。表明继承人丙因放弃对甲遗留房屋的继承而脱离了该房屋的继承关系，属于与该房屋的继承无关的人，对作为遗产的该房屋的分割无权过问，因此，丙关于其放弃对甲遗留房屋的继承后，将本来应当由他继承的部分安排由母亲乙继承违反前述法律和司法解释的规定，应当无效。故对乙、丁申请的继承转移登记，登记机构不可以办理。当然，如果丙放弃继承后，乙和丁签订的遗产分割协议约定：乙继承六分之二份额、丁继承六分之一份额。乙、丁持丙出具的放弃继承声明、遗产分割协议、甲的死亡证明等向登记机构申请的继承转移登记，登记机构可以办理，且可以根据乙、丁的申请，将该房屋登记为乙占六分之五份额（其中六分三是乙本来持有的份额）、丁占六分之一份额。

第 40 问　全部继承人放弃继承的宅基地使用权及地上房屋所有权，村民小组该怎样申请不动产登记

有村民小组组长到登记机构咨询：该村民小组有一老人去世了，遗留了一处房屋，房屋所有权及宅基地使用权登记为老人单独所有，他的继承人是两个在外省定居的儿子，两个儿子均表示放弃对该处房屋所有权及宅基地使用权的继承。村民小组拟将该房屋所有权及宅基地使用权收归村民小组农民集体。问：村民小组该怎样申请老人遗留的宅基地使用权及地上房屋所有权登记？

笔者认为，登记机构应当告知村民小组组长，由该村民小组代为申请将老人遗留的宅基地使用权及地上房屋所有权转移登记在"村民小组农民集体"名下。

《民法典》第一千一百六十条规定，无人继承又无人受遗赠的遗产，归国家所有，用于公益事业；死者生前是集体所有制组织成员的，归所在集体所有制组织所有。据此可知，本问中，去世的老人属于村民小组成

员，且老人仅有的二个继承人放弃对登记为该老人单独所有的宅基地使用权及地上房屋所有权的继承，因此，该宅基地使用权及地上房屋所有权应当依法归房屋所在地的"村民小组农民集体"。

在不动产登记实务中，《不动产登记暂行条例实施细则》第二十七条规定："因下列情形导致不动产权利转移的，当事人可以向不动产登记机构申请转移登记：（一）买卖、互换、赠与不动产的；（二）以不动产作价出资（入股）的；（三）法人或者其他组织因合并、分立等原因致使不动产权利发生转移的；（四）不动产分割、合并导致权利发生转移的；（五）继承、受遗赠导致权利发生转移的；（六）共有人增加或者减少以及共有不动产份额变化的；（七）因人民法院、仲裁委员会的生效法律文书导致不动产权利发生转移的；（八）因主债权转移引起不动产抵押权转移的；（九）因需役地不动产权利转移引起地役权转移的；（十）法律、行政法规规定的其他不动产权利转移情形。"据此可知，登记簿和不动产权属证书上记载的权利主体变更的，当事人应当申请转移登记。因此，本问中，登记机构应当告知村民小组组长，由该村民小组代为申请将老人遗留的宅基地使用权及地上房屋所有权转移登记在"村民小组农民集体"名下。那么，村民小组申请转移登记时应当提交哪些登记申请材料呢？

《不动产登记暂行条例实施细则》第四十二条规定："因依法继承、分家析产、集体经济组织内部互换房屋等导致宅基地使用权及房屋所有权发生转移申请登记的，申请人应当根据不同情况，提交下列材料：（一）不动产权属证书或者其他权属来源材料；（二）依法继承的材料；（三）分家析产的协议或者材料；（四）集体经济组织内部互换房屋的协议；（五）其他必要材料。"据此可知，当事人申请宅基地使用权及地上房屋所有权转移登记时，应当提交不动产权属证书或不动产已经登记的证明和转移原因材料等主要申请材料。本问中，老人遗留的宅基地使用权及地上房屋所有权已经办理了不动产登记并有不动产权属证书存在。笔者认为，老人遗留房屋的宅基地使用权及地上房屋所有权是依法归"村民小组农民集体"，村民小组的村民会或村民代表会应当以会议决定的方式作出接收该宅基地使用权及地上房屋所有权的意思表示，因此，转移登记原因材料应当由村民小组的村民会或村民代表会接收该宅基地使用权及地上房屋所有权的决定、老人的死亡证明、老人的两个儿子放弃继承权的声明组成。概言之，村民小组申请转移登记时，应当提交的主要申请材料有：不动产权属证书、村民小组的村民会或村民代表会接收该宅基地使用权及地上房屋所有权的决定、老人的死亡证明、老人的两个儿子放弃继承权的声明等。如果老人的两个儿子放弃继承的声明是未经公证的，村民小组还应当提交村民委员会出具的老人的亲属关系证明，同时，老人的两个儿子须到登记机构接受登记人员的相关询问并确认放弃继承的声明确系其出具。村民会或村民代表会决定应当载明：会议的时间和地点、村民人数或村民代表人数、参会的村民人数或村民代表人数、接收该宅基地使用权及地上房屋所有权的决定、参会的村民或村民代表的签名等。

如果老人遗留的宅基地使用权及地上房屋所有权尚未办理首次登记的，由村民小组持宅基地使用批准文件和建房手续、老人的死亡证明、老人的两个儿子放弃继承权的声明等材料申请首次登记，将该宅基地使用权及地上房屋所有权直接首次登记在"村民小组农民集体"名下，登记机构在登记簿和不动产权属证书中附记：该处宅基地使用权及地上房屋所有权由某人申请、建造取得，某人于某年死亡后，由"村民小组农民集体"依法取得。

第 41 问　因被继承人死亡，其与配偶共同共有的房屋产生继承后，继承人申请与被继承人的配偶共同共有该房屋产生的转移登记，登记机构可否办理

有一套住房登记为甲、乙夫妻共同共有。甲、乙婚后育有丙、丁两个子女，其中老大丙已成人，丁是未成年人。2022 年，乙因病去世。乙生前立下的公证遗嘱指定丙继承其享有的房产份额。现甲、丙持公证遗嘱、不动产权属证书等材料向登记机构申请因继承产生的转移登记，申请将该套住房登记为甲、丙共同共有。问：对甲、丙申请的继承转移登记，登记机构可否办理？

笔者认为，对甲、丙申请的继承转移登记，登记机构不可以办理。

《民法典》第一千一百三十三条第二款规定，自然人可以立遗嘱将个人财产指定由法定继承人中的一人或者数人继承。该法第一千一百五十三条规定，夫妻共同所有的财产，除有约定的外，遗产分割时，应当先将共同所有的财产的一半分出为配偶所有，其余的为被继承人的遗产。据此可知，自然人可以立遗嘱将其个人财产指定由法定继承人中的一人或者数人继承，但遗产属于被继承人夫妻共同共有的财产的，该遗产的一半才属于遗嘱指定的继承人继承的范围。本问中，乙生前立下的公证遗嘱指定丙继承的房屋属于甲、乙夫妻共同共有的财产，丙基于乙立下的公证遗嘱只能继承该房屋一半的份额，甲基于共有关系继续享有该房屋另一半的份额，即甲、丙是该房屋的按份共有人，且各占一半的份额，因此，甲、丙应当将该房屋申请登记为按份共有，且各占一半的份额，换言之，对甲、丙申请的继承转移登记，登记机构不可以办理。当然，房屋登记为甲、丙按份共有后，甲、丙约定变更按份共有为共同共有并申请因共有性质变更产生的变更登记的，登记机构应当办理，将房屋登记为甲、丙共同共有。甲、丙也可以合并申请因继承产生的转移登记和因共有性质变更产生的转移登记，登记机构受理后，满足登记要求的，先在登记簿上记载因继承产生的转移登记，再在登记簿上记载因共有性质变更产生的变更登记。

第42问　申请人申请的因继承房改时以标准价购得的有限产权房屋产生的转移登记，登记机构可否办理

甲1995年参加房改，以标准价购得有限产权住房一套，领取了有限

第三部分 转移登记

住房所有权证，证书载明甲享有产权份额 70%，乙售房单位享有产权份额 30%。甲死亡后，其唯一的继承人丙持甲的亲属关系证明、甲的死亡证明、甲名下的有限住房所有权证等材料向登记机构申请因继承产生的转移登记，拟将该 70%份额的产权转移登记在丙名下。问：对丙申请的继承转移登记，登记机构可否办理？

笔者认为，对丙申请的继承转移登记，登记机构可以办理。

《国务院办公厅转发国务院住房制度改革领导小组关于全国推进城镇住房制度改革意见的通知》(国办发〔1991〕73 号）第四条规定，职工购买公有住房，在国家规定标准面积以内的，实行标准价。购房后拥有部分产权，即占有权和使用权、有限处分权和收益权；可以继承，可以在购房 5 年以后进入市场出售或出租，原产权单位有优先购买权和租用权。《国务院关于深化城镇住房制度改革的决定》(国发〔1994〕43 号）第四条规定，职工以标准价购买的住房，拥有部分产权，即占有权、使用权、有限的收益权和处分权，可以继承。据此可知，房改中，职工按标准价购买的住房的部分产权是可以被继承的遗产。本问中，丙申请继承转移登记的是甲 1995 年参加房改时以标准价购得的房屋的 70%份额的产权，该 70%份额的房屋产权可以作为甲的遗产被丙继承，因此，对丙申请的继承转移登记，登记机构可以办理。具体办理时，登记机构通过查阅乙售房单位的土地登记档案、房屋登记档案调取其土地、房屋登记信息后，先以宗地为单位编制登记簿，再补充录入房屋登记信息和甲享有 70%份额、乙售房单位享有 30%份额的房屋产权信息，在此基础上为丙做因继承取得该 70%份额的房屋产权转移登记，将其登记在丙名下。

《国务院关于进一步深化城镇住房制度改革加快住房建设的通知》(国发〔1998〕23 号）第四条规定，从 1998 年下半年起，出售现有公有住房，原则上实行成本价，并与经济适用住房房价相衔接。据此可知，自 1998 年下半年起，参加房改的售房单位不再以标准价出售公有住房，因此，很多售房单位将其持有的 30%份额的房屋产权出售给职工后为购房人办理了房屋所有权证，购房人据此取得了房屋的完全产权。但有的售房单位因种种原因没有将其持有的30%份额的房屋产权出售给职工，职工对整套房屋享有的仍然是70%份额的产权，这是典型的房改遗留问题，对此类问题，笔者认为，登记机构可以与房改部门或房改职能的承接部门协商，出台解决此遗留问题的政策，让购房人对整套住房享有全部所有权，以妥善解决此遗留问题，保护当事人的合法权益，也为该类住房的转移、抵押等建立前提，确保物尽其用，维护健康、有序的房地产市场秩序。

第43问　申请继承转移登记的房屋已经灭失，登记机构可否将该已经灭失的房屋的所有权转移登记给继承人

有一处国有建设用地使用权及地上房屋所有权登记为甲单独所有，甲领取了不动产权属证书。甲死亡后，甲唯一的继承人乙持继承权公证书、甲名下的不动产权属证书等材料申请因继承产生的转移登记。登记机构询问甲时，甲主动告知：甲生前拆除了旧房，在原址建了新房，依法建造的新房竣工后，甲一直没有办理房屋所有权登记。问：对乙申请的继承转移登记，登记机构可否办理？

有观点认为，对乙申请的继承转移登记，登记机构可以办理。

《民法典》第二百一十六条第一款规定，不动产登记簿是物权归属和内容的根据。在不动产登记实务中，按《不动产登记规程》（TD/T 1095—2024）7.2.3.1条规定，已经登记的国有建设用地使用权及房屋所有权，在导致权属发生转移的情形出现时，当事人可以申请转移登记。据此可知，登记簿上记载的不动产物权的归属和内容是合法、真实、有效的，在导致权属发生转移的情形出现时，当事人可以据此申请转移登记。本问中，甲唯一的继承人乙持继承权公证书、甲名下的载明国有建设用地使用权及地上房所有权的不动产权属证书等材料申请因继承产生的转移登记，表明登记在甲名下的房屋所有权没有经过注销登记而消灭，乙据此申请的继承转移登记，登记机构应当支持，即对乙申请的继承转移登记，登记机构可以办理。

《民法典》第二百三十一条规定，因合法建造、拆除房屋等事实行为设立或者消灭物权的，自事实行为成就时发生效力。据此可知，以拆除房屋等事实行为消灭不动产物权的，自拆除房屋等事实行为成就时起相应的不动产物权无须办理不动产注销登记即依法、即时消灭。在不动产登记实务中，按《不动产登记规程》（TD/T 1095—2024）7.3.4.1 条之 a）规定，已经登记的房屋所有权，在不动产（房屋）已经灭失的情形下，当事人可以申请办理注销登记。本问中，有一处国有建设用地使用权及地上房屋所有权登记为甲单独所有，甲领取了不动产权属证书。甲生前拆除了旧房，在原址建了新房，表明乙申请继承转移登记的旧房的所有权虽然还记载在登记簿上，但自甲将旧房拆除完毕时起，该旧房的所有权无须办理不动产注销登记即依法、即时消灭，甲申请旧房所有权注销登记的情形产生，但须自注销登记记载于登记簿上时起，登记簿上记载在甲名下的旧房的所有权才失效。由于甲当时没有申请注销登记，故现时仍然登记在甲名下的旧房所有权不失效，可以成为乙申请继承转移登记的前提。

当然，旧房经继承转移登记在乙名下后，乙可以申请因房屋灭失产生的注销登记后，再持继承材料和合法的建房材料，申请将新房的所有权直接首次登记在其名下。乙也可以持继承材料和合法的建房材料合并申请旧房注销登记和新房首次登记，登记机构受理后，在满足登记要求的情形下，先办理旧房的注销登记，再办理新房的首次登记。

笔者不支持此观点。

一、已经依法消灭的权利不是被继承人的遗产

《民法典》第二百三十一条规定，因合法建造、拆除房屋等事实行为设立或者消灭物权的，自事实行为成就时发生效力。据此可知，以拆除房

屋等事实行为消灭不动产物权的,自房屋拆除完毕等事实行为成就时起,无须办理不动产注销登记,该不动产物权即依法、即时消灭。《民法典》第一千一百二十二条第一款规定,遗产是自然人死亡时遗留的个人合法财产。据此可知,遗产应当是被继承人遗留的其合法取得的实实在在的财产。申言之,被继承人生前合法取得的但其死亡时已经不存在或已经消灭的财产,不是其遗产。本问中,乙申请继承转移登记的旧房的所有权虽然还记载在登记簿上,但自甲将该旧房拆除完毕时起,该旧房的所有权无须办理不动产注销登记即依法、即时消灭,即甲死亡时遗留的遗产中不再有该旧房屋的所有权。简言之,因拆除而消灭的旧房所有权不是甲的遗产。

二、将已经依法消灭的不动产物权转移登记给继承人有悖法律的规定

《民法典》第二百一十六条第一款规定,不动产登记簿是物权归属和内容的根据。据此可知,一般情形下,不动产物权的归属和内容以登记簿上的记载为准。申言之,登记簿上记载的不动产物权的归属和内容是合法、真实、有效的,这是登记簿的公信力的体现。此情形下,登记机构如果将已经依法消灭的不动产物权转移登记给继承人有悖法律的规定。按《不动产登记暂行条例》第二十二条第(一)项规定,对违反法律、行政法规规定的不动产登记申请,登记机构应当作不予登记处理。本问中,乙申请继承转移登记的旧房的所有权,在甲死亡前因被其拆除而消灭,乙申请的继承转移登记有悖《民法典》第二百一十六条第一款规定,登记机构受理后也应当作不予登记处理。

当然,根据本案事实,登记机构应当引导乙申请注销登记,如果乙配合自无可言。如果乙不配合,法理上,登记机构应当依职权办理注销登记,使登记簿上记载的该已经消灭的房屋所有权失效。遗憾的是现时实施的《不动产登记暂行条例实施细则》只在第十七第一款第(四)项规定

了登记机构可以依职权办理不动产注销登记,没有规定登记机构依职权办理注销登记的情形及具体程序,因此,在现时制度环境下,登记机构无法依职权办理该房屋所有权的注销登记。

结论:本问中,乙申请继承转移登记的旧房的所有权,在甲死亡前因被其拆除而消灭,不再是甲的遗产,登记机构不能将其转移登记给乙,即乙据此申请的继承转移登记,登记机构不可以办理。如果未来立法规定了登记机构依职权办理注销登记的情形及具体程序的,登记机构在引导乙申请注销登记不能的情形下,应当首先依职权办理已被拆除的旧房屋的所有权注销登记。

第44问　申请人申请因继承商业用途的划拨土地及地上商业用途的房屋产生的转移登记时,登记机构是否收取准予转移的批文或土地出让金缴纳凭证

有一处房地产登记为甲单独所有,甲持有的国有土地使用权证载明土地类型是划拨,土地用途是商业,房屋所有权证载明房屋用途是商业。甲死亡后,其唯一继承人乙持甲名下的国有土地使用权证、房屋所有权证和继承材料向登记机构申请继承转移登记。问:登记机构受理乙申请的继承转移登记时,是否收取有批准权的人民政府准予转移的批文或土地出让金缴纳凭证?

笔者认为,登记机构受理乙申请的继承转移登记时,不收取有批准权的人民政府准予转移的批文或土地出让金缴纳凭证。

《房地产管理法》第四十条第二款规定,以划拨方式取得土地使用权的,转让房地产报批时,有批准权的人民政府按照国务院规定决定可以不办理土地使用权出让手续的,转让方应当按照国务院规定将转让房地产所获收益中的土地收益上缴国家或者作其他处理。据此可知,当事人转让以划拨方式取得的土地使用权及地上房屋所有权时,应当取得有批准权的人民政府同意转让的批文,或是依法将划拨取得的土地使用权转换为出让取得的土地使用权。本问中，乙申请的是因继承商业用途的划拨土地使用权及地上商业用途的房屋所有权产生的转移登记，不是因转让商业用途的划拨土地使用权及地上商业用途的房屋所有权产生的转移登记，故不受《房地产管理法》第四十条第二款规定的约束。

《民法典》第二百三十条规定，因继承取得物权的，自继承开始时发生效力。该法第一千一百二十一条规定，继承从被继承人死亡时开始。据此可知，自被继承人死亡时起，继承人无须办理不动产登记，即依法、即时取得作为遗产的不动产的物权。本问中，乙申请因继承商业用途的划拨土地使用权及地上商业用途的房屋所有权产生的转移登记，是申请登记机构将其已经因继承依法取得的商业用途的划拨土地使用权及地上商业用途的房屋所有权记载在登记簿上，也就是说，自被继承人甲死亡时起，乙无须办理不动产登记即依法、即时取得该商业用途的划拨土地使用权及地上房屋所有权，与是否取得有批准权的人民政府同意转移的批文无关，与是否依法将划拨取得的土地使用权转换为出让取得的土地使用权无关。因此，登记机构受理乙申请的继承转移登记时，不收取有批准权的人民政府准予转移的批文或土地出让金缴纳凭证。

第45问　申请人申请因继承产生的转移登记的房屋系遗嘱中指定由其继承但后被立遗嘱人卖出后再买回，对此继承转移登记，登记机构可否办理

有一套房屋登记为甲单独所有。A1年3月，甲立下公证遗嘱：登记为甲单独所有的房屋由其继承人中的乙继承。A3年5月，甲与丙签订房地产买卖合同，将该房屋卖给丙，房屋转移登记在丙名下后，丙领取了不动产权属证书。A4年10月，丙与甲签订房地产买卖合同，甲又买回了该房屋，房屋转移登记为甲单独所有后，甲领取了不动产权属证书。之后，甲去世。现乙持甲立下的公证遗嘱、甲名下的不动产权属证书等材料向登记机构申请转移登记。问：对乙因继承申请的转移登记，登记机构可否办理？

笔者认为，对乙因继承申请的转移登记，登记机构不可以办理。

《民法典》第一千一百二十二条第一款规定，遗产是自然人死亡时遗留的个人合法财产。该法第一千一百三十三条第二款规定，自然人可以立遗嘱将个人财产指定由法定继承人中的一人或者数人继承。该法第一千一百四十二条第二款规定，立遗嘱后，遗嘱人实施与遗嘱内容相反的民事法律行为的，视为对遗嘱相关内容的撤回。据此可知，本问中：第一，A1 年 3 月，甲立下公证遗嘱：登记为甲单独所有的房屋由其继承人中的乙继承于法有据。第二，A3 年 5 月，甲与丙签订房地产买卖合同，将该房屋卖给丙，房屋转移登记在丙名下后，丙领取了不动产权属证书，表明甲将其在公证遗嘱中指定由乙继承的房屋卖给了丙，自房屋转移登记在丙名下时起，该房屋不再是甲的财产，即甲在其立下的公证遗嘱中指定由乙继承的房屋不再存在，换言之，甲通过将房屋卖给丙的行为撤回了其立下的指定该房屋由乙继承的公证遗嘱，乙不能再基于该公证遗嘱继承该房屋。第三，A4 年 10 月，丙与甲签订房地产买卖合同，甲又买回了该房屋，房屋转移登记为甲单独所有后，甲领取了不动产权属证书，表明自甲死亡时起，被其从丙处买回的房屋是其遗留的个人合法财产，是可以被其全部继承人继承的遗产，而非乙基于公证遗嘱继承的遗产。因此，对乙因继承申请的转移登记，登记机构不可以办理。当然，如果甲生前重新立下公证遗嘱指定由乙继承其从丙处买回的房屋的，乙可以基于此重新立下的公证遗嘱继承该房屋，由此申请的转移登记，登记机构应当办理。

第46问　继承人按公证遗嘱要求转让作为遗产的房屋后申请的转移登记，登记机构可否办理

甲立下公证遗嘱：甲有乙、丙二个法定继承人，甲死亡后，登记在其名下的房屋由长子乙全权负责转让。现甲死亡。乙将房屋转让给丁后，乙、丁共同持相关材料向登记机构申请转移登记。问：对乙、丁共同申请

的转移登记,登记机构可否办理?

笔者认为,对乙、丁共同申请的转移登记,登记机构可以办理。

《民法典》第一千一百三十三条第一款规定,自然人可以依照本法规定立遗嘱处分个人财产,并可以指定遗嘱执行人。据此可知,本问中,甲立下公证遗嘱:甲死亡后,登记在其名下的房屋由长子乙全权负责转让。笔者认为,甲虽然没有立遗嘱直接处分登记在其名下的房屋,但在遗嘱中指定乙全权负责转让登记在其名下的房屋也符合法律的规定,且乙是在甲死亡后全权负责转让登记在其名下的房屋的遗嘱执行人。

《民法典》第一千一百二十一条第一款规定,继承从被继承人死亡时开始。按该法第一千一百四十五条规定,继承开始后,遗嘱执行人为遗产管理人。按该法第一千一百四十七条第(六)项规定,实施与管理遗产有关的其他必要行为是遗产管理人的职责。据此可知,自立遗嘱人死亡时起,遗嘱执行人为遗产管理人,遗产管理人可以执行遗嘱内容并实施与执行遗嘱内容相关的其他必要行为。本问中,如前所述,乙是在甲死亡后全权负责转让登记在甲名下的房屋的遗嘱执行人,乙将登记在甲名下的房屋转让给丁,属于执行遗嘱内容的行为,乙与丁申请因转让该房屋产生的转移登记,属于实施执行遗嘱内容的必要行为。因此,对乙、丁共同申请的转移登记,登记机构可以办理。

第47问　申请人持遗产管理人出具的遗产分配情况说明申请的继承转移登记,登记机构可否办理

老人甲以公证遗嘱的方式指定其弟乙为他的遗产管理人。甲死亡后,乙根据甲的遗产情况,制作的遗产分配情况说明中明确甲遗留的房屋由甲的成年女儿丙继承。现丙持乙制作的遗产分配情况说明、甲指定乙为遗产管理人的公证遗嘱等材料向登记机构申请继承转移登记。登记机构经查验发现:该公证遗嘱仅载明乙是甲的遗产管理人,没有载明乙具体承担的遗产管理事项。登记人员询问随丙到登记机构的乙得知:丙提交的遗产分配情况说明系其制作。问：对丙申请的继承转移登记，登记机构可否办理？

有观点认为，《民法典》第一千一百四十五条规定，继承开始后，遗嘱执行人为遗产管理人；没有遗嘱执行人的，继承人应当及时推选遗产管理人；继承人未推选的，由继承人共同担任遗产管理人；没有继承人或者继承人均放弃继承的，由被继承人生前住所地的民政部门或者村民委员会担任遗产管理人。据此可知，遗产管理人主要有：一是被继承人在遗嘱中指定的遗嘱执行人；二是被继承人在遗嘱中没有指定遗嘱执行人的，由继承人推选遗产管理人或全体继承人共同担任遗产管理人；三是没有继承人或者继承人均放弃继承的，由被继承人生前住所地的民政部门或者村民委员会担任遗产管理人。本问中，甲以公证遗嘱的方式指定其弟乙为他的遗产管理人，但该公证遗嘱仅载明乙是甲的遗产管理人，没有载明乙具体承担的遗产管理事项。表明甲立下的公证遗嘱中没有明确其遗产的继承情况，即甲的继承人对其遗产不是遗嘱继承，甲在遗嘱中指定乙为其遗产管理人，则乙只能临时负责甲的遗产管理，在甲的继承人出现时，将遗产交付给继承人，由继承人按法定继承分割，故对丙申请的继承转移登记，登记机构不得办理。笔者不支持此观点。

按《民法典》第一千一百四十七条第（五）项规定，按照遗嘱或者依照法律规定分割遗产是遗产管理人应当履行的职责。据此可知，遗产管理人履行分割遗产的职责时：一是按被继承人生前立下的有效的遗嘱中载明的遗产分配内容，将相应的遗产交付给继承人。此情形下，遗产管理人实质上不对遗产进行分割，只是将遗嘱中已经分割好的遗产交付给继承人。二是在被继承人生前立下的有效的遗嘱中没有载明遗产分配情况的情形下，由遗产管理人按法律的规定，对遗产进行公平、公正分割后交付给继承人。此情形下，被继承人的遗产的分割由遗产管理人实施，不是由继承人实施。本问中，甲以公证遗嘱的方式指定其弟乙为他的遗产管理人，该公证遗嘱仅载明乙是甲的遗产管理人，没有载明乙具体承担的遗产管理事项，表明甲立下的公证遗嘱中没有载明将其遗产分配给继承人的内容，但甲在遗嘱中指定乙为其遗产管理人，即乙可以按法律的规定将甲的遗产分割后交付给相应的继承人，这是甲的遗嘱赋予乙的权利，换言之，乙履行分割遗产的职责即执行甲的遗嘱，乙是甲的遗嘱的当然执行人。因此，对丙申请的继承转移登记，登记机构应当办理。

当然，如果其他继承人认为乙对遗产的分割侵害了其利益的，可以通过协商、申请调解或仲裁、提起诉讼的方式解决，登记机构凭有效的解决结果材料办理相关的不动产登记。

第48问　无继承人的人与他人签订房地产转让合同后死亡的，受让方可否单方申请转让转移登记

老人钱五将登记为其单独所有的商品房转让给孙六，签订了房屋转让合同，合同约定：孙六付清房款后，钱五将房屋交付给孙六，钱五收到房款后一个月内协助孙六办理房屋过户登记手续。之后，孙六付清房款并接收了房屋，但钱五意外死亡，且钱五没有继承人。现受让方孙六到登记机构咨询：可否由孙六持相关材料单方申请转让转移登记？

笔者认为，不能由孙六持相关材料单方申请转让转移登记。

《不动产登记暂行条例》第十四条第一款规定，因买卖、设定抵押权等申请不动产登记的，应当由当事人双方共同申请。据此可知，因买卖、抵押等当事人合意的民事法律行为产生的不动产登记，应当由民事法律行为的当事人共同申请。本问中，孙六拟申请的是因房屋转让合同产生的转移登记，房屋转让合同属于当事人合意的民事法律行为，应当由转让方与受让方共同申请转移登记。因此，不能由孙六持相关材料单方申请转让转移登记。但转让方钱五已经死亡且无继承人，没有转让方与孙六一起申请转让转移登记，怎么办？

按《民法典》第一千一百四十五条规定，没有继承人或者继承人均放弃继承的，由被继承人生前住所地的民政部门或者村民委员会担任遗产

管理人。按该法一千一百四十七条第（四）项规定，处理被继承人的债权债务是遗产管理人应当履行的职责。据此可知，本问中，按房屋转让合同约定，孙六付清房款并接收房屋后，转让方钱五协助受让方孙六共同向登记机构申请转让转移登记是其应当履行的合同义务，但钱五已经死亡且无继承人，当地民政部门依法成为钱五的遗产管理人，由作为遗产管理人的当地民政部门代钱五协助赵六申请转让房屋产生的转移登记属于处理被继承人的债权债务的行为，也是依法履行遗产管理人职责的行为，因此，登记机构应当告知孙六：请当地民政部门作为钱五的遗产管理人与其共同申请转让转移登记。

第49问　当事人以其和已死亡的配偶的名义签订的商品房预售合同可否作为转移登记的申请材料

甲、乙是夫妻，乙已经死亡，但没有办理户籍和居民身份证注销手续。之后，甲以甲、乙的名义与房地产开发企业签订商品房预售合同预购了一套商品房。现甲与房地产开发企业持甲和乙的身份证、商品房预售合同、共有情况约定等材料共同向登记机构申请转移登记，拟申请将该商品房登记为甲、乙按份共有，各占二分之一份额。登记机构经询问甲得知：乙在商品房预售合同签订前已经死亡，签订商品房预售合同时，房地产开发企业的工作人员见有乙的身份证，就没有要求乙到场在商品房预售合同上签名，商品房预售合同、共有情况约定上乙的签名均系甲所为。问：对甲与房地产开发企业共同申请的转移登记，登记机构可否办理？

笔者认为，对甲与房地产开发企业共同申请的转移登记，登记机构不得办理。

一、从实体上看，商品房预售合同属于部分无效、部分有效的民事法律行为，但共有情况约定属于无效的民事法律行为

《民法典》第十三条规定，自然人从出生时起到死亡时止，具有民事权利能力，依法享有民事权利，承担民事义务。按该法第一百四十三条第

（一）项规定，作为行为人的自然人，在具备相应的民事行为能力的情形下，实施的民事法律行为才有效。该法第一百五十六条规定，民事法律行为部分无效，不影响其他部分效力的，其他部分仍然有效。本问中，乙在商品房预售合同签订前已经死亡，不具有民事权利能力，即乙不具备享有民事权利，承担民事义务的资格，因此，作为民事法律行为的商品房预售合同、共有情况约定，系甲和甲以死者乙的名义签订，故以甲的名义签订的部分有效，以死者乙的名义签订的部分无效，换言之，该商品房预售合同属于部分无效、部分有效的民事法律行为，但共有情况约定属于无效的民事法律行为。

二、从程序上看，申请方式不符合不动产登记规则的规定

在不动产登记实务中，《不动产登记暂行条例实施细则》第二条第一款规定，不动产登记应当依照当事人的申请进行，但法律、行政法规以及本实施细则另有规定的除外。《不动产登记规程》（TD/T 1095—2024）5.2.3.1 条规定，共有不动产的登记，应由全体共有人共同申请，但共有人另有约定的除外。据此可知，一般情形下，共有不动产的登记，应当由全体共有人共同申请，不是全体共有人共同申请的，登记机构不得办理。本问中，商品房拟申请登记为甲、乙按份共有，各占二分之一份额，但共有人中的乙是死者，无法申请登记，也无法委托他人代为申请登记，即买方仅由甲与卖方房地产开发企业申请商品房转移登记的方式不符合不动产登记规则的规定，因此，对甲与房地产开发企业共同申请的转移登记，登记机构不得办理。

三、本问的实务处理

本问中，登记机构应当告知甲和房地产开发企业：如果要将该房屋登记为甲单独所有，可以由甲与房地产开发企业签订商品房预售合同变更协议，将商品房预售合同上的买方由甲、乙变更为甲。也可以由甲与房地产开发企业协商解除或终止原商品房预售合同后，以甲的名义与房地产开发

第三部分 转移登记

企业重新签订商品房屋现售合同，之后，凭商品房预售合同及商品房预售合同变更协议或商品房现售合同等材料向登记机构申请转移登记。

第 50 问　申请人在不动产登记申请书上用艺术字签名申请的因继承房屋产生的转移登记，登记机构可否受理

画家甲因继承父亲乙遗留的房屋持登记申请书、乙名下的不动产权属证书、继承权公证书等材料向登记机构申请转移登记。但甲在转移登记申请书上的申请人签名处用艺术字体签名，登记人员无法确认申请书上甲的签名与其居民身份证上的姓名是否相同。登记人员查询登记申请材料发现：甲提交的继承转移登记申请材料齐全、有效。登记人员要求甲用正楷字体在转移登记申请书上补签其姓名，甲以法律、法规没有规定不可以用艺术字体签名为由拒绝了登记人员的要求。问：对甲申请的继承转移登记，登记机构可否以申请材料不符合法定形式为由不予受理？

笔者认为，对甲申请的继承转移登记，登记机构不能以登记申请材料不符合法定形式为由不予受理。

《行政诉讼法》第三十三条第一款规定："证据包括：（一）书证；（二）物证；（三）视听资料；（四）电子数据；（五）证人证言；（六）当事人的陈述；（七）鉴定意见；（八）勘验笔录、现场笔录。"据此可知，法律以具体列举的方式规定了行政诉讼中的证据形式。换言之，登记机构办理的不动产登记产生诉讼时，能够作为诉讼证据的不动产登记材料有书证、电子数据、当事人的陈述（询问笔录）、鉴定意见、现场查看记录和作为物证的不动产。换言之，形式合法的不动产登记申请材料主要有：书面材料、电子数据、询问申请人的笔录、鉴定意见、实地查看不动产的记录等。按《不动产登记暂行条例》第十七条第一款第（三）项规定，对申请材料不符合法定形式的不动产登记申请，登记机构应当当场书面告知申请人不予受理。本问中，甲因继承父亲乙遗留的房屋持登记申请书、乙名下的不动产权属证书、继承权公证书等材料向登记机构申请转移登记，表明甲向登记机构提交的是书面的申请材料，也是形式合法的申请材料。因此，对甲申请的继承转移登记，登记机构不能以申请材料不符合法定形式为由不予受理。

本问中，登记人员要求甲用正楷字体在转移登记申请书上补签其姓名，甲以法律、法规没有规定不可以用艺术字体签名为由拒绝了登记人员的要求。据笔者查询，法律、法规、规章和政策没有关于申请人申请不动产登记时应当用正楷字体在申请书上签名的规定，即登记人员要求甲用正楷字体在转移登记申请书上补签其姓名没有法律、法规、规章和政策依据，此情形下，笔者认为，登记人员应当注意：一是通过居民身份证识别器或人民政府的数据大平台、公安机关的官方网站等渠道核实申请人提交的居民身份证的真实性；二是核对申请人与其提交的居民身份证上的人像是否相同或是否相似；三是注意申请人在不动产登记申请书上的签名是否是其亲笔签署。若如此，可保证申请人及其签名的真实性。

结论：本问中，甲提交的继承转移登记申请材料形式合法，用艺术字体在不动产登记申请书上签名并不违反法律、法规、规章和政策的规定，因此，对甲申请的继承转移登记，登记机构不能以申请材料不符合法定形式为由不予受理。

第51问 小区某业主一次性购买200个车位申请的转移登记，登记机构可否办理

一位小区业主在某小区内现购了一套住房，又与房地产开发企业另行签订商品房买卖合同，一次性购买了该小区按规划条件建造的用于销售的200个地下汽车车位。现该业主与房地产开发企业持房地产开发企业名下的不动产权属证书、商品房买卖合同、税费缴纳凭证等材料申请因购买该小区200个车位产生的转让转移登记。问：对该业主与房地产开发企业共同申请的转让转移登记，登记机构可否办理？

有观点认为，小区内的汽车车位、车库是按住房比例配建的，一般情

第三部分　转移登记

形下，一套住房的业主可以购买一个车位或车库，考虑业主夫妇可能存在各有一辆汽车的情形下，一套住房的业主最多可以购买两个车位或车库，如果再多买，侵犯了其他业主的利益，若登记机构为多买车位或车库的业主办理转让转移登记，不合法，也不利于社会的稳定。因此，本问中，对该业主与房地产开发企业共同申请的转让转移登记，登记机构不可以办理。笔者不支持此观点。

《民法典》第二百七十五条第一款规定，建筑区划内，规划用于停放汽车的车位、车库的归属，由当事人通过出售、附赠或者出租等方式约定。该法第二百七十六条规定，建筑区划内，规划用于停放汽车的车位、车库应当首先满足业主的需要。据此可知，建筑区划内规划用于停放汽车的车位、车库，房地产开发企业可以出售，但小区内的业主享有优先购买权。换言之，小区内的业主都可以购买该小区按规划条件建造的车位、车库。但一位小区业主可以购买其中的多少个车位、车库，据笔者查阅，法律、行政法规均没有作明确规定。从实体上看，小区业主与房地产开发企业间买卖车位、车库属于民事法律行为，"法无禁止即可为"，即本问中，一位小区业主与房地产开发企业签订的买卖该小区200个车位的合同不违反法律、行政法规的规定，因此，双方签订的车位买卖合同有效。从程序上看，按《不动产登记暂行条例实施细则》第三十八条规定："申请国有建设用地使用权及房屋所有权转移登记的，应当根据不同情况，提交下列材料：（一）不动产权属证书；（二）买卖、互换、赠与合同；（三）继承或者受遗赠的材料；（四）分割、合并协议；（五）人民法院或者仲裁委员会生效的法律文书；（六）有批准权的人民政府或者主管部门的批准文件；（七）相关税费缴纳凭证；（八）其他必要材料。不动产买卖合同依法应当备案的，申请人申请登记时须提交经备案的买卖合同。"据此可知，一般情形下，申请人申请因转让商品房（国有建设用地使用权及房屋所有权）产生的转移登记时，应当提交不动产权属证书、买卖（转让）合同、相关税费缴纳凭证等材料。换言之，申请人申请因转让商品房产生的转移登记时，提交了充分、有效的申请材料的，登记机构就应当为其办理转移登记。本问中，该业主与房地产开发企业申请转让转移登记时，提交了房地产开发企业名下的不动产权属证书、商品房买卖合同、税费缴纳凭证等材料，满足登记机构办理商品房（国有建设用地使用权及房屋所有权）转移登记的条件。但是，基于慎重考虑，登记机构可以与该业主、房地产开发企业协商后，将此转移登记事项在登记机构的官方网站和小区内予以公告，在确定的期限内征询异议，逾期无异议，或有异议但该异议与被转移登记的车位权属是否错误无关，或是否存在尚未解决的权属争议无关，不影响车位买卖合同的效力的，登记机构应当为当事人办理转移登记。

第52问　申请人申请的因征收产生的转移登记，登记机构可否办理

某市人民政府作出征收决定后发布了征收公告，对某区域范围内的房地产实施征收。登记在甲名下的国有建设用地使用权及地上房屋所有权处于征收范围内，但征收后没有拆除房屋，市政府发出的文件载明将该国有建设用地及地上房屋交付给某事业单位使用，但国有建设用地使用权及地上房屋所有权须登记在市国有资产管理局名下。现该市国有资产管理局持征收决定、征收公告和载明该国有建设用地使用权及地上房屋所有权登记在市国有资产管理局名下的市政府文件等材料向登记机构申请转移登记。问：对市国有资产管理局申请的转移登记，登记机构可否办理？

笔者认为，对市国有资产管理局申请的转移登记，登记机构不能办理。

《民法典》第二百二十九条规定，因人民法院、仲裁机构的法律文书或者人民政府的征收决定等，导致物权设立、变更、转让或者消灭的，自法律文书或者征收决定等生效时发生效力。据此可知，自人民政府（征收人）的征收决定生效时起，无须办理相关不动产登记，原权利人（被征收

人)的不动产物权依法、即时消灭,人民政府(征收人)在原权利人(被征收人)的不动产上设立的不动产物权依法、即时生效。本问中:第一,登记在甲名下的国有建设用地使用权及地上房屋所有权因被征收而消灭。在不动产登记实务中,按《不动产登记暂行条例实施细则》第十九条第二款第(三)项规定和第二十八条第一款第(三)项规定,可以由甲持征收决定、征收公告等材料向登记机构申请注销登记,也可以由市人民政府(征收人)嘱托登记机构办理注销登记。第二,自市人民政府(征收人)的征收决定生效时起,被征收的原来属于甲的国有建设用地使用权及地上房屋所有权转属市人民政府(征收人),市人民政府发出的文件载明将该国有建设用地使用权及地上房屋所有权登记在市国有资产管理局名下。由于基于人民政府的征收决定取得的不动产物权属于原始取得,因此,市国有资产管理局应当持征收决定、征收公告和载明该国有建设用地使用权及地上房屋所有权登记在市国有资产管理局名下的市政府文件等材料向登记机构申请首次登记。故对市国有资产管理局申请的转移登记,登记机构不能办理。物权的原始取得,是指权利人创设一个原来不存在的物权,即权利人取得物权不以他人已经存在的具有同一内容的物权为取得前提的情形。

第53问　登记簿上记载的当事人关于抵押人不得转让抵押不动产的约定是否约束登记机构

登记机构为当事人办理因转让抵押不动产申请的转移登记时,经查询登记簿的记载得知:登记簿上记载有当事人关于抵押人不得转让抵押不动产的约定。问:登记簿上记载的当事人关于抵押人不得转让抵押不动产的约定是否约束登记机构?

笔者认为,实体上,登记簿上记载的当事人关于抵押人不得转让抵押不动产的约定,不约束登记机构,但在不动产登记程序上约束登记机构。

一、实体上，登记簿上记载的当事人关于抵押人不得转让抵押不动产的约定不约束登记机构

在司法实务中，《民法典担保制度司法解释》第四十三条规定，当事人约定禁止或者限制转让抵押不动产但是未将约定登记，抵押人违反约定转让抵押不动产，抵押权人请求确认转让合同无效的，人民法院不予支持；抵押不动产已经交付或者登记，抵押权人请求确认转让不发生物权效力的，人民法院不予支持，但是抵押权人有证据证明受让人知道的除外；抵押权人请求抵押人承担违约责任的，人民法院依法予以支持。当事人约定禁止或者限制转让抵押不动产且已经将约定登记，抵押人违反约定转让抵押不动产，抵押权人请求确认转让合同无效的，人民法院不予支持；抵押不动产已经交付或者登记，抵押权人主张转让不发生物权效力的，人民法院应予支持，但是因受让人代替债务人清偿债务导致抵押权消灭的除外。据此可知，抵押人因转让抵押不动产产生诉讼时，若受让人是非善意取得该不动产的，抵押权人主张该抵押不动产的转让不发生物权效力的，会得到人民法院的支持。受让人非善意的判定标准：一是抵押当事人关于禁止或者限制转让抵押不动产的约定已经记载在登记簿上；二是抵押当事人关于禁止或者限制转让抵押不动产的约定虽然没有记载在登记簿上，但受让人知道或应当知道该约定的存在。笔者认为，《民法典担保制度司法解释》第四十三条第二款规定赋予抵押当事人关于禁止或者限制转让抵押不动产的约定以登记能力，该约定记载在登记簿上后：一是可以警示受让人，是否受让抵押不动产须慎重抉择；二是可以阻却受让人善意取得抵押不动产，以充分保护抵押权人的利益。申言之，登记簿上记载的当事人关于抵押人不得转让抵押不动产的约定，不是禁止或限制登记机构为转让方与受让方办理转移登记的原因，即实体上，登记簿上记载的当事人关于抵押人不得转让抵押不动产的约定不约束登记机构。

二、程序上，登记簿上记载的当事人关于抵押人不得转让抵押不动产的约定约束登记机构

在不动产登记实务中，按《不动产登记规程》（TD/T 1095—2024）5.2.7条规定，《民法典》施行后办理抵押权登记的不动产，抵押期间申请转移登记的，不动产登记簿上记载禁止或者限制转让抵押财产的约定的，应由受让人、抵押人和抵押权人共同申请；不动产登记簿上没有记载约定的，由受让人、抵押人共同申请。该规程A.2.2.18条之1）规定，是否存在禁止或限制转让抵押不动产的约定：填写转让抵押不动产的约定情况。有约定的填写"是"；没有约定的填写"否"。据此可知，《民法典》施行后办理的抵押权登记，登记簿上才记载有抵押当事人关于禁止或者限制转让抵押不动产的约定，该约定记载在登记簿上后，登记机构受理因转让抵押不动产产生的转移登记时，必须查验申请人中是否有抵押权人，如果转移登记申请人中没有抵押权人的，登记机构不得办理该件转移登记，此即从程序上对登记机构办理转移登记的约束。

结论：实体上，登记簿上记载的当事人关于抵押人不得转让抵押不动产的约定，不约束登记机构，但在不动产登记程序上约束登记机构。

第54问　登记机构办理因转让《民法典》实施后抵押的不动产产生的转移登记时，是否收取抵押权人同意转让的证明

有登记机构问：按《不动产登记规程》（TD/T 1095—2024）5.2.7条规定，《民法典》施行前已办理抵押权登记的不动产，抵押期间申请转移登记的，应提交抵押权人同意的书面材料。据此可知，登记机构办理因转让《民法典》实施前抵押的不动产产生的转移登记时，应当收取抵押权人同意转移的证明。但该规程对登记机构办理因转让《民法典》实施后抵押的不动产产生的转移登记时，是否收取抵押权人同意转移的证明没有作规定。那么，登记机构办理因转让《民法典》实施后抵押的不动产产生的转移登记时，是否收取抵押权人同意转让的证明？

笔者认为，登记机构办理因转让《民法典》实施后抵押的不动产产生的转移登记时，无须收取抵押权人同意转让的证明。

《民法典》第四百零六条第二款规定，抵押人转让抵押财产的，应当及时通知抵押权人。抵押权人能够证明抵押财产转让可能损害抵押权的，可以请求抵押人将转让所得的价款向抵押权人提前清偿债务或者提存。转让的价款超过债权数额的部分归抵押人所有，不足部分由债务人清偿。据此可知，抵押人转让抵押财产的，应当及时通知抵押权人是法律的规定课以抵押人的义务，属于抵押权人与抵押人间的民事活动，此举旨在让抵押权人知晓抵押财产将被转让，关注自己的抵押权是否受到损害，在自己的抵押权可能受到损害的情形下（如受让人受让的抵押房屋是其及其所扶养家属生活所必需的居住房屋的，抵押权人基于抵押权的追及力申请人民法院将该房屋拍卖、变卖或者抵债实现抵押权时，可能不会得到人民法院的支持而使其抵押权受到损害），采取请求抵押人将转让抵押财产所得的价款向抵押权人提前清偿债务或者提存等保护措施。据笔者查阅，现时的法律、行政法规和登记规则中，没有将抵押权人同意转让的证明规定为登记机构办理当事人申请的因转让《民法典》实施后抵押的不动产产生的转移登记时应当收取的材料，也没有将未经抵押权人同意转让规定为因转让抵押不动产申请的转移登记不予登记的情形。因此，登记机构办理因转让《民法典》实施后抵押的不动产产生的转移登记时，无须收取抵押权人同意转让的证明。

《不动产登记暂行条例》第十四条第一款规定，因买卖、设定抵押权等申请不动产登记的，应当由当事人双方共同申请。据此可知，一般情形下，因买卖、设定抵押权等产生的不动产登记，由买卖关系、抵押关系的双方当事人共同申请。申言之，一般情形下，基于当事人合意的民事法律行为设立、变更、转移和终止不动产权利产生的不动产登记，由民事法律行为的当事人双方共同申请。在不动产登记实务中，按《不动产登记规程》(TD/T 1095—2024) 5.2.7条规定，《民法典》施行后办理抵押权登记

第三部分 转移登记

的不动产，抵押期间申请转移登记的，不动产登记簿上记载禁止或者限制转让抵押财产的约定的，应由受让人、抵押人和抵押权人共同申请；不动产登记簿上没有记载约定的，由受让人、抵押人共同申请。该规程 A.2.2.18 条之 1) 规定， 是否存在禁止或限制转让抵押不动产的约定：填写转让抵押不动产的约定情况。有约定的填写"是"；没有约定的填写"否"。笔者据此认为，要求抵押权人作为因转让抵押不动产产生的转移登记的申请人，属于不动产登记程序上的规定，而抵押权人出具同意转让抵押不动产的证明，是权利人对其抵押权内容作决定，属于民事实体法上的行为。因此，也不能从要求抵押权人作为因转让抵押不动产产生的转移登记的申请人的规定中，得出登记机构办理因转让《民法典》实施后抵押的不动产产生的转移登记时，应当收取抵押权人同意转让的证明的结论。且抵押权人与转让人（抵押人）、受让人共同申请转让转移登记，已经能够充分证明抵押权人同意转让人（抵押人）转让抵押不动产，无须再要求其另行出具同意转让的证明。

结论：登记机构办理因转让《民法典》实施后抵押的不动产产生的转移登记时，因该转让转移登记系由抵押权人、转让人（抵押人）、受让人共同申请的，故不再另行收取抵押权人同意转让的证明。

第 55 问 被转移的房地产上的查封解除后，登记机构可否基于 3 年前受理的不动产登记申请为当事人继续办理转移登记

3 年前，登记机构受理了一件房地产转让转移登记申请，转移登记申请材料齐全、合法、有效，在记载于登记簿上前，人民法院向登记机构送达执行文书，要求查封转让方名下的房地产，登记机构遂停止办理转移登记，为人民法院办理了查封登记，但登记机构只通过电话方式告知受让方，停止办理其申请的房地产转让转移登记，没有将转移登记申请材料退还申请人。现在，该房地产上的查封登记已经注销，买方持人民法院出具的解除查封裁定书复印件到登记机构请求恢复 3 年前提交的转移登记申请的办理。登记机构经查询登记簿得知：该房地产上的查封登记已注销。问：登记机构可否应受让方的请求，根据3年前受理的转移登记申请，将房屋转移登记在受让方名下？

笔者认为，登记机构可以应受让方的请求，根据3年前受理的转移登记申请，将房屋转移登记在受让方名下。

在司法实务中，《最高人民法院、国土资源部、建设部关于依法规范人民法院执行和国土资源房地产管理部门协助执行若干问题的通知》（法发〔2004〕5号）第九条规定，对国土资源、房地产管理部门已经受理被执行人转让土地使用权、房屋的过户登记申请，尚未核准登记的，人民法院可以进行查封，已核准登记的，不得进行查封。该通知第二十二条第一款规定，国土资源、房地产管理部门对被人民法院依法查封、预查封的土地使用权、房屋，在查封、预查封期间不得办理抵押、转让等权属变更、转移登记手续。据此可知，登记机构受理申请人因转让房地产产生的转移登记申请后，在转移登记被记载在登记簿上前，被转让的房地产被人民法院查封的，登记机构应当优先为人民法院办理查封登记，查封登记完成后，停止转移登记的办理。本问中，登记机构为人民法院办理查封登记后，再停止为申请人办理转让转移登记的处理并无不当。目前，该房地产上的查封登记已经注销，登记机构办理因买卖、抵押等方式处分房地产产生的不动产登记的限制条件已经解除，且申请人3年前申请转移登记时提交的是齐全、合法、有效的申请材料，登记机构可以基于这些申请材料，继续完成该件转移登记，即登记机构可以应受让方的请求，根据3年前受理的转移登记申请，将房屋转移登记在受让方名下。当然，如果登记机构在为人民法院办理查封登记后将转让转移登记申请材料退还申请人的，查封登记注销后，申请人应当按现时的规定重新申请转让转移登记。

第三部分 转移登记

第 56 问　登记机构办理预购商品房预告登记转房屋所有权转移登记时权利人的不动产登记证明遗失的，是否应当收取权利人刊发的遗失声明

张三预购了一套商品住房，签订商品房预售合同后，办理了预购商品房预告登记，领取了不动产登记证明。房屋竣工交付后办理房屋所有权转移登记时，因不动产登记证明遗失，无法向登记机构提交。问：登记机构为张三办理房屋所有权转移登记时，是否应当收取其刊发的不动产登记证明遗失声明？

笔者认为，登记机构为张三办理房屋所有权转移登记时，不收取其刊发的不动产登记证明遗失声明。

在不动产登记实务中，按《不动产登记暂行条例实施细则》第二十二条规定，不动产权属证书或者不动产登记证明遗失、灭失，不动产权利人申请补发的，由不动产登记机构在其门户网站上刊发不动产权利人的遗失、灭失声明 15 个工作日后，予以补发。据此可知，登记机构为申请人办理因遗失、灭失产生的不动产权属证书或者不动产登记证明补发时，才收取申请人刊发的不动产权属证书或者不动产登记证明遗失、灭失声明。本问中，登记机构是在预购商品房预告登记的基础上为张三办理房屋所有权转移登记，而非因遗失、灭失为其补办不动产登记证明，因此，登记机构为张三办理房屋所有权转移登记时，无须收取其刊发的不动产登记证明遗失声明。

《民法典》第二百二十一条第一款规定，当事人签订买卖房屋的协议或者签订其他不动产物权的协议，为保障将来实现物权，按照约定可以向登记机构申请预告登记。预告登记后，未经预告登记的权利人同意，处分该不动产的，不发生物权效力。据此可知，申请人申请预告登记的目的是保全以取得不动产物权为目的的合同或协议债权实现，使权利人在将来取得该不动产的物权。本问中，张三预购了一套商品住房，签订商品房屋预售合同后，办理了预购商品房预告登记，领取了不动产登记证明，表明被预告登记保全的是张三以取得预购商品房所有权为目的的合同债权，该合同债权就是预告登记的权利，张三为预告登记的权利人。在不动产登记实务中，按《不动产登记暂行条例实施细则》第二十条规定，不动产登记机构应当根据不动产登记簿上的记载内容，填写并核发不动产权属证书或者不动产登记证明。除办理抵押权登记、地役权登记和预告登记、异议登记，向申请人核发不动产登记证明外，不动产登记机构应当依法向权利人核发不动产权属证书。该实施细则第二十三条规定，因不动产权利灭失等情形，不动产登记机构需要收回不动产权属证书或者不动产登记证明的，应当在不动产登记簿上将收回不动产权属证书或者不动产登记证明的事项予以注明；确实无法收回的，应当在不动产登记机构门户网站或者当地公开发行的报刊上公告作废。其中"因不动产权利灭失等情形，不动产登记机构需要收回不动产权属证书或者不动产登记证明的"，笔者认为，此处的不动产权利灭失的情形主要有：一是不动产物权灭失；二是被预告登记保全的以取得不动产物权为目的的合同债权因实现而消灭。《不动产登记规程》(TD/T 1095—2024)5.4.7.3 条第 2 款规定，不动产登记机构在办理不动产转移、变更、注销等登记时，可根据实际情况，不再收取已核发的不动产权证书或者不动产登记证明。登记完成后，同时在不动产登记机构门户网站公告作废原不动产权证书或者不动产登记证明。本问中，登记机构在预购商品房预告登记的基础上为张三办理房屋所有权转移登记，房屋所有权转移登记在张三名下后，预购商品房预告登记保全的以取得预购商品房的房屋所有权为目的的合同债权因实现而消灭，此情形下，登记机构应当收回的张三持有的载明预购商品房预告登记的不动产登记证明因遗失、毁损等原因而无法收回，在收取张三关于不动产登记证明的遗失情况说明后，为其办理房屋所有权转移登记，尔后，在其门户网站或者当地公开发行的报刊上公告该不动产登记证明作废。

第四部分 注销登记

第57问 申请人申请的因只放弃房屋占用范围内的宅基地的使用权产生的注销登记，登记机构可否办理

张三取得一处宅基地的使用权后，申请了宅基地使用权首次登记，领取了不动产权属证书。现张三向登记机构申请因放弃宅基地使用权产生的注销登记。张三在接受登记人员的询问时，告知登记人员该处宅基地上依法建造有住房，但竣工后一直未办理房屋所有权登记的事实。问：对张三向登记机构申请的因只放弃房屋占用范围内的宅基地的使用权产生的注销登记，登记机构可否办理？

笔者认为，对张三向登记机构申请的因只放弃房屋占用范围内的宅基地的使用权产生的注销登记，登记机构不能办理。

在不动产登记实务中，《不动产登记暂行条例实施细则》第二条第二款规定，房屋等建筑物、构筑物和森林、林木等定着物应当与其所依附的土地、海域一并登记，保持权利主体一致。质言之，房屋等建筑物、构筑物应当与其所依附的土地一并登记，俗称房地一并登记原则。据此可知，申请人申请土地使用权注销登记时，地上有合法建造并竣工的房屋的，应当一并申请地上房屋所有权注销登记。

《民法典》第二百三十一条规定，因合法建造、拆除房屋等事实行为设立或者消灭物权的，自事实行为成就时发生效力。据此可知，合法建造的房屋自竣工时起，权利人无须办理不动产登记即依法、即时享有该房屋的所有权。本问中，张三在宅基地上依法建造的房屋已经竣工，虽然他

没有办理首次登记，但自房屋竣工时起，他已经依法享有该房屋的所有权。如果登记机构为张三办理了因只放弃宅基地的使用权产生的注销登记，其已经依法享有的房屋所有权因此而失去相应的宅基地使用权支撑，属于"空中房屋"，该"空中房屋"将是该宅基地被依法收归集体经济组织时的障碍。

按《民法典》第二百三十二条规定，处分基于合法建造并竣工的房屋享有的所有权，应当将该房屋所有权先行登记在登记簿上后，处分该所有权才能产生物权效力。申言之，权利人处分基于合法建造并竣工的房屋的所有权，应当将该房屋所有权先行登记在登记簿上后，处分该房屋所有权申请的不动产登记才没有法律上的障碍。本问中，如果张三要放弃自己的房屋所有权，因放弃房屋所有权是对房屋所有权的处分，张三须先行申请首次登记，将该房屋所有权记载在登记簿上后，再申请因放弃宅基地使用权及地上房屋所有权产生的注销登记才没有法律上的障碍。当然，张三可以一并申请地上房屋所有权首次登记和宅基地使用权及地上房屋所有权注销登记，登记机构合并受理后，准予登记的，依次序在登记簿上作房屋所有权首次登记和宅基地使用权及地上房屋所有权注销登记。

结论：本问中，由于张三申请的是只放弃宅基地使用权，而不放弃地上房屋所有权产生的注销登记，若登记机构为其办理只放弃宅基地使用权产生的注销登记，其地上合法建造并竣工的房屋虽没有办理所有权登记，但其自房屋竣工时起即依法、即时享有所有权，即张三依法享有的房屋所有权，将是该房屋占用范围内的宅基使用权收归集体经济组织时的障碍。因此，对张三申请的只放弃宅基地使用权产生的注销登记，登记机构不能办理。

第 58 问　部分继承人申请的因房屋灭失产生的注销登记，登记机构可否办理

有一处商品房登记在张三名下，张三死亡后，其继承人一直没有申

第四部分 注销登记

请因继承产生的转移登记。后来，房屋因自然灾害垮塌而消灭，继承人之一的张小三持张三名下的不动产权属证书、当地镇政府出具的房屋垮塌证明等材料申请房屋所有权注销登记。登记人员经查验：除张小三外，还有其他三个法定继承人。但张小三提交的登记申请材料中没有其他继承人放弃继承的证明。问：对张小三申请的房屋所有权注销登记，登记机构可否办理？

有观点认为，《民法典》第二百三十条规定，因继承取得物权的，自继承开始时发生效力。该法第一千一百二十一条第一款规定，继承从被继承人死亡时开始。该法第一千一百二十四条第一款规定，继承开始后，继承人放弃继承的，应当在遗产处理前，以书面形式作出放弃继承的表示；没有表示的，视为接受继承。据此可知，自被继承人死亡时起，没有书面放弃继承的继承人，无须办理因继承产生的转移登记即依法、即时享有作为遗产的不动产物权。本问中，登记人员经查验：除张小三外，还有其他三个法定继承人。但张小三提交的登记申请材料中没有其他继承人放弃继承权的证明。表明张小三等四个继承人均没有放弃继承，自张三死亡时起，这四个继承人无须办理因继承产生的转移登记即依法、即时享有作为遗产的房屋所有权，即张小三等四个继承人现时是该房屋的共有人，该房屋因垮塌而消灭产生的注销登记应当由四个共有人共同申请，因此，对张小三申请的房屋所有权注销登记，登记机构不可以办理。笔者支持该观点中自张三死亡时起，张小三等四个继承人无须办理因继承产生的转移登记即依法、即时享有作为遗产的房屋的所有权的认为，即张小三等四个继承人现时是该房屋的共有人的认为，但不支持对张小三申请的房屋所有权注销登记，登记机构不可以办理的认为。

《民法典》第二百三十一条规定，因合法建造、拆除房屋等事实行为设立或者消灭物权的，自事实行为成就时发生效力。据此可知，自房屋被拆除完毕时起，无须办理注销登记，该房屋的所有权即依法、即时灭失。申言之，自房屋实体灭失时起，无须办理注销登记，该房屋的所有权即依法、即时灭失。本问中，张小三等四个继承人共有的房屋自因自然灾害垮塌而消灭时起，该房屋的所有权即依法、即时灭失，张小三等四人的利益受损系自然灾害所致。换言之，张小三申请的是已经依法、即时消灭的房屋所有权的注销登记，该注销登记既不损害其他共有人利益，也不损害国家利益、社会公共利益和他人的合法权益。在不动产登记实务中，按《不动产登记规程》(TD/T 1095—2024) 5.2.3.2 条之 f) 规定，因不动产灭失的，可由共有人中一人或者多人申请。因此，本问中，对张小三申请的房屋所有权注销登记，登记机构可以办理。

第 59 问　凭骗取的建房手续办理了所有权登记的房屋被强制拆除后，登记机构可否凭县政府要求撤销房屋所有权证的嘱托文书办理更正登记

李四在河道管理范围内建造了一处房屋。A1 年，李四凭相关材料办理了房屋所有权初始登记，领取了房屋所有权证。A2 年，在环境整治中，该房屋被水利部门依法强制拆除。甲遂拿着房屋所有权证到上级部门信访，县政府组织相关部门对李四取得房屋所有权证书的过程进行调查。经调查，相关部门认定李四建房的手续系提供虚假材料骗取的，但没有撤销建房手续或宣布建房手续无效，县政府就责令不动产登记机构撤销李四持有的房屋所有权证。问：由于现行的《不动产登记暂行条例》及《不动产登记暂行条例实施细则》都没有关于撤销登记的规定，登记机构可否适用更正登记达到注销该房屋所有权证的效果？

笔者认为，登记机构不适用更正登记达到注销该房屋所有权证的效果。

第一，《民法典》第二百二十条第一款规定，权利人、利害关系人认为不动产登记簿记载的事项错误的，可以申请更正登记。不动产登记簿记载的权利人书面同意更正或者有证据证明登记确有错误的，登记机构应当予以更正。据此可知，更正登记是纠正登记簿上的记载事项错误的不动产登记。在不动产登记实务中，按《不动产登记暂行条例实施细则》

第二十三条规定,登记机构办理因不动产权利灭失产生的不动产登记后,对应当收回而无法收回的不动产权属证书,在不动产登记机构门户网站或者当地公开发行的报刊上予以公告作废。本问中,县政府组织相关部门对李四取得房屋所有权证的过程进行调查,但相关部门经过调查,只认定李四建房的手续系提供虚假材料骗取的,却没有撤销李四骗取的建房手续或确认李四骗取的建房手续无效,表明相关部门只认定了李四骗取建设手续的过程,没有明确否定李四骗取的建房手续的效力。因此,支撑李四办理房屋所有权初始登记的建房手续还处于有效状态,此情形下,登记机构为李四办理的房屋所有权初始登记并无过错,故登记机构不能用更正登记消灭李四的房屋所有权初始登记后,再公告其持有的房屋所有权证作废。

第二,《民法典》第二百三十一条规定,因合法建造、拆除房屋等事实行为设立或者消灭物权的,自事实行为成就时发生效力。据此可知,以拆除房屋的方式消灭房屋所有权的,自房屋被拆除完毕时起,权利人享有的房屋所有权无须办理不动产登记即依法、即时消灭。在不动产登记实务中,按《不动产登记暂行条例实施细则》第二十八条规定,不动产消灭属于当事人申请注销登记的情形。本问中,李四的房屋已经被水利部门强制拆除,因此,自房屋被撤除完毕时起,李四享有的房屋所有权已经消灭,办理房屋所有权注销登记的事由成就。登记机构应当向县政府汇报,请县政府出具嘱托办理注销登记的公文,按嘱托办理注销登记的公文注销李四的房屋所有权初始登记后,再公告李四持有的房屋所有权证作废。

第60问　对人民政府嘱托的因收回被查封的闲置土地产生的注销登记,登记机构可否办理

有一宗地的国有建设用地使用权登记在甲企业名下,甲企业因债务纠纷与他人发生诉讼,该宗地因涉诉被乙人民法院查封,办理了查封登记。查封期间，丙市自然资源局下达《闲置土地认定书》认定该宗地为闲置土地。现丙市人民政府作出行政决定收回该宗地的国有建设用地使用权，同时，向登记机构送达注销甲企业国有建设用地使用权的通知，要求登记机构办理甲企业国有建设用地使用权的注销登记。登记机构经查询登记簿得知：乙人民法院的查封登记尚未注销，且查封期间未届满。问：登记机构可否应丙市人民政府的嘱托办理甲企业的国有建设用地使用权注销登记？

笔者认为，登记机构可以应丙市人民政府的嘱托办理甲企业的国有建设用地使用权注销登记。

按《民事诉讼法》第一百零四条第一款规定，利害关系人因情况紧急，不立即申请保全将会使其合法权益受到难以弥补的损害的，可以在提起诉讼或者申请仲裁前向被保全财产所在地、被申请人住所地或者对案件有管辖权的人民法院申请采取保全措施。按该法第一百零六条第一款规定，财产保全采取查封、扣押、冻结或者法律规定的其他方法。据此可知，查封财产，旨在保障人民法院生效的法律文书确定的权利实现，使诉讼当事人的权益得到充分保护。在不动产登记实务中，按《不动产登记暂行条例实施细则》第十九条第二款第（三）项规定，人民政府依法做出收回不动产权利的行政决定生效后，要求登记机构办理注销登记的，登记机构应当直接办理注销登记。因此，本问中，丙市人民政府向登记机构送达通知，要求办理被作为闲置土地收回的登记在甲企业名下的国有建设用地使用权的注销登记，登记机构应当按此通知要求，直接办理该宗地的国有建设用地使用权的注销登记。若如此，登记机构拟办理的注销登记与登记簿上既有的查封登记相冲突。该如何协调？

在司法实务中，最高人民法院在"再审申请人某县外贸畜产公司（以下简称某县畜产公司）与被申请人某县人民政府、二审上诉人某县外贸轻工业品公司收回国有土地使用权纠纷一案"中认为"查封土地系司法机关为保证案件的执行而作出的保全措施，收地决定是行政机关依据相应事实和法律作出的行政决定，两者分别是司法权与行政权的运用，两种权力的行使应当互相配合和尊重。司法权不能干预行政权的行使，具体到本案中，司法保全措施不影响《收地决定》本身的合法性。故某县畜产公司主张因涉案土地被人民法院查封，就不能予以收回的理由，缺乏相应的法律依据，本院不予支持"[1]。据此可知，最高人民法院的认为表明，被查封的闲置土地，人民政府也可以通过行政决定收回其使用权。申言之，有查封登记记载的闲置土地被人民政府收回土地使用权的，登记机构也可以办理土地使用权注销登记。概言之，本问中，登记机构可以应丙市人民政府的嘱托办理甲企业的国有建设用地使用权注销登记。

但是，注销登记办结后，登记在甲企业名下的国有建设用地使用权消灭，人民法院的查封目的落空，诉讼当事人的权益保护存疑，因此，登记机构应当在办理注销登记的同时，以办理注销登记的宗地上存在乙人民法院的有效的查封登记为由，向丙市人民政府提出书面审查建议，方便其研判处置该事宜。

---

[1] 最高人民法院："再审申请人某县外贸畜产公司与被申请人某县人民政府、二审上诉人某县外贸轻工业品公司收回国有土地使用权纠纷一案"，http://www.baidu.com，访问日期：2024年11月18日。

第五部分 居住权登记

第61问 申请人申请的因在合法建造并竣工但尚未办理首次登记的房屋上设立居住权产生的居住权登记，登记机构可否办理

多年前，张三以出让方式取得一宗地的国有建设用地使用权后，按规划要求建造了一幢有4套住房、3间门市的房屋，房屋竣工后一直未申请房屋所有权首次登记。后来，张三为了解决姑妈的居住问题，也避免与姑妈、表弟们产生房屋权属纠纷，就与姑妈签订居住权合同，在自己的一套住房上为姑妈设立居住权，提供住房给姑妈居住。现张三与姑妈持居住权合同等材料向登记机构申请居住权登记。登记人员经询问张三得知：张三持有土地出让合同、建设工程规划核实证明、建设工程竣工验收备案表等房屋建造手续。问：对张三与姑妈持居住权合同等材料申请的居住权登记，登记机构可否办理？

笔者认为，对张三与姑妈持居住权合同等材料申请的居住权登记，登记机构不能办理。

《民法典》第三百六十六条规定，居住权人有权按照合同约定，对他人的住宅享有占有、使用的用益物权，以满足生活居住的需要。按该法第三百六十八条规定，设立居住权的，应当向登记机构申请居住权登记。居住权自登记时设立。按《不动产登记规程》（TD/T 1095—2024）7.11.1.4条之a）规定，设立居住权的不动产，是否已经依法登记、房屋登记用途是否为住宅，是登记机构对申请人提交的居住权登记申请进行审核的要点。据此可知，当事人设立的居住权，自记载于不动产登记簿上时起生

第五部分 居住权登记

效。换言之，居住权登记以义务人的房屋所有权已办理不动产登记为前提，即义务人的房屋所有权未记载在登记簿上的，在该房屋上设立的居住权在登记簿上就没有记载的位置。本问中，张三在房屋竣工后一直未申请房屋所有权首次登记，致使张三为其姑妈设立的居住权无法记载在登记簿上，因此，对张三与姑妈持居住权合同等材料申请的居住权登记，登记机构不能办理。

《民法典》第二百一十五条规定，当事人之间订立有关设立、变更、转让和消灭不动产物权的合同，除法律另有规定或者当事人另有约定外，自合同成立时生效；未办理物权登记的，不影响合同效力。据此可知，当事人之间订立的设立、变更、转让和消灭不动产物权的合同，是不动产物权设立、变更、转让和消灭的原因，是当事人建立的以设立、变更、转让和消灭不动产物权为目的的债权，办理了物权登记的，产生不动产物权设立、变更、转让和消灭的法律后果。未办理物权登记的，不产生不动产物权设立、变更、转让和消灭的法律后果，但自合同成立时起，以设立、变更、转让和消灭不动产物权为目的的债权生效。本问中，张三与姑妈持居住权合同等材料申请的居住权登记虽然不能得到登记机构的支持，居住权不生效，但张三与姑妈基于该合同建立的以设立居住权为目的的债权仍然是有效的，张三可以持土地出让合同、建设工程规划核实证明、建设工程竣工验收备案表等用地、房屋建造手续申请房地产权利首次登记后，再与姑妈一起申请居住权登记。当然，登记机构可以合并受理张三申请的房地产权利首次登记和张三与姑妈共同申请的居住权登记，受理后，在满足不动产登记要求的情形下，依次序在登记簿上作房地产权利首次登记、居住权登记。

第62问 申请人因在成套住房的某些房间上设立居住权申请的居住权登记，登记机构可否办理

有一套住房登记为甲单独所有。甲与乙签订居住权合同约定：甲在其住房的次卧室、厨房、卫生间、客厅上为乙设立居住权。现甲、乙持甲名下的不动产权属证书、居住权合同等材料向登记机构申请居住权登记。问：对甲、乙申请的居住权登记，登记机构可否办理？

笔者认为，对甲、乙申请的居住权登记，登记机构可以办理。

《民法典》第三百六十六条规定，居住权人有权按照合同约定，对他人的住宅享有占有、使用的用益物权，以满足生活居住的需要。该法第三百六十七条第一款规定，设立居住权，当事人应当采用书面形式订立居住权合同。按该法第三百六十八条规定，设立居住权的，应当向登记机构申请居住权登记。居住权自登记时设立。据此可知，一般情形下，当事人基于居住权合同设立的居住权是以登记为生效条件的不动产用益物权。设立居住权的目的是满足权利人生活居住的需要。在不动产登记实务中，按《不动产登记规程》（TD/T 1095—2024）7.11.1.4 条之 e）规定，是否在同一不动产单元的全部或者部分上重复设立居住权，是登记机构对申请人提交的居住权登记申请进行审核的要点。据此可知，当事人可以在一个不动产单元的全部或部分上设立居住权。本问中，甲与乙签订居住权合同约定甲在住房的次卧室、厨房、卫生间、客厅上为乙设立居住权。笔者据此认为，就成套住房而言，甲虽然没有在整套住房上为乙设立居住权，但在该套住房的次卧室、厨房、卫生间、客厅上为乙设立居住权，符合社会公允的生活居住标准，即甲在该套住房的次卧室、厨房、卫生间、客厅上为乙设立居住权的方式、内容符合法律的规定。但是，甲为乙设立的居住权须向登记机构申请登记并被记载在登记簿上后才生效。

按《不动产登记暂行条例》第八条规定，不动产以不动产单元为基本单位进行登记。在不动产登记实务中，按《不动产登记暂行条例实施细则》第五条、第六条规定，土地的不动产单元是宗地，海域的不动产单元是宗海，房屋的不动产单元是幢、层、套、间。笔者认为，申请人申请集体土地所有权，房屋等建筑物、构筑物所有权，森林、林木所有权，耕地、林地、草地等土地承包经营权、土地经营权，建设用地使用权，宅基地使用权，海域使用权登记时，才分别以宗地、宗海、幢、层、套、间为不动产单元申请登记。这些不动产物权记载在登记簿上后，在相关不动产的某部分上设立的地役权（如管道安装、排水等）、居住权或在不动产的共有份额上设置的抵押权等用益物权、担保物权，则不再以宗地、宗海、幢、层、套、间为不动产单元申请登记，而是依申请人的申请在已经以宗地、宗海、幢、层、套、间为不动产单元完成登记的不动产上记载地役权、居住权和抵押权等登记事项。按《不动产登记规程》（TD/T 1095—2024）A.2.2.16条之c）规定，在登记簿上填写居住范围时，居住权人对一个不动产单元的全部住房依法享有居住权的，填写"全部住宅"，对部分住房依法享有居住权的，根据居住范围的描述，结合房屋平面图填写具体住宅部位。因此，本问中，登记机构为乙办理居住权登记时，在甲以套为不动产单元登记的住房上记载乙的居住权设立情况，如"居住权人：乙，居住权范围：次卧室、厨房、卫生间、客厅"等。

结论：本问中，对甲、乙申请的居住权登记，登记机构可以办理。

延伸思考：如果甲只在该套房屋中的一间房屋上为乙设立居住权，由此申请的居住权登记，登记机构可否办理？笔者认为，按《不动产登记暂行条例》第二十二条第（一）项规定，不动产登记申请违反法律、行政法规规定的，登记机构应当作不予登记处理。据此可知，本问中，如果甲只在该套房屋中的一间房屋上为乙设立居住权，就成套住房而言，则可能只满足乙的生活或居住需要，不能同时满足生活和居住需要，即此情形下设立的"居住权"不符合法律的规定，由此申请的居住权登记，登记机构受理后也作不予登记处理。因此，如果甲只在其中的一间房屋上为乙设立居住权，由此申请的居住权登记，登记机构不可以办理。

第63问 申请人申请的因在未成年人的房屋上设立居住权产生的居住权登记，登记机构可否办理

有一套住房登记在未成年人甲名下，乙、丙是甲的父母。为了解决甲

的姨妈丁的生活和居住问题，乙、丙代甲与丁签订居住权合同，在甲的房屋上为丁设立居住权。现乙、丙、丁持甲名下的不动产权属证书、居住权合同等材料向登记机构申请居住权登记。问：对乙、丙、丁申请的居住权登记，登记机构可否办理？

  笔者认为，对乙、丙、丁申请的居住权登记，登记机构不能办理。

  《民法典》第三十五条第一款规定，监护人应当按照最有利于被监护人的原则履行监护职责。监护人除为维护被监护人利益外，不得处分被监护人的财产。据此可知，监护人应当按照最有利于被监护人的原则履行监护职责。监护人只有在为了被监护人利益的情形下，才可以处分被监护人的财产。监护人为了被监护人的利益处分其不动产，一般情形下，是指转让该不动产的权属，或在该不动产上设置对其交换价值予以利用的抵押权负担。《民法典》第三百六十六条规定，居住权人有权按照合同约定，对他人的住宅享有占有、使用的用益物权，以满足生活居住的需要。据此可知，在他人住宅上设立的居住权，不是对该住宅的权属作处分，而是在该住宅上设定对其进行占有、使用的负担。概言之，抵押权、居住权都属于在不动产上设立的负担。如前所述，为了被监护人的利益才可以在其不动产上设立抵押权负担，那么，在被监护人的不动产上设立居住权负担也须是为了被监护人的利益。然而，按《民法典》第三百六十八条第一款规定，居住权无偿设立，但是当事人另有约定的除外。据此可知，一般情形下，居住权是无偿设立的。若监护人在被监护人的不动产上为他人设立居住权，只能增加被监护人不动产的负担，不利于被监护人利益的保护，违反监护人应当按照最有利于被监护人的原则履行监护职责的法律规定。按《不动产登记暂行条例》第二十二条第（一）项规定，不动产登记申请违反法律、行政法规规定的，登记机构应当作不予登记处理。据此可知，本问中，甲的父母乙、丙作为其监护人，与丁签订居住权合同在甲的房屋上为丁设立居住权，只能增加甲的房屋的负担，且该负担与甲的利益无关。此举有违按照最有利于被监护人的原则履行监护职责的法律规定。因此，对乙、丙、丁申请的居住权登记，登记机构不能办理。

第 64 问　房屋因赠与转移登记到未成年人名下后按赠与合同所附义务在该房屋上为赠与人设立居住权申请的居住权登记，登记机构可否办理

甲将登记为其单独所有的房屋赠与未成年的孙子乙，乙的父母丙、丁代乙与甲签订了赠与合同，但赠与合同约定：房屋转移登记在乙名下后，须在该房屋上为甲设立居住权。房屋转移登记在乙名下后，乙领取了不动产权属证书。现甲、丙、丁持乙名下的不动产权属证书、赠与合同、居住权合同等材料向登记机构申请居住权登记，拟登记的居住权人为甲。问：对甲、丙、丁申请的居住权登记，登记机构可否办理？

有观点认为，按《民法典》第三十五条规定，监护人应当按照最有利于被监护人的原则履行监护职责。该法第三百六十六条规定，居住权人有权按照合同约定，对他人的住宅享有占有、使用的用益物权，以满足生活居住的需要。据此可知，居住权是权利人对他人的住宅享有占有、使用的用益物权，是在他人住宅上设立的一种负担，如果监护人允许他人在被监护人的住宅上设立居住权，则加重了被监护人住宅的负担，不利于被监护人利益的保护，监护人的行为属于滥用监护权。因此，本问中，对甲、丙、丁申请的居住权登记，登记机构不可以办理。笔者不支持此观点。

《民法典》第六百六十一条规定，赠与可以附义务。赠与附义务的，受赠人应当按照约定履行义务。据此可知，本问中，甲将登记为其单独所有的房屋赠与未成年的孙子乙，且在与乙的父母丙、丁代乙签订的赠与合同中约定房屋转移登记在乙名下后，须在该房屋上为甲设立居住权，表明甲赠与乙房屋是一种附义务的赠与行为，所附义务为房屋转移登记在乙名下后，须在该房屋上为甲设立居住权，此举符合法律的规定，该赠与合同与居住权合同组合形成甲享有在乙的住宅上设立居住权的有效的原因材料，由此申请的居住权登记，登记机构应当支持，即对甲、丙、丁申请的居住权登记，登记机构可以办理。

本问中，如果赠与合同中没有约定房屋转移登记在乙名下后，须在该房屋上为甲设立居住权，事后，作为乙的监护人的丙、丁与甲签订居住权合同，在因赠与转移登记在乙名下的住宅上为甲设立居住权，才是无故加重了被监护人住宅的负担，不利于作为被监护人的未成年人的利益保护，由此申请的居住权登记，登记机构不可以办理。

第 65 问　基于遗嘱设立的居住权，可否由居住权人单方申请登记

有一套住房登记为老人李四单独所有，李四的继承人只有其儿子李小四，李小四购房后单独居住。李四为了解决其弟弟李五将来的生活居住问题，立下公证遗嘱：在自己的住房上为李五设立居住权。不久，李四死亡。现李五持公证遗嘱等材料向登记机构申请居住权登记。登记人员查询登记簿后得知该房屋还登记在李四名下。问：对李五申请的居住权登记，登记机构可否办理？

笔者认为，对李五申请的居住权登记，登记机构可以办理。

按《民法典》第三百六十八条规定，设立居住权的，应当向登记机构申请居住权登记。居住权自登记时设立。该法第三百七十一条规定，以遗嘱方式设立居住权的，参照适用本章的有关规定。据此可知，房屋所有权人可以以立遗嘱的方式在自己的房屋上为他人设立居住权，但基于遗嘱设立的居住权自登记时生效，而非自遗嘱生效时起生效。居住权登记以义务人的房屋所有权已登记为前提，即义务人的房屋所有权记载在登记簿上的，在该房屋上设立的居住权在登记簿上才有记载的位置。本问中，设立居住权的房屋还记载在李四名下，登记机构为李五办理居住权登记的前提存在。《不动产登记暂行条例》第十四条规定："因买卖、设定抵押权等申请不动产登记的，应当由当事人双方共同申请。属于下列情形之一的，可以由当事人单方申请：(一)尚未登记的不动产首次申请登记的；(二)继承、接受遗赠取得不动产权利的；(三)人民法院、仲裁委员会生

第五部分 居住权登记

效的法律文书或者人民政府生效的决定等设立、变更、转让、消灭不动产权利的；（四）权利人姓名、名称或者自然状况发生变化，申请变更登记的；（五）不动产灭失或者权利人放弃不动产权利，申请注销登记的；（六）申请更正登记或者异议登记的；（七）法律、行政法规规定可以由当事人单方申请的其他情形。"质言之，基于当事人合意的民事法律行为产生的不动产登记由当事人共同申请，非基于当事人合意的民事法律行为产生的不动产登记由当事人单方申请。在不动产登记实务中，按《不动产登记规程》（TD/T 1095—2024）7.11.1.1 条第 2 款规定，因遗嘱设立居住权的，居住权的首次登记可先于因继承、受遗赠不动产的转移登记办理，也可一并办理。按该规程 7.11.1.2 条规定，居住权首次登记应由居住权合同的双方当事人共同申请。按照遗嘱或者生效法律文书设立居住权的，可单方申请。本问中，李五申请基于遗嘱设立的居住权登记，虽然不属于《不动产登记暂行条例》第十四条规定的可以由当事人单方申请登记的具体情形，但其系非基于当事人合意的民事法律行为产生的不动产登记，可以由权利人（居住权人）单方申请登记。因此，对李五申请的居住权登记，登记机构可以办理。

延伸思考：如果登记簿上的房屋所有权已经转移登记到李小四名下，对李五申请的居住权登记，登记机构可否办理？

《民法典》第一千一百六十一条规定，继承人以所得遗产实际价值为限清偿被继承人依法应当缴纳的税款和债务。超过遗产实际价值部分，继承人自愿偿还的不在此限。继承人放弃继承的，对被继承人依法应当缴纳的税款和债务可以不负清偿责任。质言之，我国法律规定的继承是概括继承，即继承人在继承被继承人遗留的权利的同时，也要继续履行被继承人应当履行的义务或应当承担的责任。在不动产登记实务中，按《不动产登记规程》（TD/T 1095—2024）7.11.1.1 条第 2 款规定，已经因继承、受遗赠办理转移登记，未再办理处分登记的，可申请居住权的首次登记。本问中，李四通过公证遗嘱的方式在自己的住房上为李五设立居住权，将居住权记载在该房屋上是李四真实意思的表示，也是其应当承担的责任，李小四在继承该房屋所有权的同时，也继承了承担李五在该房屋上设立居住权的责任，因此，如果登记簿上的房屋所有权已经转移登记到李小四名下，对李五申请的居住权登记，登记机构也可以办理。

第 66 问　申请人凭占份额三分之二以上的共有人立下的设立居住权的公证遗嘱申请的居住权登记，登记机构可否办理

甲、乙按份共有一套住房，甲占四分之三份额，乙占四分之一份额。甲立下公证遗嘱：在该套住房上为其再婚的配偶丙设立居住权。甲死亡后，丙持甲的死亡证明、设立居住权的公证遗嘱等材料向登记机构申请居住权登记。问：对丙申请的居住权登记，登记机构可否办理？

有观点认为，设立居住权的房屋是甲、乙按份共有的，甲通过公证遗嘱的方式在该套住房上为其再婚的配偶丙设立居住权，应当经过共有人乙的同意，且由乙、丙共同申请的居住权登记，登记机构才可以办理。因此，本问中，对丙申请的居住权登记，登记机构不能办理。笔者不支持此观点。

实体上，《民法典》第三百零一条规定，处分共有的不动产或者动产以及对共有的不动产或者动产作重大修缮、变更性质或者用途的，应当经占份额三分之二以上的按份共有人或者全体共同共有人同意，但是共有人之间另有约定的除外。据此可知，一般情形下，占份额三分之二以上的按份共有人有权对共有的不动产进行整体处分。所谓对共有的不动产进行整体处分，是指全部转让该不动产的权属，或在整个不动产上设置对其交换价值予以利用的抵押权负担。《民法典》第三百六十六条规定，居住权人有权按照合同约定，对他人的住宅享有占有、使用的用益物权，以满足生活居住的需要。据此可知，在他人住宅上设立的居住权，不是对该住宅的权属作处分，而是在该住宅上设立对其进行占有、使用的负担。因此，抵押权、居住权都是在不动产上设立的负担，且在债务人不履行到

第五部分 居住权登记

期债务时,抵押权人可以变现承载有抵押权负担的不动产优先受偿,故承载有抵押权负担的不动产权属有被处分的可能,但占份额三分之二以上的按份共有人尚且有权在整个不动产上设立抵押权负担,当然也可以在整个不动产上设立居住权负担。按《民法典》第三百七十一条规定,当事人可以通过遗嘱的方式设立居住权。据此可知,遗嘱是当事人设立居住权的法定方式。概言之,本问中,占份额四分之三的共有人甲,通过公证遗嘱的方式在其与乙共有的住房上为其再婚的配偶丙设立居住权符合法律的规定。

程序上,《不动产登记暂行条例》第十四条规定:"因买卖、设定抵押权等申请不动产登记的,应当由当事人双方共同申请。属于下列情形之一的,可以由当事人单方申请:(一)尚未登记的不动产首次申请登记的;(二)继承、接受遗赠取得不动产权利的;(三)人民法院、仲裁委员会生效的法律文书或者人民政府生效的决定等设立、变更、转让、消灭不动产权利的;(四)权利人姓名、名称或者自然状况发生变化,申请变更登记的;(五)不动产灭失或者权利人放弃不动产权利,申请注销登记的;(六)申请更正登记或者异议登记的;(七)法律、行政法规规定可以由当事人单方申请的其他情形。"质言之,基于当事人合意的民事法律行为产生的不动产登记由当事人共同申请,非基于当事人合意的民事法律行为产生的不动产登记可以由当事人单方申请。《不动产登记规程》(TD/T 1095—2024)7.11.1.2 条规定,居住权首次登记应由居住权合同的双方当事人共同申请。按照遗嘱或者生效法律文书设立居住权的,可单方申请。本问中,丙申请基于遗嘱设立的居住权登记,虽然不属于《不动产登记暂行条例》第十四条规定的可以由当事人单方申请不动产登记的具体情形,但其系非基于当事人合意的民事法律行为产生的不动产登记,故基于遗嘱设立的居住权可以由权利人(居住权人)单方申请登记。因此,本问中,对丙申请的居住权登记,登记机构可以办理。

第 67 问　申请人申请的在有抵押权登记、查封登记的房屋上设立居住权产生的居住权登记，登记机构可否办理

有当事人到登记机构咨询：在有抵押权登记、查封登记存在的房屋上设立居住权申请的居住权登记，登记机构可否办理？

笔者认为，申请人申请的在有抵押权登记的房屋上设立居住权产生的居住权登记，登记机构可以办理。申请人申请的在有查封登记的房屋上设立居住权产生的居住权登记，登记机构不可以办理。

一、申请人申请的在有抵押权登记的房屋上设立居住权产生的居住权登记，登记机构可以办理

《民法典》第三百六十六条规定，居住权人有权按照合同约定，对他人的住宅享有占有、使用的用益物权，以满足生活居住的需要。质言之，设立居住权是在他人房屋上设置负担的行为，即居住权的设立加重了他人房屋的负担。申言之，居住权的设立可能使承载该居住权的房屋交易价值减损。《民法典》第四百零八条规定，抵押人的行为足以使抵押财产价值减少的，抵押权人有权请求抵押人停止其行为；抵押财产价值减少的，抵押权人有权请求恢复抵押财产的价值，或者提供与减少的价值相应的担保。抵押人不恢复抵押财产的价值，也不提供担保的，抵押权人有权请求债务人提前清偿债务。据此可知，法律规定，抵押人的行为可能减损抵押物的价值时，抵押权人可以请求抵押人停止该行为、恢复抵押物的价值、提供相应的担保或要求债务人提前清偿债务，但不禁止、限制抵押人实施该行为。申言之，法律的规定不禁止、限制抵押人在抵押房屋上为他人设置居住权，因此，申请人申请的在有抵押权登记的房屋上设立居住权产生的不动产登记，登记机构可以办理。抵押权人因居住权的设立可能受到的损失，通过前述方式主张。

二、申请人申请的在有查封登记的房屋上设立居住权产生的居住权登记，登记机构不可以办理

《最高人民法院、国土资源部、建设部关于依法规范人民法院执行和国土资源房地产管理部门协助执行若干问题的通知》(法发〔2004〕5号)第二十二条第一款规定，国土资源、房地产管理部门对被人民法院依法查封、预查封的土地使用权、房屋，在查封、预查封期间不得办理抵押、转让等权属变更、转移登记手续。据此可知，登记簿上记载的房地产上有查封登记的，登记机构不得再办理抵押、转移该房地产产生的抵押权登记、转移登记。其中，抵押房地产属于加重房地产负担的行为，转移房地产属于变更房地产权属的行为。申言之，加重被查封房地产负担和变更被查封房地产权属产生的不动产登记，登记机构均不可以办理。如前所述，设立居住权是在他人房屋上设立负担的行为，因此，申请人申请的在有查封登记的房屋上设立居住权产生的居住权登记，登记机构不可以办理。

第 68 问　申请人在登记簿上有异议登记的情形下申请的居住权登记，登记机构可否办理

有一套住房登记为甲单独所有，乙因与甲就该住房有权属争执，乙以该住房权属登记错误为由依法向登记机构申请异议登记，登记机构经审查后，将乙的异议登记记载在登记簿上。尔后，甲、丙签订居住权合同约定：甲在其住宅上为丙设定居住权。现甲、丙持居住权合同等材料向登记机构申请居住权登记。登记人员查询登记簿后告知甲、丙：设立居住权的房屋上有乙因该房屋权属登记错误产生的异议登记存在，且异议登记尚未失效。甲、丙仍然坚持申请居住权登记。问：对甲、丙申请的居住权登记，登记机构可否办理？

笔者认为，在甲、丙提交其知悉不动产上有异议登记存在并自担风险的书面承诺的情形下，对其申请的居住权登记，登记机构可以办理。

按《民法典》第二百二十条规定，权利人、利害关系人认为不动产登记簿记载的事项错误的，可以申请更正登记。不动产登记簿记载的权利人书面同意更正或者有证据证明登记确有错误的，登记机构应当予以更正。不动产登记簿记载的权利人不同意更正的，利害关系人可以申请异议登记。在司法实务中，按《民法典物权编司法解释（一）》第十五条第一款第（一）项规定，当事人与登记簿上存在有效的异议登记的不动产为交易产生诉讼的，人民法院应当认定不动产受让人知道转让人无处分权。据此可知，登记簿上记载的事项有错误时，利害关系人在登记簿上记载的权利人不同意更正的情形下才可以申请异议登记，异议登记记载在登记簿上后，告知拟与该不动产物权进行交易的人，该不动产物权可能存在错误，警示其慎重进行交易，以暂时击破登记簿的公示力，防止他人善意取得该不动产物权，使异议登记申请人的权益得到最大限度的保护，但异议登记不能阻止他人对该不动产物权进行交易。《民法典》第三百六十六条规定，居住权人有权按照合同约定，对他人的住宅享有占有、使用的用益物权，以满足生活居住的需要。据此可知，在他人住宅上设立的居住权，不是对作为物权的该住宅的所有权进行交易，而是在该住宅上设定对其进行占有、使用的负担。申言之，异议登记尚且不阻止他人对住宅的所有权进行交易，则更不阻止在该住宅上设置居住权负担。本问中，乙在甲的住房上登记的异议登记，不影响甲在该住房上为丙设立居住权。在不动产登记实务中，《不动产登记暂行条例实施细则》第八十四条规定，异议登记期间，不动产登记簿上记载的权利人以及第三人因处分权利申请登记的，不动产登记机构应当书面告知申请人该权利已经存在异议登记的有关事项。申请人申请继续办理的，应当予以办理，但申请人应当提供知悉异议登记存在并自担风险的书面承诺。据此可知，登记簿上记载的异议登记失效前，申请人申请因处分有异议登记存在的不动产产生的不动产登记（转移登记、抵押权登记等）时，在提交其知悉异议登记存在并自担风险的书面承诺的情形下，登记机构可以为申请人办理因处分有异议登记存在的不动产产生的不动产登记（转移登记、抵押权登记等）。申言之，在申请人向登记机构提交其知悉不动产上有异议登记存在并自担风险的书面承诺的情形下，登记簿上记载的有效的异议登记尚且不阻却其申请的处分该不动产产生的不动产登记（转移登记、抵押权登记等）的办理。那么，在申请人向登记机构提交其知悉不动产上有异议登记存在并自担风险的书面承诺的情形下，登记簿上记载的有效的异议登记更不阻却其申请的居住权登记的办理。因此，本问中，在甲、丙提交其知悉不动产上有异议登记存在并自担风险的书面承诺的情形下，对其申请的居住权登记，登记机构可以办理。

第69问　当事人因在宅基地上的房屋上设立居住权申请的居住权登记，登记机构可否办理

有一处宅基地使用权及地上房屋所有权登记在甲名下，甲领取了不动产权属证书。甲与乙签订居住权合同，在该房屋上为乙设立居住权。现甲、乙持身份证明、居住权合同、甲名下的不动产权属证书等材料向登记机构申请居住权登记。登记人员经查验申请材料发现：乙不是宅基地所在地农村集体经济组织成员。问：对甲、乙申请的居住权登记，登记机构可否办理？

笔者认为，对甲、乙申请的居住权登记，登记机构可以办理。

《民法典》第三百六十六条规定，居住权人有权按照合同约定，对他人的住宅享有占有、使用的用益物权，以满足生活居住的需要。按该法第三百六十八条规定，设立居住权的，应当向登记机构申请居住权登记。居住权自登记时设立。据此可知，居住权是住宅所有权人与居住权人签订居住权合同，利用其所有权中的占有、使用权能为居住权人设立的一种解决其生活居住问题的用益物权，换言之，居住权是住宅所有权人与居住权人签订居住权合同向居住权人转移其所有权中的占有、使用权能的结果。且居住权自记载在登记簿上时起生效，居住权的登记以承载该居住权的住宅所有权已经记载在登记簿上为前提。申言之，当事人基于居住权合同，在所有权已经记载在登记簿上的国有建设用地上的住宅、宅基地上的住宅上设立的居住权，都可以向登记机构申请居住权登记。本问中，甲、乙持身份证明、居住权合同、甲名下的不动产权属证书等材料向登记机构申请居住权登记，表明甲、乙签订居住权合同设立居住权的住宅所有权已经记载在登记簿上，据此申请的居住权登记，登记机构可以办理。

第六部分　抵押权登记

第 70 问　划拨取得的净的国有建设用地（净地）使用权可否抵押

长期以来，在不动产登记实务中，当事人申请以划拨方式取得的净的国有建设用地（净地）使用权作抵押产生的抵押权登记时，绝大部分的登记机构以划拨方式取得的净的国有建设用地（净地）使用权不可以抵押为由，作不予受理处理。问：以划拨方式取得的净的国有建设用地（净地）使用权真不能抵押吗？

笔者认为，在现时制度环境中，以划拨方式取得的净的国有建设用地（净地）使用权是可以抵押的。

《民法典》第三百五十三条规定，建设用地使用权人有权将建设用地使用权转让、互换、出资、赠与或者抵押，但是法律另有规定的除外。该法第三百九十五条第一款规定："债务人或者第三人有权处分的下列财产可以抵押：（一）建筑物和其他土地附着物；（二）建设用地使用权；（三）海域使用权；（四）生产设备、原材料、半成品、产品；（五）正在建造的建筑物、船舶、航空器；（六）交通运输工具；（七）法律、行政法规未禁止抵押的其他财产。"据此可知，一般情形下，国有建设用地使用权是可以抵押的。那么，其他法律、行政法规有禁止以划拨方式取得的净的国有建设用地（净地）使用权作抵押的规定吗？

据笔者查阅，《房地产管理法》和《土地管理法》等法律均没有禁止以划拨方式取得的净的国有建设用地（净地）使用权作抵押的规定。

于一九九〇年五月十九日起实施现在仍然有效的《城镇国有土地使

用权出让和转让暂行条例》第四十四条规定,划拨土地使用权,除本条例第四十五条规定的情况外,不得转让、出租、抵押。该暂行条例第四十五条第一款规定:"符合下列条件的,经市、县人民政府土地管理部门和房产管理部门批准,其划拨土地使用权和地上建筑物,其他附着物所有权可以转让、出租、抵押:(一)土地使用者为公司、企业、其他经济组织和个人;(二)领有国有土地使用证;(三)具有地上建筑物、其他附着物合法的产权证明;(四)依照本条例第二章的规定签订土地使用权出让合同,向当地市、县人民政府补交土地使用权出让金或者以转让、出租、抵押所获收益抵交土地使用权出让金。"质言之,作为行政法规的《城镇国有土地使用权出让和转让暂行条例》的规定禁止以划拨方式取得的净的国有建设用地(净地)使用权作抵押。

但是,自二〇一九年七月六日起实施的《国务院办公厅关于完善建设用地使用权转让、出租、抵押二级市场的指导意见》(国办发〔2019〕34号)第十二条规定,以划拨方式取得的建设用地使用权可以依法依规设定抵押权,划拨土地抵押权实现时应优先缴纳土地出让收入。据此可知,此处的"以划拨方式取得的建设用地使用权"是指以划拨方式取得的净的国有建设用地(净地)使用权。很明显,实体上,国家政策允许当事人在以划拨方式取得的净的国有建设用地使用权上设立抵押权,放开了行政法规《城镇国有土地使用权出让和转让暂行条例》禁止以划拨方式取得的净的国有建设用地(净地)使用权作抵押这一规定。至于其中的"依法依规设定抵押权",笔者认为,按原《物权法》第一百八十条、第一百八十七条规定和《民法典》第四百条、第四百零二条规定,在国有建设用地使用权上设立的抵押权,自记载于登记簿上时起生效。因此,此处的"依法依规",应当是指当事人遵守法律、行政法规和登记规则关于办理抵押权登记的程序性规定。

在司法实务中,《民法典担保制度司法解释》第五十条规定,抵押人以划拨建设用地上的建筑物抵押,当事人以该建设用地使用权不能抵押或者未办理批准手续为由主张抵押合同无效或者不生效的，人民法院不予支持。抵押权依法实现时，拍卖、变卖建筑物所得的价款，应当优先用于补缴建设用地使用权出让金。当事人以划拨方式取得的建设用地使用权抵押，抵押人以未办理批准手续为由主张抵押合同无效或者不生效的，人民法院不予支持。已经依法办理抵押登记，抵押权人主张行使抵押权的，人民法院应予支持。抵押权依法实现时所得的价款，参照前款有关规定处理。据此可知，本条第一款是关于人民法院在审判实务中处理以划拨方式取得的建设用地及地上建筑物一并抵押的规定。本条第二款是关于人民法院在审判实务中处理以划拨方式取得的净的国有建设用地（净地）作抵押的规定。按本条第二款规定，当事人以划拨方式取得的净的国有建设用地（净地）使用权作抵押产生诉讼时，人民法院不确认抵押合同无效或者不生效。如果当事人已经依法办理抵押登记的，该抵押权会得到人民法院的保护。此处的"依法办理抵押登记"，应当是指当事人遵守法律、行政法规和登记规则关于办理抵押权登记的程序性规定。

综上所述，自一九九〇年五月十九日起实施、现在仍然有效的《城镇国有土地使用权出让和转让暂行条例》的规定禁止以划拨方式取得的净的国有建设用地（净地）使用权作抵押，但自二〇一九年七月六日起实施的《国务院办公厅关于完善建设用地使用权转让、出租、抵押二级市场的指导意见》（国办发〔2019〕34号）为顺应我国经济、社会快速、多元化发展的需要，其规定允许当事人以划拨方式取得的净的国有建设用地（净地）使用权作抵押，且现时的司法实务支持以划拨方式取得的净的国有建设用地（净地）使用权作抵押。概言之，在二〇一九年七月六日前，以划拨方式取得的净的国有建设用地（净地）使用权是不可以抵押的，此后，以划拨方式取得的净的国有建设用地（净地）使用权是可以抵押的，当事人据此申请的抵押权登记，登记机构可以办理。

第71问　申请人申请的只用在建建筑物占用范围内的国有建设用地使用权作抵押产生的抵押权首次登记，登记机构可否办理

一家公司以出让方式取得了城镇规划区内的一宗地的国有建设用地

使用权，办理首次登记后领取了不动产权属证书。尔后，该公司办理了建设工程规划许可手续，开始建造一幢20层的楼房。目前，该楼房已经建至第七层。该公司为了获取银行贷款，与银行签订贷款合同后，又签订了只用国有建设用地使用权作抵押的抵押合同。现该公司、银行持不动产权属证书、贷款合同、抵押合同等手续向登记机构申请因净的国有建设用地（净地）使用权抵押产生的抵押权首次登记。登记机构询问该公司的经办人员并实地查看后得知：宗地上有一幢已建造至七层的在建建筑物。问：对该公司、银行申请的因净的国有建设用地（净地）使用权抵押产生的抵押权首次登记，登记机构可否办理？

有观点认为，按《民法典》第三百九十五条规定，国有建设用地使用权是可以抵押的财产。在不动产登记实务中，按《不动产登记暂行条例实施细则》第二条第一款规定，不动产登记应当依照当事人的申请进行。本问中，该公司、银行用净的国有建设用地（净地）使用权作抵押符合法律规定，且该公司、银行申请的也是用净的国有建设用地（净地）使用权作抵押产生的抵押权首次登记，故登记机构应当按照申请人的申请为其办理抵押权首次登记。笔者不支持此观点。

《民法典》第三百九十七条规定："以建筑物抵押的，该建筑物占用范围内的建设用地使用权一并抵押。以建设用地使用权抵押的，该土地上的建筑物一并抵押。抵押人未依据前款规定一并抵押的，未抵押的财产视为一并抵押。"在不动产登记实务中，按《不动产登记规程》（TD/T 1095—2024）7.13.1.1.2条规定，一般情形下，建设用地上已经建造建筑物、构筑物但未办理房地一体首次登记的，当事人可以已办理首次登记的建设用地使用权进行抵押。据此可知，建设用地使用权及地上建筑物同时、一并抵押是法律规定的原则，申言之，建设用地与地上定作物应当同时、一并抵押是原则，例外情形是当事人可以用已竣工但尚未办理所有权首次登记的建筑物、构筑物占用范围内的建设用地使用权作抵押，且该建设用地使用权已完成首次登记。因此，本问中，该公司只用在建建筑物占用范围内的国有建设用地使用权作抵押，不属于建设用地与地上定作物应当同时、一并抵押原则的例外情形，换言之，该公司不可以只用在建建筑物占用范围内的国有建设用地使用权作抵押。《城乡规划法》第四十条第一款规定，在城市、镇规划区内进行建筑物、构筑物、道路、管线和其他工程建设的，建设单位或者个人应当向城市、县人民政府城乡规划主管部门或者省、自治区、直辖市人民政府确定的镇人民政府申请办理建设工程规划许可证。据此可知，在城镇规划区范围内按建设工程规划许可证建造的建筑物、在建建筑物才是合法建造的建筑物、在建建筑物。在不动产登记实务中，《不动产登记暂行条例实施细则》第二条第二款规定，房屋等建筑物、构筑物和森林、林木等定着物应当与其所依附的土地、海域一并登记，保持权利主体一致。据此可知，土地及地上定作物应当同时、一并登记是不动产登记的原则。本问中，该公司建造的楼房在城镇规划区范围内，且该楼房是办理了建设工程规划许可手续后才开始建造的，是合法的在建建筑物，该公司应当将国有建设地使用权及正在建造的楼房的已完工部分同时、一并抵押后，申请在建建筑物抵押权首次登记，否则，有悖土地及地上定作物一并登记的不动产登记原则。因此，对该公司、银行申请的因净的国有建设用地（净地）使用权抵押产生的抵押权首次登记，登记机构不可以办理。但是，如果该楼房是在未取得建设工程规划许可手续的情形下建造的，则属于非法建造物，非法建造物不产生权利，该公司可以只用净的国有建设用地（净地）使用权作抵押，由此申请的抵押权首次登记，登记机构应当办理。

另外，《城乡规划法》第四十二条规定，城乡规划主管部门不得在城乡规划确定的建设用地范围以外作出规划许可。据此可知，当事人在城镇规划区外建造建筑物、构筑物时，无须取得建设工程规划许可手续。换言之，城镇规划区外，当事人在其合法取得的土地上建造的建筑物、构筑物等定作物都是合法的，可以作抵押标的物。申言之，城镇规划区外，当事人申请抵押权登记时，合法取得的土地上有在建建筑物的，应当申请在建建筑物抵押权登记,不得申请净的土地(净地)抵押权登记。

第72问　以未成年人与成年人共同共有的房地产为该成年人的贷款作抵押申请的抵押权登记,登记机构可否办理

有一处房地产登记为5岁的未成年人陈二和姨妈赵三共同共有。陈二的父母、赵三将该房地产抵押给银行以获取贷款,贷款合同上的债务人是赵三,贷款用途是教育。抵押合同上的抵押人是陈二和赵三。现陈二的父母、赵三和抵押权人银行共同向登记机构申请抵押权登记。问:陈二的父母、赵三和抵押权人银行共同申请的抵押权登记,登记机构可否办理?

笔者认为,对陈二的父母、赵三和抵押权人银行共同申请的抵押权登记,登记机构不能办理。

《民法典》第二十条规定,不满八周岁的未成年人为无民事行为能力人。该法第二十七条第一款规定,父母是未成年子女的监护人。按该法第三十五条第一款规定,监护人除为维护被监护人利益外,不得处分被监护人的财产。据此可知,只有为了未成年子女的利益,作为监护人的父母才可以转让、抵押等方式处分该未成年子女的财产。本问中,陈二的父母、赵三和抵押权人银行共同向登记机构申请的抵押权登记中,贷款合同的债务人是赵三,贷款用途是教育。表明陈二的父母、赵三用陈二享有的房地产权利作抵押担保的贷款债权的用途虽然是教育,却不是为了解决陈二的教育问题产生的债权,而是因赵三的教育问题产生的债权。即使陈二的父母出具的书面承诺或书面保证上载明该笔贷款是用于解决陈二的教育问题,则此书面承诺或书面保证与贷款合同上载明的用途不一致,即该笔贷款用于解决陈二的教育问题的证据不充分,不符合《民法典》第三十五条第一款规定。按《不动产登记暂行条例》第二十二条第(一)项规定,不动产登记申请违反法律、行政法规规定的,登记机构应当作不予登记处理。因此,本问中,对陈二的父母、赵三和抵押权人银行共同申请的抵押权登记，登记机构不能办理。

本问中，如果陈二的父母、赵三和抵押权人银行共同申请的抵押权登记中，贷款合同的债务人是陈二，贷款用途是教育的，对该抵押权登记申请，登记机构可以办理。如果该处房地产登记为 5 岁的未成年人陈二和姨妈赵三按份共有的，赵三可以用其享有的份额为自己或他人的债务履行作抵押担保，由此申请的抵押权登记，登记机构也可以办理。

第 73 问　当事人因抵押一幢房屋中的部分楼层申请的抵押权登记，登记机构可否办理？

有一幢商业用途的三层房屋登记在钱六名下，钱六因贷款需要，将该房屋的第三层抵押给银行，签订借款合同、抵押合同后，银行、钱六共同持借款合同、抵押合同、不动产权属证书等材料向登记机构申请一般抵押权登记。问：对银行、钱六共同申请的一般抵押权登记，登记机构可否办理？

笔者认为，对银行、钱六共同申请的一般抵押权登记，登记机构可以办理。

按《民法典》第三百九十五条规定，债务人或者第三人有权处分的财产可以作抵押财产。按《不动产登记暂行条例》第八条第一款规定，不动产以不动产单元为基本单位进行登记。在不动产登记实务中，按《不动产登记暂行条例实施细则》第五条规定，房屋的不动产单元为幢、层、套或间。据此可知，当事人以其有权处分的且满足不动产单元要求的不动产作抵押申请的抵押权登记，登记机构应当办理。本问中，赵六用于抵押的是登记在其名下的房屋的第三层，"层"是不动产单元的单位。作为登记簿上记载的权利人，赵六对该房屋有处分权，故对银行、赵六共同申请的一般抵押权登记，登记机构可以办理。登记机构根据银行、钱六的申请办理抵押权登记时，应当在整幢房屋上做抵押权登记，同时，在附记栏内加注"抵押范围：第三层"。

本问中，钱六的房屋虽然是以幢为不动产单元登记在其名下的，但其用作抵押的第三层因实现抵押权需要分割变现时，由于其满足不动产单元的要求而没有法律、法规、规章和政策上的障碍，即钱六用作抵押的第三层若因实现抵押权变现时，当事人申请因分割转让（拍卖、变卖）或分割折价抵债等产生的转移登记时不违反法律、法规、规章和政策的规定。类推适用，以后，钱六分别抵押第一层、第二层，或者一并抵押第一层和第二层申请的抵押权登记，登记机构也可以办理。

第74问　用已经拆除但尚未办理注销登记的房屋作抵押申请的抵押权登记，登记机构可否办理

甲将登记为其单独享有的国有建设用地使用权（出让取得）及地上房屋所有权抵押给乙以获取借款，签订了借款合同、抵押合同。现甲、乙持载明国有建设用地使用权及地上房屋所有权的不动产权属证书、借款合同、抵押合同等材料向登记机构申请一般抵押权首次登记。登记机构询问申请人时，乙主动告知登记机构：地上房屋已经于一年前拆除，抵押物实质上只有土地。登记人员经实地查看，查实地上无房屋。问：对甲、乙申请的一般抵押权首次登记，登记机构可否办理？

有观点认为，按法律、行政法规、规章和政策规定，登记机构办理抵押权登记时，没有实地查看不动产的程序，再说，不动产登记实质上就是要件登记，只要登记申请材料齐全、有效，登记机构就应当为申请人办理不动产登记。因此，本问中，对乙告知的地上房屋已经被拆除的事实，登记机构无须核实，只要甲、乙提交的一般抵押权登记申请材料齐全、有效，登记机构就可以为其办理一般抵押权登记。笔者不支持此观点。

按《民法典》第三百九十五条第一款规定，债务人或者第三人有权处分的财产才可以抵押。据此可知，债务人或者第三人无权处分的财产则不可以抵押。申言之，债务人或者第三人无权处分的财产尚且不可以抵押，债务人或者第三人已经消灭（不存在）的财产更不可以抵押。《民法

第六部分 抵押权登记

典》第二百三十一条规定,因合法建造、拆除房屋等事实行为设立或者消灭物权,自事实行为成就时发生效力。据此可知,房屋自拆除完毕时起,无须办理注销登记,该房屋的所有权即依法、即时消灭。本问中,登记机构询问申请人时,乙主动告知登记机构:地上房屋已经于一年前拆除,抵押物实质上只有土地。登记人员经实地查看,查实地上无房屋。表明甲的房屋已经拆除一年之久,即甲现时用作抵押的房屋所有权已在一年前随该房屋的拆除而消灭,此情形下,用不存在的财产性权利(房屋所有权)作抵押,违反《民法典》第三百九十五条第一款规定。按《不动产登记暂行条例》第二十二条第(一)项规定,对违反法律、行政法规规定的不动产登记申请,登记机构应当作不予登记处理。本问中,如前所述,由于甲、乙申请的一般抵押权登记因违反《民法典》第三百九十五条第一款规定,登记机构不得办理。

当然,在不动产登记实务中,《不动产登记暂行条例实施细则》第十六条规定:"不动产登记机构进行实地查看,重点查看下列情况:(一)房屋等建筑物、构筑物所有权首次登记,查看房屋坐落及其建造完成等情况;(二)在建建筑物抵押权登记,查看抵押的在建建筑物坐落及其建造等情况;(三)因不动产灭失导致的注销登记,查看不动产灭失等情况。"据此可知,登记机构为申请人办理不动产抵押权登记时,实地查看不动产不是必经程序。本问中,如果登记机构在受理甲、乙申请的一般抵押权登记时不知晓地上房屋已经拆除,且登记申请材料在满足受理、登记要求的情形下,登记机构可以为甲、乙办理一般抵押权登记。如果该抵押权登记在将来被仲裁机构、人民法院生效的法律文书确认无效或撤销的,登记机构也不会因不动产登记程序违法而承担不利后果。

第 75 问 申请人因设立一个抵押权担保两个债权申请的抵押权登记,登记机构可否办理

甲以按揭方式购买了一套登记在他人名下的存量商品房(二手房),

甲将该房屋抵押给乙银行、丙银行以获取购房后续资金贷款。甲与乙银行签订了公积金委托贷款合同,又与丙银行签订了借款合同,尔后,甲与乙银行、丙银行签订抵押合同约定:抵押人是甲,抵押权人是乙银行、丙银行,被担保债权数额是公积金委托贷款合同和借款合同上的债权数额之和等。现甲与乙银行、丙银行持甲名下的不动产权属证书、公积金委托贷款合同、借款合同、抵押合同等材料向登记机构申请一个一般抵押权登记,且申请将该抵押权登记为乙银行、丙银行按份共有。问:对甲与乙银行、丙银行申请的一个一般抵押权登记,登记机构可否办理?

笔者认为,对甲与乙银行、丙银行申请的一个一般抵押权登记,登记机构可以办理。

《民法典》第三百八十七条规定,债权人在借贷、买卖等民事活动中,为保障实现其债权,需要担保的,可以依照本法和其他法律的规定设立担保物权。第三人为债务人向债权人提供担保的,可以要求债务人提供反担保。反担保适用本法和其他法律的规定。按该法第三百八十八条规定,设立担保物权,应当依照本法和其他法律的规定订立担保合同。担保合同包括抵押合同、质押合同和其他具有担保功能的合同。据此可知,现时或将来有被担保的主债权存在是设立作为担保物权的抵押权的前提。抵押合同是设立抵押权的原因材料。本问中,甲与乙银行签订了公积金委托贷款合同,又与丙银行签订了借款合同,尔后,甲与乙银行、丙银行签订抵押合同约定:抵押人是甲,抵押权人是乙银行、丙银行,被担保债权数额是公积金委托贷款合同和借款合同上的债权数额之和等,表明基于抵押合同设立的抵押权同时担保基于公积金委托贷款合同和借款合同建立的债权,该抵押权的设立符合法律的规定。

《民法典》第三百零八条规定,共有人对共有的不动产或者动产没有约定为按份共有或者共同共有,或者约定不明确的,除共有人具有家庭关系等外,视为按份共有。该法第三百零九条规定,按份共有人对共有的

第六部分 抵押权登记

不动产或者动产享有的份额，没有约定或者约定不明确的，按照出资额确定；不能确定出资额的，视为等额享有。按该法第三百一十条规定，两个以上组织、个人共同享有用益物权、担保物权的，参照适用所有权共有的有关规定。据此可知，作为担保物权的抵押权可以由两个以上的组织、个人共有，是按份共有，还是共同共有，由共有人约定。如果是按份共有的，共有份额由共有人约定，共有人没有约定的，按债权数额确定。本问中，甲与乙银行、丙银行签订抵押合同约定：抵押人是甲，抵押权人是乙银行、丙银行，被担保债权数额是公积金委托贷款合同和借款合同上的债权数额之和。甲与乙银行、丙银行申请将该抵押权登记为按份共有，表明乙银行、丙银行是基于该抵押合同设立的抵押权的按份共有人，即乙银行、丙银行基于抵押合同设立按份共有的抵押权符合法律的规定。

结论：对甲与乙银行、丙银行申请的一个一般抵押权登记，登记机构可以办理。

延伸思考：本问中，甲与乙银行、丙银行签订抵押合同约定：抵押人是甲，抵押权人是乙银行、丙银行，被担保的债权数额分别是公积金委托贷款合同上的债权数额和借款合同上的债权数额。对乙银行、丙银行申请的一个一般抵押权登记，登记机构可否办理？笔者认为，抵押合同约定被担保的债权数额分别是公积金委托贷款合同上的债权数额和借款合同上的债权数额，表明该抵押合同中存在两个不同的担保意思表示，即一个担保乙银行基于公积金委托贷款合同建立的债权的意思表示，另一个担保丙银行基于借款合同建立的债权的意思表示。换言之，在一份抵押合同书中存在两个不同的抵押合同。基于此，登记机构应当分别为乙银行、丙银行办理一个一般抵押权登记，当然，乙银行、丙银行可以约定两个抵押权处于相同的顺位。此情形下，对甲与乙银行、丙银行申请的一个一般抵押权登记，登记机构不可以办理。

第76问　申请人持债权合同和抵押合同摘要表申请的一般抵押权登记，登记机构可否办理

甲为了获取借款，将登记在其名下的不动产抵押给乙，双方签订了借款合同、抵押合同。现甲、乙持甲名下的不动产权属证书、借款合同和抵押合同摘要表等材料向登记机构申请一般抵押权登记。登记机构经查验申请材料发现：借款合同和抵押合同摘要表上载明的借款和抵押信息满足一般抵押权登记的要求，且借款人、贷款人、抵押人、抵押权人的签章、签字齐全。问：对甲、乙申请的一般抵押权登记，登记机构可否办理？

笔者认为，对甲、乙申请的一般抵押权登记，登记机构可以办理。

《民法典》第四百条第一款规定，设立抵押权，当事人应当采用书面形式订立抵押合同。在不动产登记实务中，《不动产登记暂行条例实施细则》第六十六条第一款规定，自然人、法人或者其他组织为保障其债权的实现，依法以不动产设定抵押的，可以由当事人持不动产权属证书、抵押合同与主债权合同等必要材料，共同申请办理抵押登记。按《不动产登记规程》（TD/T 1095—2024）7.13.1.5 条之 f）规定，主债权合同和抵押合同可由双方确认的体现出债权债务关系以及抵押条款的申请材料代替。据此可知，实体上，当事人设立抵押权时应当签订书面的抵押合同。程序上，一般情形下，当事人向登记机构申请抵押权登记时，书面的主债权合同、抵押合同是应当提交的材料。但是，主债权合同、抵押合同可以由申请人用其确认的证明主债权和抵押关系存在的申请材料代替。本问中，甲、乙持甲名下的不动产权属证书、借款合同和抵押合同摘要表等材料向登记机构申请一般抵押权登记，表明甲、乙向登记机构申请一般抵押权登记时，提交的是载明借款和抵押信息的借款合同和抵押合同摘要表，而非借款合同和抵押合同，但该借款合同和抵押合同摘要表属于由申请人确认的证明主债权和抵押关系存在的申请材料，符合前述《不动产登记规程》（TD/T 1095—2024）7.13.1.5 条之 f）规定。概言之，对甲、乙申

请的一般抵押权登记,登记机构可以办理。

第 77 问　登记机构可否根据当事人的约定将其登记为同一顺位的抵押权人

张三为了获取贷款,将登记在其名下的一处房地产抵押给商业银行、农商银行。张三与商业银行、农商银行在同一天分别签订了借款合同、抵押合同。商业银行与农商银行签订了抵押权顺位约定协议,约定同时申请抵押权登记和各自享有的抵押权处于同一顺位。现张三、商业银行、农商银行持借款合同、抵押合同、抵押权顺位约定协议等材料共同向登记机构申请一般抵押权登记,且申请将商业银行、农商银行享有的抵押权登记为相同的顺位。问:登记机构可否根据商业银行与农商银行签订的抵押权顺位约定协议,将其各自享有的抵押权登记为同一顺位的抵押权?

笔者认为,登记机构可以根据商业银行与农商银行签订的抵押权顺位约定协议,将其各自享有的抵押权登记为同一顺位的抵押权。

抵押权的顺位是指同一不动产上登记的两个以上的抵押权的先后次序,登记在前的,次序优先,处于前顺位,反之,处于后顺位。《民法典》第四百一十四条第一款第(一)项规定,抵押权已经登记的,按照登记的时间先后确定清偿顺序。质言之,实现抵押权时,顺位在先的抵押权优先受偿。据此可知,实现抵押权时,抵押权的顺位具有重要的法律意义。

据笔者查询,两个以上的抵押权人申请抵押权首次登记时可否约定为同一顺位的抵押权,现时有效的法律、法规、规章和政策均没有作禁止性规定。按《民法典》第四百零九条第一款规定,抵押权人与抵押人可以协议变更抵押权顺位。据此可知,在一处不动产上依法设立两个以上的抵押权的情形下,抵押权的顺位是登记簿记载的内容,且已经记载在登记簿上的抵押权的顺位可以由当事人基于其意思表示,在协商一致的情形下予以变更。申言之,在一处不动产上将要依法设立两个以上的抵押权的情形下,当事人也可以协商约定其抵押权处于前顺位或后顺位,抑或处于同一顺位。《不动产登记规程》（TD/T 1095—2024）7.13.1.6 条之h）规定，同一不动产上设有多个抵押权的，应按照受理时间的先后顺序依次办理登记，当事人另有约定的除外。因此，本问中，商业银行与农商银行签订抵押权顺位约定协议，约定将其各自享有的抵押权登记为同一顺位，不违反法律规定，登记机构应当支持，即登记机构可以根据商业银行与农商银行签订的抵押权顺位约定协议，将其各自享有的抵押权登记为同一顺位的抵押权，如在登记簿的附记栏加注：第一顺位抵押权人：商业银行、农商银行。

第78问　债权人以其不动产向债务人的保证人作反担保抵押申请的抵押权登记，登记机构可否办理

张三与李四签订借款合同，张三是债权人，李四是债务人。有担保公司与张三签订保证合同，为李四履行还款义务提供保证担保。张三又以登记在其名下的房地产提供给担保公司作反担保抵押，与该担保公司签订了反担保抵押合同。现担保公司与张三共同持反担保抵押合同等材料向登记机构申请一般抵押权登记。问：对担保公司与张三共同申请的一般抵押权登记，登记机构可否办理？

有观点认为，《民法典》第三百九十四条规定："为担保债务的履行，债务人或者第三人不转移财产的占有，将该财产抵押给债权人的，债务人不履行到期债务或者发生当事人约定的实现抵押权的情形，债权人有权就该财产优先受偿。前款规定的债务人或者第三人为抵押人，债权人为抵押权人，提供担保的财产为抵押财产。"据此可知，债权人与抵押权人必须同一。本问中，债权人是张三，但反担保抵押的抵押权人却是担保公司，即债权人与抵押权人不同一，因此，对担保公司与张三共同申请的一般抵押权登记，登记机构不能办理。笔者不支持此观点。

反担保抵押关系的建立有四个步骤：一是债权人与债务人签订债权合同，建立债权；二是保证人与债务人签订委托保证合同，债务人委托保证人为其履行债务提供保证担保；三是保证人基于其与债务人签订的委托保证合同，与债权人签订保证合同，为债务人履行债务提供保证担保；四是债务人或第三人以其有处分权的不动产作反担保抵押的抵押物，与保证人签订反担保抵押合同，建立反担保抵押关系。

《民法典》第三百八十七条规定，第三人为债务人向债权人提供担保的，可以要求债务人提供反担保。反担保适用本法和其他法律的规定。该法第七百条规定，保证人承担保证责任后，除当事人另有约定外，有权在其承担保证责任的范围内向债务人追偿，享有债权人对债务人的权利，但是不得损害债权人的利益。据此可知，本问中，反担保抵押保障实现的债权是在债务人不依法依约履行还款债务的情形下，作为保证人的担保公司基于其与债权人签订的保证合同，代债务人履行还款义务后形成的向债务人的追偿权，简言之，作为保证人的担保公司基于其与债权人签订的保证合同产生的向债务人的追偿权，才是反担保抵押关系中的主债权。概言之，在反担保抵押关系中，作为保证人的担保公司是债权人，是反担保抵押关系中的抵押权人，张三是反担保抵押关系中的抵押人。因此，对担保公司与张三共同申请的一般抵押权登记，登记机构应当办理。

当然，如果债务人将来依法依约履行了还款债务，保证人的追偿权不产生，就没有被反担保抵押保障实现的债权，反担保抵押关系自动消灭。

第79问　抵押当事人在债务履行期间届满后申请的一般抵押权变更登记，登记机构可否办理

登记簿上记载的一般抵押权担保的债权的债务履行期间的截止日是A年5月21日。第二年4月18日，抵押权人、抵押人持抵押权变更协议等材料向登记机构申请抵押权变更登记，拟变更被担保的债权数额。问：对抵押权人、抵押人申请的抵押权变更登记，登记机构可否办理？

笔者认为，对抵押权人、抵押人申请的抵押权变更登记，登记机构可以办理。

在不动产登记实务中,《不动产登记暂行条例实施细则》第六十八条规定:"有下列情形之一的,当事人应当持不动产权属证书、不动产登记证明、抵押权变更等必要材料,申请抵押权变更登记:(一)抵押人、抵押权人的姓名或者名称变更的;(二)被担保的主债权数额变更的;(三)债务履行期限变更的;(四)抵押权顺位变更的;(五)法律、行政法规规定的其他情形。因被担保债权主债权的种类及数额、担保范围、债务履行期限、抵押权顺位发生变更申请抵押权变更登记时,如果该抵押权的变更将对其他抵押权人产生不利影响的,还应当提交其他抵押权人书面同意的材料与身份证或者户口簿等材料。"笔者据此认为,抵押权变更登记,是指登记簿上记载的抵押权的权利主体不变,但抵押权的客体、抵押权的内容变动产生的不动产登记。

《民法典》第三百九十四条规定:"为担保债务的履行,债务人或者第三人不转移财产的占有,将该财产抵押给债权人的,债务人不履行到期债务或者发生当事人约定的实现抵押权的情形,债权人有权就该财产优先受偿。前款规定的债务人或者第三人为抵押人,债权人为抵押权人,提供担保的财产为抵押财产。"质言之,一般情形下,被担保债权的依法存在,是抵押权设立、存在的前提。申言之,被担保的主债权不消灭,作为其从权利的抵押权也不消灭。本问中,登记簿上记载的一般抵押权担保的债权的债务履行期间的截止日是 A 年 5 月 21 日。第二年 4 月 18 日,抵押权人、抵押人持抵押权变更协议等材料向登记机构申请抵押权变更登记,表明被抵押权担保的主债权的债务履行期间届满且债权人没有主张债权和抵押权。那么,主债权和抵押权是否消灭?

据笔者查阅,我国法律没有关于债权除斥期间的规定。所谓债权除斥期间,是指债权人未在法律规定的一定期间内行使或主张债权的,该债权消灭。因此,本问中,虽然被抵押权担保的主债权的债务履行期间已经届满且债权人没有主张债权,但该主债权并不消灭。

《民法典》第四百一十九条规定,抵押权人应当在主债权诉讼时效间行使抵押权；未行使的，人民法院不予保护。在司法实务中，按《民法典担保制度司法解释》第四十四条规定，主债权诉讼时效期间届满后，抵押权人主张行使抵押权的，人民法院不予支持。据此可知，抵押权人在主债权诉讼时效期间届满前没有行使抵押权，在主债权诉讼时效期间届满后，以诉讼方式行使抵押权的，人民法院不予支持。笔者据此认为，所谓的人民法院不予支持，是指抵押权人在主债权诉讼时效期间届满后通过诉讼方式行使抵押权的，得不到人民法院的司法强制力的保护，但并不表明该抵押权消灭，即该抵押权仍然依法存在、存续。

概言之，本问中，记载在登记簿上的抵押权是有效的，对抵押权人、抵押人申请的变更被担保的债权数额产生的抵押权变更登记，登记机构可以办理。

第80问　申请人申请的最高额抵押权首次登记中债权确定期间的始期在其取得国有建设用地使用权之前的，登记机构可否办理

张三于 A1 年 3 月 12 日通过拍卖取得一宗地的国有建设用地使用权，A1 年 4 月 15 日，张三与出让方签订了土地出让合同。A1 年 5 月 29 日，张三完成了国有建设用地使用权首次登记后领取了不动产权属证书。之后，张三将该宗地抵押给银行以获取贷款。现张三与银行持循环借款合同、最高额抵押合同等材料共同向登记机构申请最高额抵押权首次登记，申请登记的债务确定期间为：A1 年 3 月 1 日至 A3 年 3 月 1 日，即债权确定期间的始期在张三取得国有建设用地使用权之前。问：对张三与银行共同申请的最高额抵押权首次登记，登记机构可否办理？

笔者认为，对张三与银行共同申请的最高额抵押权首次登记，登记机构应当办理。

债权确定期间，是指债权人与债务人约定的最高额债权确定的期间，换言之，债权确定期间是使最高额抵押权担保的债权具体、特定的期间。《不动产登记规程》（TD/T 1095—2024）A.2.2.18 条之 k）规定，债权确定期间是登记簿记载的最高额抵押权的内容。

《民法典》第四百二十三条第（一）项规定，约定的债权确定期间届满是抵押权人的最高额债权确定的情形之一。据此可知，作为最高额抵押权内容的债权确定期间，由债权人与债务人依自己的意思约定。本问中，张三与银行共同申请的最高额抵押权的债权确定期间为：A1 年 3 月 1 日至 A3 年 3 月 1 日，即债权确定期间的始期虽然在抵押人张三取得国有建设用地使用权之前，但却是抵押人张三与抵押权人银行真实意思的表示，且没有法律对此有禁止性规定。简言之，"法无禁止皆可为"，张三与银行约定的债权确定期间的始期在张三取得国有建设用地使用权之前不违反法律的规定。按《民法典》第二百一十二条规定，登记机构将登记申请材料上载明的信息和登记机构通过询问申请人、实地查看不动产获取的信息如实、及时地记载在登记簿上是其职责，因此，本问中，张三与银行共同申请的最高额抵押权首次登记，登记机构应当办理，且将债权确定期间记载为：A1 年 3 月 1 日至 A3 年 3 月 1 日。

第 81 问　申请人申请的因自然人间的借贷产生的最高额抵押权登记，登记机构可否办理

张三、李四签订借款合同约定：A1 年 6 月 1 日—A2 年 5 月 31 日，张三应李四的要求，随时向李四提供最高余额不超过 500 万元的借款。李四以登记在其名下的房地产作为还款履约担保，张三、李四签订了最高额抵押合同。现张三、李四持借款合同、最高额抵押合同等材料向登记机构申请最高额抵押权登记。问：对张三、李四申请的最高额抵押权登记，登记机构可否办理？

有观点认为，《民法典》《不动产登记暂行条例》等法律、行政法规中均未明确规定作为抵押权登记申请材料的主债权合同必须是生效的合同，且目前的法律规定中均无自然人借贷不能办理最高额抵押权的规定，因此，根据依申请登记的原则和合法登记的原则，对张三、李四申请的最高

第六部分　抵押权登记

额抵押权登记，登记机构可以办理。笔者不支持此观点。

本问中，张三、李四申请的是最高额抵押权登记。《民法典》第四百二十条规定，为担保债务的履行，债务人或者第三人对一定期间内将要连续发生的债权提供担保财产的，债务人不履行到期债务或者发生当事人约定的实现抵押权的情形，抵押权人有权在最高债权额限度内就该担保财产优先受偿。最高额抵押权设立前已经存在的债权，经当事人同意，可以转入最高额抵押权担保的债权范围。质言之，最高额抵押权，是指抵押人与抵押权人约定，在最高债权额限度内，以抵押物对一定期间内连续发生的债权作担保产生的抵押权。与最高额抵押权相对应的是一般抵押权。《民法典》第三百九十四条规定："为担保债务的履行，债务人或者第三人不转移财产的占有，将该财产抵押给债权人的，债务人不履行到期债务或者发生当事人约定的实现抵押权的情形，债权人有权就该财产优先受偿。前款规定的债务人或者第三人为抵押人，债权人为抵押权人，提供担保的财产为抵押财产。"质言之，一般抵押权，是指抵押人与抵押权人约定，以抵押物对已经发生或将要发生的债权作担保产生的抵押权。据此可知，最高额抵押权不同于一般抵押权，一般情形下，一般抵押权只为已经存在或将要存在的某一明确、具体的债权作担保，而最高额抵押权既可以只为将来发生的债权作担保，也可以同时为已经存在的债权和将来发生的债权作担保，即最高额抵押权担保的债权是基于同一法律关系连续发生的不确定的债权。

《民法典》第二百一十六条第一款规定，不动产登记簿是物权归属和内容的根据。质言之，不动产登记簿记载的内容是有公信力的。所谓公信力，是指法律对第三人基于对不动产登记簿记载的不动产物权的信赖而与登记簿上记载的权利人为交易取得的相应的不动产物权予以保护，使其免受任何人追夺的强制力。笔者认为，登记簿的公信力的支撑是登记簿记载的内容必须合法、真实、有效。而登记簿记载的内容主要来源于登记申请材料，因此，登记申请材料应当合法、真实、有效。据此可知，申请人申请不动产抵押权登记时，提交的应当是合法、真实、有效的登记申请材料。本问中，张三、李四申请最高额抵押权登记时，提交的借款合同属于登记申请材料，应当是已经生效的借款合同。该借款合同是否已经生效呢？

《民法典》第六百七十九条规定，自然人之间的借款合同，自贷款人提供借款时成立。质言之，自然人间签订的借款合同，自借款人取得借款时起生效。借款人未取得借款的，借款合同属于未生效的合同。本问中，如前所述，张三、李四申请最高额抵押权登记时，应当向登记机构提交已经生效的借款合同作为主债权合同。因此，为证明作为主债权合同的借款合同已经生效，李四应当同时向登记机构提交其已经取得借款的证明佐证借款合同已经生效。基于此，凡李四出具的其取得借款的证明载明的都应当是一个具体的数额，即李四出具的其取得借款的证明表明的始终是一笔明确、具体的借款债权，不能是不确定的将要连续发生的债权。换言之，自然人间因借款申请抵押权登记时，提交的生效的借款合同，只能是载明单笔具体数额的借款债权的合同，不能是载明将要连续发生的若干笔不能明确、具体的借款债权的合同，即自然人间因借款只能申请一般抵押权登记，不能申请最高额抵押权登记。因此，本问中，对张三、李四申请的最高额抵押权登记，登记机构不能办理。

但是，《民法典》第一百一十九条规定，依法成立的合同，对当事人具有法律约束力。该法第四百九十条第一款规定，当事人采用合同书形式订立合同的，自当事人均签名、盖章或者按指印时合同成立。在签名、盖章或者按指印之前，当事人一方已经履行主要义务，对方接受时，该合同成立。据此可知，一般情形下，自然人间采用合同书形式订立借款合同的，自双方当事人签字或者盖章时借款合同成立，该借款合同对当事人具有法律约束力。当事人应当按照约定履行自己的义务。可否据此认为自然人间采用合同书形式订立借款合同的，自双方当事人签字或者盖章时借款合同生效呢？《民法典》第五百零二条第一款规定，依法成立的合

第六部分　抵押权登记

同,自成立时生效,但是法律另有规定或者当事人另有约定的除外。该法第六百七十九条规定,自然人之间的借款合同,自贷款人提供借款时成立。据此可知,原则上,依法成立的合同,自成立时生效。自然人之间签订的借款合同属于凭借款人取得借款才生效的例外情形,即自然人间签订的借款合同不能自双方当事人签字或者盖章时起生效,而是自借款人取得借款时起生效。

另外,《不动产登记暂行条例》《不动产登记暂行条例实施细则》《不动产登记规程》(TD/T 1095—2024)中均没有规定,因自然人间借款申请抵押权登记时,申请人应当向登记机构提交借款人已经取得借款的证明。那么,如果登记机构办理因自然人间基于借款申请的抵押权登记时,要求申请人提交借款已经取得的证明,似乎无依据?在不动产登记实务中,按《不动产登记规程》(TD/T 1095—2024)4.1.1条规定,不动产登记机构不应随意扩大登记申请材料的种类和范围,没有法律、行政法规以及《不动产登记暂行条例实施细则》依据的材料,不应作为登记申请材料。据此可知,收取法律、行政法规以及《不动产登记暂行条例实施细则》规定的材料,不属于扩大登记申请材料的种类和范围收取的情形,登记机构可以要求申请人提交。本问中,如前所述,按《民法典》第二百一十六条、第六百七十九条规定,因自然人间借款申请抵押权登记时,申请人应当向登记机构提交已经生效的借款合同作为登记申请材料,且申请人提交的借款人取得借款的证明是借款合同已经生效的必要的凭证。换言之,登记机构办理因自然人间借款申请的抵押权登记时,要求申请人向登记机构提交借款人取得借款的证明,是基于《民法典》第二百一十六条、第六百七十九条规定。申言之,申请人申请因自然人间借款申请的抵押权登记时,向登记机构提交借款人已经取得借款的证明,属于法律规定的材料,登记机构收取之,有法律上的依据。

第82问　抵押人的继承人与抵押权人申请的因延长债务履行期间产生的抵押权变更登记，登记机构可否办理

有一处房地产登记为甲、乙夫妻按份共有。甲、乙将该房地产抵押给银行以获取借款，甲、乙与银行签订借款合同、抵押合同后办理了一般抵押权登记。不久，乙死亡，乙的继承人只有甲和其成年女儿丙，但甲、丙一直没有对该房地产申请继承转移登记。现甲、丙、银行持抵押合同变更协议等材料申请因债务履行期间延长产生的抵押权变更登记。问：对甲、丙、银行申请的因债务履行期间延长产生的抵押权变更登记，登记机构可否办理？

笔者认为，对甲、丙、银行申请的因债务履行期间延长产生的抵押权变更登记，登记机构不得办理。

在不动产登记实务中，《不动产登记规程》（TD/T 1095—2024）7.13.2.2条规定，抵押权变更登记，应由抵押人和抵押权人共同申请。因抵押人或者抵押权人姓名、名称发生变化的，可单方申请；不动产坐落发生变化的，可由抵押人单方申请。不动产发生转移导致抵押人发生变化的，可由抵押人或者抵押权人单方申请。据此可知，因抵押人或抵押权人姓名、名称发生变化和不动产坐落发生变化产生的抵押权变更登记，可由相应的抵押人或抵押权人单方申请，其他原因产生的抵押权变更登记，由抵押权人和抵押人共同申请。本问中，甲、丙、银行申请的是因债务履行期间延长产生的抵押权变更登记，但丙只是已经死亡的抵押人之一的乙的继承人，不是抵押人，其作为抵押权变更登记申请人不适格，因此，对甲、丙、银行申请的因债务履行期间延长产生的抵押权变更登记，登记机构不得办理。

《民法典》第四百零六条规定，抵押期间，抵押人可以转让抵押财产。当事人另有约定的，按照其约定。抵押财产转让的，抵押权不受影响。据此可知，一般情形下，抵押权是在抵押财产上设置的担保债务人履行债务或保障债权人的债权实现的负担,简言之,抵押权是抵押人的抵押财产上的负担。抵押期间抵押财产发生转让(移)的,该财产上既有的抵押权负担随之转移。此情形下,抵押权负担的转移,是基于抵押权的追及效力。所谓抵押权的追及效力,是指抵押人在抵押权未依法消灭的情形下处分抵押财产后,在实现抵押权的条件成就时,抵押权人跟踪该抵押财产行使抵押权的法律效力。抵押权的追及效力可以对抗取得抵押财产的新的物权主体。本问中,如果甲、丙继承乙遗留的该房地产份额,则因抵押权的追及效力,甲、丙同时承接该份额上的抵押权负担,但甲、丙不能因继承乙遗留的房地产份额自动成为该房地产份额上的抵押关系的抵押人。甲、丙须经过继承转移登记将乙遗留的房地产份额登记在其名下后,再将该房地产抵押给他人时才能成为抵押人。

第83问 申请人申请的因展期(债务履行期间延长)产生的最高额抵押权变更登记,登记机构可否办理?

甲为了获取借款,将登记在其名下的不动产抵押给乙银行。甲、乙签订了最高额度借款合同、最高额抵押合同后,申请办理了最高额抵押权登记,乙银行领取了不动产登记证明。现甲、乙持展期合同、载明最高额抵押权的不动产登记证明等材料向登记机构申请因债务履行期间延长产生的最高额抵押权变更登记。问:对甲、乙申请的因债务履行期间延长产生的最高额抵押权变更登记,登记机构可否办理?

笔者认为,对甲、乙申请的因债务履行期间延长产生的最高额抵押权变更登记,登记机构不可以办理。

在不动产登记实务中,《不动产登记暂行条例实施细则》第七十二条规定:"有下列情形之一的,当事人应当持不动产登记证明、最高额抵押权发生变更的材料等必要材料,申请最高额抵押权变更登记:(一)抵押人、抵押权人的姓名或者名称变更的;(二)债权范围变更的;(三)最高债权额变更的;(四)债权确定的期间变更的;(五)抵押权顺位变更的;

（六）法律、行政法规规定的其他情形。因最高债权额、债权范围、债务履行期限、债权确定的期间发生变更申请最高额抵押权变更登记时，如果该变更将对其他抵押权人产生不利影响的，当事人还应当提交其他抵押权人的书面同意文件与身份证或者户口簿等。"质言之，抵押权变更登记，是指登记簿上记载的抵押权的权利主体不变，但权利客体、权利内容等变更产生的不动产登记。按《不动产登记规程》（TD/T 1095—2024）7.13.1.6条之c）规定，抵押合同上记载的抵押人、抵押权人、被担保主债权的数额或者种类、担保范围、债务履行期限、抵押不动产是否明确；最高额抵押权登记的，最高债权额、债权确定的期间是否明确是登记机构办理抵押权登记时的审查要点；按该规程A.2.2.18条之k）规定，登记机构办理抵押权登记时，登记簿上的债务履行期限（债权确定期间）填写主债权合同中约定的债务人履行债务的期限。据此可知，债权确定期间是最高额抵押权登记的内容，债务履行期间则不是最高额抵押权登记的内容，而是一般抵押权登记的内容。本问中，因为债务履行期间不是登记簿上应当记载的最高额抵押权的内容，故其变更不是登记簿上记载的最高额抵押权内容变更，更不是最高额抵押权的客体变更。因此，对甲、乙申请的因债务履行期间延长（展期）产生的最高额抵押权变更登记，登记机构不得办理。当然，如果最高额抵押权确定登记完成后，原最高额抵押权转化为一般抵押权，此情形下，对甲、乙申请的因债务履行期间延长（展期）产生的一般抵押权变更登记，登记机构可以办理。

第84问 因减少抵押物产生的抵押权变更登记可否由抵押权人单方申请

甲企业以登记在其名下的200幢房屋作贷款抵押，与乙银行签订借款合同、抵押合同后办理了一般抵押权登记。之后，甲企业因与他人发生诉讼，其已抵押给乙银行的200幢房屋中的30幢被人民法院查封。现乙银行到登记机构咨询：由于除被人民法院查封的30幢房屋外，其余170

第六部分　抵押权登记

幢房屋的价值足够担保乙银行的债权实现,故乙银行想注销被人民法院查封的30幢房屋上的抵押权登记,但抵押人不配合。问:可否在不变更借款合同、抵押合同的前提下,由乙银行单方申请因减少抵押物产生的抵押权变更登记?

笔者认为,在不变更借款合同、抵押合同的前提下,不能由乙银行单方申请因减少抵押物产生的抵押权变更登记。因减少抵押物产生的抵押权变更登记,应当由抵押人与抵押权人凭载明以减少抵押物为主要内容的抵押合同变更协议共同申请。

按《民法典》第四百条规定,一般情形下,抵押物的名称、数量是抵押合同应当载明的内容。在不动产登记实务中,《不动产登记暂行条例实施细则》第六十六条第一款规定,自然人、法人或者其他组织为保障其债权的实现,依法以不动产设定抵押的,可以由当事人持不动产权属证书、抵押合同与主债权合同等必要材料,共同申请办理抵押登记。据此可知,抵押合同是登记机构办理抵押权登记时应当收取的登记申请材料,在满足抵押权登记要求的情形下,登记机构根据当事人在抵押合同中约定的抵押物上作抵押权登记。《民法典》第五百四十三条规定,当事人协商一致,可以变更合同。据此可知,在合同的当事人协商一致的情形下可以变更合同的内容。本问中,抵押权人与抵押人协商一致的情形下,可以签订抵押合同变更协议,将原抵押合同中约定的抵押物由200幢房屋减少为170幢房屋。在不动产登记实务中,《不动产登记暂行条例实施细则》第六十八条第一款规定:"有下列情形之一的,当事人应当持不动产权属证书、不动产登记证明、抵押权变更等必要材料,申请抵押权变更登记:(一)抵押人、抵押权人的姓名或者名称变更的;(二)被担保的主债权数额变更的;(三)债务履行期限变更的;(四)抵押权顺位变更的;(五)法律、行政法规规定的其他情形。"据此可知,抵押物减少确实不是《不动产登记暂行条例实施细则》第六十八条第一款第(一)项至第(四)项规定的当事人可以申请抵押权变更登记的具体情形,但从这些具体规定

· 143 ·

中，笔者抽象出抵押权变更登记是指登记簿上记载的抵押权人不变，但抵押权的客体、抵押权的内容变更产生的不动产登记。基于此，抵押权人与抵押人依法约定减少抵押物属于登记簿上记载的抵押权的范围减少，是当然的抵押权的客体发生变更，属于《不动产登记暂行条例实施细则》第六十八条第一款第（五）项规定的法律、行政法规规定的产生抵押权变更登记的其他情形。因此，本问中，乙银行想申请因减少抵押物产生的抵押权变更登记，应当变更抵押合同，即乙银行应当与甲企业签订以减少抵押物为主要内容的抵押合同变更协议。《不动产登记规程》（TD/T 1095—2024）7.13.2.2条规定，抵押权变更登记，应由抵押人和抵押权人共同申请。因抵押人或者抵押权人姓名、名称发生变化的，可单方申请；不动产坐落发生变化的，可由抵押人单方申请。不动产发生转移导致抵押人发生变化的，可由抵押人或者抵押权人单方申请。据此可知，因减少抵押物产生的抵押权变更登记，属于由抵押人与抵押权人共同申请的情形。概言之，本问中，因减少抵押物产生的抵押权变更登记应当由抵押人甲企业与抵押权人乙银行凭载明以减少抵押物为主要内容的抵押合同变更协议共同申请。

第85问　申请人申请抵押权转移登记时申请书中载明的主债权数额增大的，登记机构可否办理该件抵押权转移登记

甲、乙签订的债权转让合同约定：甲将其享有的3.4亿元的债权转让给乙。现甲、乙持债权转让合同、载明一般抵押权的不动产登记证明等材料向登记机构申请一般抵押权转移登记。登记机构经查验登记申请材料发现：申请书上申请转移的主债权数额是4.8亿元，载明一般抵押权的不动产登记证明上记载的被担保的主债权数额是3.4亿元，不动产抵押人是丙。债权转让合同约定的担保范围由债权本金变更为涵盖债权本金和将来实现债权可能涉及的其他费用计4.8亿元。问：对甲、乙申请的一般抵押权转移登记，登记机构可否办理？

第六部分 抵押权登记

笔者认为,对甲、乙申请的一般抵押权转移登记,登记机构不能办理。

在不动产登记实务中,《不动产登记暂行条例实施细则》第二十七条规定:"因下列情形导致不动产权利转移的,当事人可以向不动产登记机构申请转移登记:(一)买卖、互换、赠与不动产的;(二)以不动产作价出资(入股)的;(三)法人或者其他组织因合并、分立等原因致使不动产权利发生转移的;(四)不动产分割、合并导致权利发生转移的;(五)继承、受遗赠导致权利发生转移的;(六)共有人增加或者减少以及共有不动产份额变化的;(七)因人民法院、仲裁委员会的生效法律文书导致不动产权利发生转移的;(八)因主债权转移引起不动产抵押权转移的;(九)因需役地不动产权利转移引起地役权转移的;(十)法律、行政法规规定的其他不动产权利转移情形。"据此可知,不动产转移登记,是指登记簿上记载的不动产权利主体变动,但权利内容、权利客体等不变产生的不动产登记。申言之,不动产抵押权转移登记,是指登记簿上记载的不动产抵押权的权利主体变动,但该抵押权的权利内容、权利客体等不变产生的不动产登记。本问中,甲、乙提交的申请书上申请转移的主债权数额是 4.8 亿元,载明一般抵押权的不动产登记证明上记载的被担保主债权数额却是 3.4 亿元,表明甲、乙申请的抵押权转移登记中变更了抵押权的内容,但抵押权的内容变更不是抵押权转移登记解决的问题。因此,对甲、乙申请的一般抵押权转移登记,登记机构不能办理。

按《民法典》第四百条规定,主债权数额、担保范围属于抵押合同应当载明的内容。在不动产登记实务中,按《不动产登记暂行条例实施细则》第六十八条第二款规定,主债权数额、担保范围变更属于当事人应当申请抵押权变更登记的情形。因此,本问中,乙应当在转移登记完成后,与抵押人丙签订载明变更担保范围、主债权数额的抵押合同变更协议后,再申请一般抵押权变更登记。乙也可以在与甲签订债权转让合同的同时,与丙签订以变更担保范围、主债权数额为主要内容的抵押合同变更协议,尔后,一并申请抵押权转移登记、抵押权变更登记,登记机构受理后,满足登记要求的，依次在登记簿上作抵押权转移登记、抵押权变更登记记载。

第86问　正在建造的拆迁安置房可否做在建建筑物抵押权的标的物

某城市投资有限公司的工作人员到登记机构咨询：在国有建设用地上建设的用于安置某水利枢纽工程拆迁户的在建安置房，可否做在建建筑物抵押权的标的物？登记机构经询问该工作人员得知：建造安置房的国有建设用地使用权手续和建设工程规划许可手续上的主体均是某城市投资有限公司。

笔者认为，已经与被拆迁户签订安置协议明确归属的安置房不可以作在建建筑物抵押权的标的物，反之，尚未与被拆迁户签订拆迁安置协议明确归属的安置房可以作在建建筑物抵押权的标的物。

《民法典》第一百一十四条第二款规定，物权是权利人依法对特定的物享有直接支配和排他的权利，包括所有权、用益物权和担保物权。按该法第三百九十五条第一款第（五）项规定，在建建筑物是可以抵押的财产。据此可知，在建建筑物可以作为抵押权的标的物。但作为不动产物权的在建建筑物抵押权的标的物，应当特定、具体。申言之，在建建筑物的未完工部分不具有实物形态，无法特定、具体，故在建建筑物抵押权的标的物应当是在建建筑物的已完工部分。在不动产登记实务中，按《不动产登记暂行条例实施细则》第七十五条规定，已经预售的商品房尚且不可以作在建建筑物抵押权的标的物，作为安置被拆迁户的已经签订拆迁安置协议明确归属的安置房，就更不能作在建建筑物抵押权的标的物。按前述《不动产登记暂行条例实施细则》第七十五条规定，未预售的商品房可以作在建建筑物抵押权的标的物，那么，未与被拆迁户签订拆迁安置协议明确归属的安置房的已完工部分也可以作在建建筑物抵押权的标的物。概言之，在建建筑物的已完工部分中，已经与被拆迁户签订安置协议明确归属的安置房不可以作在建建筑物抵押权的标的物，反之，尚未与被拆迁户签订拆迁安置协议明确归属的安置房可以作在建建筑物抵押权的标的物。

第87问　申请人以其合法建造且已竣工但尚未办理竣工验收手续的房屋作抵押申请的在建建筑物抵押权首次登记，登记机构可否办理

某厂以出让方式取得一宗国有建设用地使用权后，按建设工程规划许可证要求建造了一幢厂房。该厂为获取银行贷款，用厂房作抵押担保，与银行签订了借款合同和抵押合同。现该厂、银行持借款合同和抵押合同等相关手续向登记机构申请在建建筑物抵押权首次登记。登记机构经实地查看得知：厂房已经竣工并投入使用，但尚未办理竣工验收手续。问：对该厂、银行申请的在建建筑物抵押权首次登记，登记机构可否办理？

笔者认为，对该厂、银行申请的在建建筑物抵押权首次登记，登记机构不能办理。

按《民法典》第三百九十五条第一款第四项规定，正在建造的建筑物可以作抵押物。在不动产登记实务中，《不动产登记暂行条例实施细则》第七十五条第一款规定，以建设用地使用权以及全部或者部分在建建筑物设定抵押的，应当一并申请建设用地使用权以及在建建筑物抵押权的首次登记。据此可知，申请在建建筑物抵押权首次登记的抵押标的物应当是处于正在建造状态的建筑物。本问中，某厂、银行申请首次登记的在建建筑物抵押权的标的物是已经结束建造，处于竣工状态并投入使用的建筑物，不符合法律和登记规则的规定，因此，对该厂、银行申请的在建建筑物抵押权首次登记，登记机构不能办理。

关于在建建筑物的判定标准，据笔者查询，现时有效的法律、法规、规章和政策，均无明确规定。笔者认为，在建建筑物的判定标准，应当以该建筑物的基础已完工为下限，基础是建筑物不可或缺的组成部分，基础已完工，建筑物具备了最主要的组成部分之一，才可以称为正在建造的建筑物。上限应当以房屋的主要工程量未完工为标准，主要工程量已经完工的判定：已经封顶且窗户和进出的门齐备，水、电、气等主要项目已经完工，若如此，则已经具备了房屋的基本功能，不再是正在建造的建筑物。前述主要项目中，任何一项未完工且处于施工状态的，则属于在建建筑物。《民法典》第二百三十一条规定，因合法建造、拆除房屋等事实行为设立或者消灭物权的，自事实行为成就时发生效力。质言之，合法建造的房屋自竣工时起，无须办理不动产登记，权利人即依法、即时享有所有权。据此可知，合法建造的房屋并不是自取得竣工验收手续时起权利人才对其享有所有权。本问中，如前所述，某厂、银行申请登记的在建建筑物抵押权的标的物是已经结束建造，处于竣工状态并投入使用的建筑物，该厂自房屋竣工时起无须办理不动产登记即依法、即时享有房屋所有权。因此，该厂应当依法申请房屋所有权首次登记后，一并申请房地产抵押权首次登记。

第88问 以抵押土地上新增的在建建筑物向其他债权人作抵押申请的在建建筑物抵押权首次登记，登记机构可否办理

有一家房地产开发企业为获取贷款，将一宗国有建设用地抵押给甲银行作抵押担保，办理了土地抵押权登记。之后，该房地产开发企业为了再次获取贷款，将已经抵押给甲银行的国有建设用地上新增的在建建筑物抵押给乙银行作抵押担保。现房地产开发企业、乙银行向登记机构申请在建建筑物抵押权首次登记。问：对房地产开发企业、乙银行申请的在建建筑物抵押权首次登记，登记机构可否办理？

笔者认为，对房地产开发企业、乙银行申请的在建建筑物抵押权首次登记，登记机构可以办理。

按《民法典》第四百零九条第一款规定，抵押权人可以放弃抵押权或者抵押权的顺位。抵押权人与抵押人可以协议变更抵押权顺位以及被担保的债权数额等内容。据此可知，当事人可以在一个抵押物上依法设立两个或两个以上的抵押权。本问中，在已经抵押的国有建设用地上，当事

第六部分 抵押权登记

人也可以再设立后顺位的抵押权。按《民法典》第三百九十五条第一款第（五）项规定，在建建筑物是可以抵押的财产。据此可知，本问中，房地产开发企业将已经抵押给甲银行的国有建设用地上新增的在建建筑物抵押给乙银行作贷款的抵押担保有法律上的依据。在司法实务中，《民法典担保制度司法解释》第五十一条第三款规定，抵押人将建设用地使用权、土地上的建筑物或者正在建造的建筑物分别抵押给不同债权人的，人民法院应当根据抵押登记的时间先后确定清偿顺序。据此可知，抵押人将建设用地使用权、土地上的建筑物或者正在建造的建筑物分别抵押给不同债权人产生诉讼的，人民法院不确认建设用地抵押权和在建建筑物抵押权无效，并按建设用地抵押权和在建建筑物抵押权基于抵押登记确立的顺位确定清偿顺序。概言之，本问中，对房地产开发企业、乙银行申请的在建建筑物抵押权首次登记，登记机构可以办理。登记完成后，登记簿上的记载显示，乙银行享有的随在建建筑物抵押的国有建设用地使用权上的抵押权处于后顺位，甲银行对该国有建设用地使用权享有的抵押权处于前顺位。但在建建筑物上，乙银行享有的抵押权处于第一顺位。按《民法典》第四百一十七条规定，实现抵押权时，前顺位的抵押权人甲银行可以将国有建设用地与地上在建建筑物一并处分，但其只对国有建设用地部分的变现款享有优先受偿权。

第89问　以净地为贷款作抵押担保的抵押权记载在登记簿上后又增加地上新增的在建建筑物作为抵押物担保该贷款债权的，申请人应该申请什么不动产登记

房地产开发企业用净地作抵押，在银行获得1亿元的贷款，办理了一般抵押权登记。之后，房地产开发企业根据银行的要求，增加地上新增的在建建筑物作为抵押物，与已经抵押的净地共同担保该1亿元的贷款债权。银行和房地产开发企业到登记机构咨询：因增加地上新增的在建建筑物作为抵押物，与已经抵押的净地共同担保1亿元的贷款债权，应该申请什么登记？

笔者认为，因增加地上新增的在建建筑物作为抵押物，与已经抵押的净地共同担保1亿元的贷款债权的，申请人应当申请抵押权变更登记。

《民法典》第三百九十五条规定："债务人或者第三人有权处分的下列财产可以抵押：（一）建筑物和其他土地附着物；（二）建设用地使用权；（三）海域使用权；（四）生产设备、原材料、半成品、产品；（五）正在建造的建筑物、船舶、航空器；（六）交通运输工具；（七）法律、行政法规未禁止抵押的其他财产。抵押人可以将前款所列财产一并抵押。"据此可知，债务人或者第三人有权处分的不动产、动产，可以单独作为抵押物，在其上设立一个抵押权，也可以共同作为抵押物，在其上设立一个抵押权。申言之，以不动产、动产共同作为抵押物的抵押权设定后，也可以减少抵押物中的不动产、动产，或者在既有的抵押物中再增加不动产、动产。本问中，房地产开发企业根据银行的要求，增加地上新增的在建建筑物作为抵押物，与已经抵押的净地共同担保1亿元的贷款债权，符合《民法典》第三百九十五条规定。在不动产登记实务中，《不动产登记暂行条例实施细则》第六十八条规定："有下列情形之一的，当事人应当持不动产权属证书、不动产登记证明、抵押权变更等必要材料，申请抵押权变更登记：（一）抵押人、抵押权人的姓名或者名称变更的；（二）被担保的主债权数额变更的；（三）债务履行期限变更的；（四）抵押权顺位变更的；（五）法律、行政法规规定的其他情形。因被担保债权主债权的种类及数额、担保范围、债务履行期限、抵押权顺位发生变更申请抵押权变更登记时，如果该抵押权的变更将对其他抵押权人产生不利影响的，还应当提交其他抵押权人书面同意的材料与身份证或者户口簿等材料。"按《不动产登记规程》（TD/T 1095—2024）A.2.2.18条之a）规定，抵押不动产（即抵押权的客体）是登记簿上应当记载的抵押权的内容。据此可知，登记簿上记载的抵押权的权利主体不变，但抵押权的权利客体、权利内容等事项变动的，申请人应当申请抵押权变更登记。本问中，申请人拟增加地上新增的在建建筑物作为抵押物，属于增加登记簿上记载的抵押不动产的情形，当然是登记簿上记载的抵押权的客体变更，因此，申请人应当向登记机构申请抵押权变更登记。

第90问　债权受让人申请的因注销原债权人名下的抵押权产生的不动产登记，登记机构可否办理

甲公司将登记在其名下的房地产抵押给乙银行以获取借款，办理了抵押权登记，乙银行领取了不动产登记证明。后来，被该抵押权担保的债权转让给丙公司，丙公司又转让给丁公司，最后，甲公司从丁公司处购买了该债权。现甲公司持乙银行名下的不动产登记证明、乙银行与丙公司间的债权转让合同、丙公司与丁公司间的债权转让合同、甲公司与丁公司间的债权转让合同和甲公司放弃抵押权的声明等材料向登记机构申请抵押权注销登记。问：对甲公司申请的抵押权注销登记，登记机构可否办理？

笔者认为，对甲公司申请的抵押权注销登记，登记机构不能办理。

在不动产登记实务中，按《不动产登记规程》（TD/T 1095—2024）7.13.4.1条规定，抵押权已经记载在登记簿上是申请人申请抵押权注销登记的前提。该规程第7.13.4.2条规定，抵押权人放弃抵押权的，可由抵押权人单方申请；主债权消灭的、抵押权已经实现的或者人民法院、仲裁机构生效法律文书致使抵押权消灭的，可由抵押权人或者抵押人申请。据此可知，因放弃抵押权产生的抵押权注销登记可以由登记簿上记载的抵押权人单方申请，而非由抵押人单方申请。本问中，甲公司持乙银行名下的不动产登记证明、乙银行与丙公司间的债权转让合同、丙公司与丁公司间的债权转让合同、甲公司与丁公司间的债权转让合同、甲公司放弃抵押权的声明等材料向登记机构申请抵押权注销登记，表明登记簿上记载的由甲公司申请注销登记的抵押权的权利主体（抵押权人）是乙银行，不是甲公司，因此，甲公司作为因放弃抵押权产生的抵押权注销登记的申请人不适格,其申请的抵押权注销登记,登记机构不得办理。那么,甲公司房地产上的抵押权该怎样办理注销登记呢?

第一,由乙银行凭其名下的不动产登记证明、放弃抵押权的声明等材料申请注销登记,这是最简单也是最直接的方式。

第二,《民法典》第五百四十七条第一款规定,债权人转让债权的,受让人取得与债权有关的从权利,但是该从权利专属于债权人自身的除外。据此可知,一般情形下,从权利随主债权的转让而转让,且自其随主债权转让时起产生法律上的效力。按《不动产登记暂行条例》第十四条规定,基于合同、协议等当事人合意的民事法律行为产生的不动产登记由当事人双方共同申请。《不动产登记规程》(TD/T 1095—2024)7.13.3.1条之a)因主债权转让导致抵押权转让的,当事人可申请抵押权转移登记。本问中,因甲的房地产上设立的抵押权担保的主债权从乙先后被转让给丙、丁、甲,基于主债权的受让,丙、丁、甲先后成为甲的房地产上设立的抵押权的抵押权人,这些抵押权都是基于作为当事人合意的民事法律行为的债权转让合同取得的,都应当及时由债权转让方与受让方共同申请转移登记,将抵押权转移登记到债权受让人名下,但又均未及时申请将抵押权转移登记到债权受让人名下。此情形下,如果甲、乙、丙、丁能够配合,可以在合并受理因债权转让产生的历次抵押权转移登记后,依次记载历次抵押权转移登记,在抵押权转移登记到甲名下后,由甲单方申请因放弃抵押权产生的注销登记。

第三,按《民法典》第三百九十三条第(一)项规定,主债权消灭是担保物权消灭的情形。该法第五百七十六条规定,债权和债务同归于一人的,债权债务终止,但是损害第三人利益的除外。据此可知,一般情形下,债权和债务因同归于一人而消灭,保障该债权实现的抵押权也因此而消灭。在不动产登记实务中,《不动产登记规程》(TD/T 1095—2024)7.13.4.2条规定,抵押权人放弃抵押权的,可由抵押权人单方申请;主债权消灭的、抵押权已经实现的或者人民法院、仲裁机构生效法律文书致使抵押权消灭的,可由抵押权人或者抵押人申请。因此,本问中,甲受让取得了在其房地产上设立的抵押权担保的借款债权,即甲是该借款债权的债权人和债务人,使得在其房地产上设立的保障该债权实现的抵押权消灭的条件成就,甲可以将乙、丙、丁或其清算组织、清算义务人等作为被告起诉,请求人民法院判决确认在其房地产上设立的抵押权消灭,之后,作为登记簿上记载的抵押人的甲,可以凭生效的确认抵押权消灭的判决书单方申请该抵押权注销登记。

第 91 问　申请人在不动产被查封期间申请的抵押权注销登记,登记机构可否办理

有一处不动产登记为甲单独所有,为了获取借款,甲将该不动产抵押给乙,办理了一般抵押权登记。后来,甲与他人因债务产生诉讼,人民法院查封了该不动产,登记机构按人民法院送达的协助执行通知书要求,在该不动产上记载了查封登记。现甲清结了乙的债务,甲、乙共同持债务清结证明等材料向登记机构申请抵押权注销登记。登记机构经查阅登记簿的记载得知:登记簿上记载的人民法院的查封登记还未到期。问:对甲、乙共同申请的抵押权注销登记,登记机构可否办理?

笔者认为,对甲、乙共同申请的抵押权注销登记,登记机构可以办理。

查封登记与预查封登记,是登记机构根据人民法院、监察机关、税务机关等实施查封的国家机关送达或发送的协助执行通知书、协助执行函等嘱托登记文书的要求,将查封事项、预查封事项记载在登记簿上产生的不动产登记。

《民法典》第三百九十四条规定:"为担保债务的履行,债务人或者第三人不转移财产的占有,将该财产抵押给债权人的,债务人不履行到期债务或者发生当事人约定的实现抵押权的情形,债权人有权就该财产优先受偿前款规定的债务人或者第三人为抵押人,债权人为抵押权人,提供担保的财产为抵押财产。"据此可知,不动产抵押权是在不动产上设置的为债务人履行债务提供担保的物权,是在不动产上设置的一种负担。

在司法实务中,《最高人民法院、国土资源部、建设部关于依法规范人民法院执行和国土资源房地产管理部门协助执行若干问题的通知》(法发〔2004〕5号)第二十二条第一款规定,国土资源、房地产管理部门对被人民法院依法查封、预查封的土地使用权、房屋,在查封、预查封期间不得办理抵押、转让等权属变更、转移登记手续。据此可知,在土地使用权、房屋被查封、预查封期间,申请人申请的因抵押、转让该土地使用权、房屋产生的抵押权登记、权属变更登记(转移登记),登记机构不得办理。申言之,在登记簿上记载的查封登记的期间未届满前,申请人申请的因抵押、转让被查封的不动产产生的抵押权登记、转移登记(权属变更登记),登记机构不得办理。本问中,甲、乙共同申请的是抵押权注销登记,是去除在被查封的不动产上设置的负担的不动产登记,而非抵押该不动产产生的抵押权登记,且抵押权注销登记完成后,不动产上的负担去除,不动产恢复到没有负担的完满状态,更有利于人民法院查封该不动产的目的实现。因此,对甲、乙共同申请的抵押权注销登记,登记机构可以办理。

第 92 问　登记机构办结因转让抵押不动产产生的转移登记的同时,可否依职权办理将抵押人变更为受让人产生的抵押权变更登记

张三为了从李四处获取借款,将登记为其单独所有的一处房地产抵押给李四作为其履行还款债务的担保,签订借款合同、抵押合同后,办理了一般抵押权登记。在债务履行期间届满前,张三将抵押给李四的房地产转让给王五,现张三、王五持房地产转让合同、完税凭证、张三名下的不动产权属证书等材料共同向登记机构申请转移登记。登记机构经查阅登记簿发现:申请转移登记的房地产上有抵押权存在,该抵押权是在《民

第六部分　抵押权登记

法典》实施后登记后，且登记簿上记载有张三与李四关于抵押权注销前，张三不得转让房地产的约定。登记机构遂要求张三、王五通知李四到场在转移登记申请书上签名，以示知晓或同意张三转让抵押房地产，李四应张三、王五的通知到场并在转移登记申请书上签了名。登记机构受理了张三、王五、李四共同申请的转移登记。登记机构对张三、王五、李四共同申请的转移登记作进一步审查后认为：《民法典》第四百零六条第一款规定，抵押期间，抵押人可以转让抵押财产。当事人另有约定的，按照其约定。抵押财产转让的，抵押权不受影响。据此可知，一般情形下，抵押人在抵押期间转让抵押财产的，该财产上的抵押权负担随之转移。本问中，由于张三转让给王五的房地产上有抵押权存在，该房地产转移登记在王五名下后，其上的抵押权负担随之转移给王五，换言之，该房地产转移登记在王五名下后，王五因此而自动转化为新的抵押人，为了保护抵押权人李四的权益，也为了有效防止登记机构办理该件转移登记的风险，登记机构应当将房地产转让转移登记和因抵押人变更产生的抵押权变更登记合并办理，即登记机构在将该房地产转移登记在王五名下后，即时依职权办理因抵押人由张三变更为王五产生的抵押权变更登记。问：登记机构的前述认为是否正确？

笔者认为，登记机构的认为中，有两个问题需要明确：一是登记机构办结因转让抵押不动产产生的转移登记的同时，可否依职权办理将抵押人变更成受让人产生的抵押权变更登记；二是被抵押的房地产的受让人成为抵押人后适用什么登记。

一、登记机构办结因转让抵押不动产产生的转移登记的同时，不能依职权办理将抵押人变更成受让人产生的抵押权变更登记

《民法典》第三百九十四条规定："为担保债务的履行，债务人或者第三人不转移财产的占有，将该财产抵押给债权人的，债务人不履行到期

债务或者发生当事人约定的实现抵押权的情形，债权人有权就该财产优先受偿。前款规定的债务人或者第三人为抵押人，债权人为抵押权人，提供担保的财产为抵押财产。"据此可知，抵押人即抵押财产的物权主体，以房地产作抵押物的，抵押人是房地产权利人。本问中，抵押房地产转移登记到王五名下后，王五取代原权利人张三成为该抵押房地产的权利人，那么，王五自转移登记完成时起自动转为抵押人吗？

《民法典》第四百条第一款规定，设立抵押权，当事人应当采用书面形式订立抵押合同。据此可知，一般情形下，当事人间基于合意设立抵押权的，应当签订书面的抵押合同。抵押合同是抵押权设立的原因，抵押合同中的权利人是抵押权人，义务人是抵押人。本问中，张三将登记为其单独所有的一处房地产抵押给李四作为履行还款债务的担保，签订抵押合同后，办理了一般抵押权登记，表明李四享有的抵押权是基于其与张三间的合意设立的，抵押人是张三。如前所述，抵押房地产转移登记到王五名下后，该抵押房地产上的抵押权负担随之转移给王五是基于抵押权的追及力，而非基于李四与王五间的合意形成的抵押合同，即李四和王五间没有设立抵押权的原因，换言之，李四和王五间不存在设立抵押权的前提，因此，王五自转移登记完成时起不能自动转为抵押人。据笔者查询，现时有效的法律、行政法规也没有关于自被抵押不动产完成转移登记时起受让人自动转为抵押人的规定。

另外，登记机构为了规避自身的风险，拟依职权办理因抵押人由张三变更为王五产生的抵押权变更登记，在国家层面，没有法律、行政法规、规章和政策上的依据。"法无授权不可为"，因此，登记机构关于"登记机构在将房地产转移登记在王五名下后，即时依职权办理因抵押人由张三变更为王五产生的抵押权变更登记"的认为不正确。换言之，登记机构办结因转让抵押不动产产生的转移登记的同时，不能依职权办理将抵押人变更成受让人产生的抵押权变更登记。

第六部分　抵押权登记

二、被抵押不动产的受让人成为新的抵押人后，登记机构应当适用抵押权变更登记

按《不动产登记规程》（TD/T 1095—2024）7.13.2.1 之 i）规定，不动产发生转移导致抵押人发生变化的，当事人可以申请抵押权变更登记。本问中，如前所述，如果王五要成为新的抵押人，须与李四签订抵押合同，将其受让取得的抵押房地产再抵押给李四，此情形下，李四、王五应当向登记机构申请抵押权变更登记，登记机构也应当为当事人办理抵押权变更登记，将登记簿上记载的抵押人由张三变更为王五。

第七部分 预告登记

第93问 申请人申请的因预购在未首次登记的国有建设用地上建造的商品房产生的预购商品房预告登记，登记机构可否办理

某房地产开发企业以出让方式取得一宗地的国有建设用地使用权后，没有办理国有建设用地使用权首次登记。该宗地上建造的商品房满足预售条件后取得了商品房预售许可证并进行了预售。现房地产开发企业基于购房人的委托，批量申请预购商品房预告登记。问：对房地产开发企业基于购房人的委托批量申请的预购商品房预告登记，登记机构可否办理？

有观点认为，《不动产登记暂行条例实施细则》第六条规定，不动产登记簿以宗地或者宗海为单位编成，一宗地或者一宗海范围内的全部不动产单元编入一个不动产登记簿。据此可知，不动产登记簿是以宗地、宗海为单位编制的，申请人没有申请宗地使用权、宗海海域使用权登记的，登记簿无法编制，该宗地或者该宗海范围内的建筑物、构筑物等定作物权利登记因登记簿的不存在而无法登记，且房地产开发企业的国有建设用地使用权未办理首次登记，不持有不动产权属证书，其取得的商品房预售许可证不合法，与购房人签订的商品房预售合同无效。另外，按《不动产登记规程》（TD/T 1095—2024）4.2.3条之a）规定，在未办理不动产首次登记的情形下，可以办理预购商品房预告登记。其中的"未办理不动产首次登记"应当是指未办理房屋首次登记，不是指建造有预售商品房

第七部分　预告登记

的国有建设用地使用权未办理首次登记。因此，对房地产开发企业基于购房人的委托批量申请的预购商品房预告登记，登记机构不可以办理。笔者不支持此观点。

按《城市商品房预售管理办法》第七条规定，当事人取得商品房预售许可证的前提是其土地使用权已经登记并持有权属证书，但实务中，因种种原因，当事人享有的土地使用权未经登记也取得商品房预售许可证的情形时有出现，本文情形亦是如此。但商品房预售许可证的取得合法与否，不是基于该预售许可证签订的商品房预售合同是否有效的法定事由，换言之，商品房预售许可证的取得合法与否，与商品房预售合同是否有效无直接的因果关系[1]，因此，申请人申请预购商品房预告登记时提交的登记申请材料齐全有效，登记机构就应当受理。

在不动产登记实务中，《不动产登记暂行条例实施细则》第六条规定，不动产登记簿以宗地或者宗海为单位编成，一宗地或者一宗海范围内的全部不动产单元编入一个不动产登记簿。按《不动产登记规程》（TD/T 1095—2024）4.5.2条规定，不动产登记簿由不动产登记机构建立。据此可知，不动产登记簿由登记机构以宗地、宗海为单位编制，该宗地或者该宗海范围内的建筑物、构筑物等定作物权利全部登记在该登记簿上。按《不动产登记规程》（TD/T 1095—2024）4.2.3条之 a）规定，未办理不动产首次登记的情形下，可以办理预购商品房预告登记。按该规程 A.2 条关于不动产登记簿使用和填写说明部分规定，编制登记簿所需的宗地基本信息与登记簿上应当记载的权利人的宗地权利及其他事项分别属于不同的栏目，即宗地登记簿的编制与权利人是否申请宗地使用权登记是分

---

[1] 《关于审理商品房买卖合同纠纷案件适用法律若干问题的解释》（法释〔2020〕17号）第二条规定，出卖人未取得商品房预售许可证明，与买受人订立的商品房预售合同，应当认定无效，但是在起诉前取得商品房预售许可证明的，可以认定有效。据此可知，房地产开发企业预售商品房时，是否取得商品房屋预售许可证明，才与商品房预售合同是否有效有直接的因果关系。

别由登记机构、不动产权利人实施的不同的行为。因此，本问中，登记机构履行根据宗地的基本信息编制登记簿的职责后，建造有预售商品房的国有建设用地的使用权虽然未办理首次登记，但对房地产开发企业基于购房人的委托批量申请的预购商品房预告登记，登记机构也可以办理。另外，笔者认为，前述《不动产登记规程》（TD/T 1095—2024）4.2.3 条之 a）规定的"未办理不动产首次登记"中，包括建造有预售商品房的国有建设用地使用权未办理首次登记的情形。

第 94 问　申请人因购买查封土地上新增的商品房申请的预购商品房预告登记，登记机构可否办理

甲房地产开发企业以出让方式取得一宗地的国有建设用地使用权后，将其抵押给银行以获取借款，办理了土地抵押权登记。不久，因甲房地产开发企业与他人产生债务诉讼，该宗地被人民法院查封，办理了查封登记。开工建设后，甲房地产开发企业在获得商品房预售许可证的情形下开始了预售。乙与甲房地产开发企业签订商品房预售合同，预购了一套商品住房。现甲、乙持商品房预售合同等材料向登记机构申请预购商品房预告登记。登记机构经查询登记簿得知：该预购商品房所在宗地上有人民法院有效的查封登记存在。问：对甲、乙申请的预购商品房预告登记，登记机构可否办理？

笔者认为，对甲、乙申请的预购商品房预告登记，登记机构不可以办理。

《民法典》第三百五十七条规定，建筑物、构筑物及其附属设施转让、互换、出资或者赠与的，该建筑物、构筑物及其附属设施占用范围内的建设用地使用权一并处分。按《房地产管理法》第四十五条规定，商品房预售应当取得预售许可证明。据此可知，建筑物、构筑物及其附属设施与其占用范围内的建设用地使用权一并处分是法律规定的原则。商品房预售

第七部分　预告登记

是预售人依法取得预售行政许可后,与购房人签订商品房预售合同向其预先转让未来的房屋所有权的行为。实质上,商品房预售是预售人转让房屋的行为,也应当遵守建筑物、构筑物及其附属设施与其占用范围内的建设用地使用权一并处分的原则,即商品房预售时与该商品房相关的建设用地使用权(如分摊取得的国有建设用地使用权)也一并预售。本问中,乙与甲房地产开发企业签订商品房屋预售合同,预购了一套商品住房,表明乙预购商品住房时,甲房地产开发企业将与该商品住房相关的建设用地使用权(如分摊取得的国有建设用地使用权)一并预售给了乙。

《民法典》第二百二十一条第一款规定,当事人签订买卖房屋的协议或者签订其他不动产物权的协议,为保障将来实现物权,按照约定可以向登记机构申请预告登记。预告登记后,未经预告登记的权利人同意,处分该不动产的,不发生物权效力。据此可知,预告登记是保全以取得不动产物权为目的合同或协议债权,以确保权利人将来确定地取得该不动产物权的不动产登记。本问中,如前所述,乙预购商品住房时,甲房地产开发企业将与该商品住房相关的建设用地使用权(如分摊取得的国有建设用地使用权)一并预售给了乙,甲、乙向登记机构申请预购商品房预告登记,旨在通过预告登记确保乙将来确定地取得该预购商品房的所有权和与该商品房相关的建设用地使用权(如分摊取得的国有建设用地使用权)。

在不动产登记实务中,按《不动产登记暂行条例实施细则》第二条第二款规定,房屋等建筑物、构筑物和森林、林木等定着物应当与其所依附的土地、海域一并登记是不动产登记的原则。按《不动产登记规程》(TD/T 1095—2024)5.4.8条之h)规定,不动产被依法查封期间,权利人处分该不动产申请登记的,登记机构应当作不予登记处理。本问中,甲、乙向登记机构申请的预购商品房预告登记属于不动产登记,也应当遵守房屋等建筑物、构筑物和森林、林木等定着物应当与其所依附的土地、海域一并登记的原则。如前所述。甲、乙申请预购商品房预告登记的目的是确保乙将来确定地取得预购商品房的所有权和与该商品房相关的建设用地使用权（如分摊取得的国有建设用地使用权），即预告登记的内容中有随该商品房一并预售的建设用地使用权，但该被预售的建设用地使用权现时处于查封状态，即甲、乙申请的预购商品房预告登记中的建设用地使用权，处于被依法查封状态，权利人因处分该建设用地使用权申请的预告登记，登记机构应当作不予登记处理。此情形下，若登记机构只核准预售房屋部分的预告登记，则违反房屋等建筑物、构筑物和森林、林木等定着物应当与其所依附的土地、海域一并登记的不动产登记的原则。因此，对甲、乙申请的预购商品房预告登记，登记机构不可以办理。

第 95 问　申请人基于预购商品房预告登记申请房地产转移登记时，是否需要申请人同时申请预购商品房预告登记注销登记

申请人全款购买了一套商品房并办理了预购商品房预告登记，现申请办理国有建设用地使用权及地上房屋所有权转移登记。问：申请人基于预购商品房预告登记申请国有建设用地使用权及地上房屋所有权转移登记时，是否需要申请人同时申请预购商品房预告登记注销登记？

笔者认为，申请人基于预购商品房预告登记申请国有建设用地使用权及地上房屋所有权转移登记时，不需要申请人同时申请预购商品房预告登记注销登记。

《民法典》第二百二十一条第一款规定，当事人签订买卖房屋的协议或者签订其他不动产物权的协议，为保障将来实现物权，按照约定可以向登记机构申请预告登记。预告登记后，未经预告登记的权利人同意，处分该不动产的，不发生物权效力。在不动产登记实务中，《不动产登记暂行条例实施细则》第八十五条第三款规定，预告登记后，债权未消灭且自

第七部分　预告登记

能够进行相应的不动产登记之日起3个月内,当事人申请不动产登记的,不动产登记机构应当按照预告登记事项办理相应的登记。据此可知,预告登记是保全以取得不动产物权为目的的债权实现,确保债权人取得将来的不动产物权的不动产登记。基于预购商品房预告登记申请的国有建设用地使用权及地上房屋所有权转移登记记载在登记簿上后,被预购商品房预告登记保全的商品房预售合同债权的目的实现,权利人取得国有建设用地使用权及地上房屋所有权,预购商品房预告登记因国有建设用地使用权及地上房屋所有权转移登记的完成而自动注销,因此,申请人无须再专门申请预购商品房预告登记注销登记。

第八部分 更正登记

第 96 问 因增加共同共有人的配偶为共有人的，当事人应当如何申请不动产登记

三个好朋友甲、乙、丙共同购买了一处房地产，登记为三人共同共有。三个好朋友中，甲、乙未婚，丙已婚。现拟增加丙的配偶丁为共同共有人。问：当事人该怎样申请不动产登记？如果增加丙的配偶丁为按份共有人，当事人又该怎样申请不动产登记？

笔者认为，增加共有人丙的配偶丁为共同共有人时，当事人应当申请更正登记。增加丁为按份共有人时，当事人应当一并申请共有性质变更产生的变更登记和增加共有人产生的更正登记。

《民法典》第二百二十条第一款规定，权利人、利害关系人认为不动产登记簿记载的事项错误的，可以申请更正登记。不动产登记簿记载的权利人书面同意更正或者有证据证明登记确有错误的，登记机构应当予以更正。据此可知，更正登记是纠正登记簿上的记载事项错误的不动产登记，申请人申请更正登记后，不动产登记簿上记载的权利人书面同意更正或者有证据证明登记确有错误的，登记机构应当予以更正。按该法第一千零六十二条、第一千零六十三条规定，一般情形下，当事人在婚姻关系存续期间取得的财产为夫妻共同财产。据此可知，本问中，丙与甲、乙共同共有的房地产系在其与丁的婚姻关系存续期间取得的，故该处房地产的共有人丙的配偶丁也应当是登记簿上记载的共有人，但登记簿上没有记载，属于登记簿上的记载内容错误，登记簿上记载的共有人、作为利害关系人的丁

第八部分 更正登记

均可以申请更正登记予以纠正。《民法典》第三百零八条规定，共有人对共有的不动产或者动产没有约定为按份共有或者共同共有，或者约定不明确的，除共有人具有家庭关系等外，视为按份共有。据此可知，共有人对共有的不动产，可以约定为按份共有，也可以约定为共同共有。因此，本问中，增加丙的配偶丁为共有人后，若要登记为甲、乙、丙、丁四人共同共有，应当由四个共有人凭共同共有约定、丙与丁的婚姻状况证明等材料申请更正登记，将该房地产更正登记为甲、乙、丙、丁四人共同共有。也可以由丁凭甲、乙、丙同意更正的证明、丙与丁的婚姻状况证明等材料申请更正登记，将该房地产更正登记为甲、乙、丙、丁共同共有。若要登记为四人按份共有的，应当由登记簿上现时记载的三个共有人甲、乙、丙凭按份共有约定申请共有性质变更产生的变更登记后，再由丙和丁申请更正登记，将丙享有的份额更正为其夫妻按份共有，但共有性质变更产生的变更登记与更正登记可以一并申请，登记机构受理后，在满足登记要求的情形下，在登记簿上先记载变更登记，再记载更正登记。

第97问　申请人申请的因增加城镇户口的配偶为宅基地使用权及地上房屋所有权的共有人产生的更正登记，登记机构可否办理

有一处宅基地使用权及地上房屋所有权登记在甲名下，甲分别领取了集体建设用地使用权证和房屋所有权证，集体建设用地使用权证载明的是宅基地使用权。甲和乙是夫妻，但乙是城镇户口的居民。现甲、乙持集体建设用地使用权证、房屋所有权证、结婚证等材料向登记机构申请更正登记，拟通过更正登记将该处宅基地使用权及地上房屋所有权登记为甲、乙共有。登记机构查验申请材料和不动产登记档案后得知：集体建设用地使用权证和房屋所有权证上均没有记载共有情况，宅基地使用权是在甲、乙婚姻关系存续期间取得的，地上房屋是在甲、乙婚姻关系存续期间建造并竣工的。问：对甲、乙申请的更正登记，登记机构可否办理？

笔者认为，对甲、乙申请的更正登记，登记机构可以办理。

《民法典》第二百三十一条规定,因合法建造、拆除房屋等事实行为设立或者消灭物权的,自事实行为成就时发生效力。据此可知,合法建造的房屋自竣工时起,权利人无须办理不动产登记即依法、即时享有该房屋的所有权。《民法典》第一千零六十二条规定:"夫妻在婚姻关系存续期间所得的下列财产,为夫妻的共同财产,归夫妻共同所有:(一)工资、奖金、劳务报酬;(二)生产、经营、投资的收益;(三)知识产权的收益;(四)继承或者受赠的财产,但是本法第一千零六十三条第三项规定的除外;(五)其他应当归共同所有的财产。夫妻对共同财产,有平等的处理权。"该法第一千零六十三条规定:"下列财产为夫妻一方的个人财产:(一)一方的婚前财产;(二)一方因受到人身损害获得的赔偿或者补偿;(三)遗嘱或者赠与合同中确定只归一方的财产;(四)一方专用的生活用品;(五)其他应当归一方的财产。"据此可知,一般情形下,夫妻在婚姻关系存续期间取得的财产为夫妻共同财产,夫或妻在婚前取得的财产为其单独享有的财产。本问中,宅基地使用权是在甲、乙婚姻关系存续期间取得的,地上房屋是在甲、乙婚姻关系存续期间建造并竣工的,表明在甲、乙婚姻关系存续期间,自合法取得的宅基地上合法建造的房屋竣工时起,无须办理不动产登记,甲、乙共同享有该房屋所有权,虽然乙是城镇户口的居民,但基于地随房走的原则,乙在与甲共同享有房屋所有权的同时也享有相应的宅基地使用权,即甲、乙自合法建造的房屋竣工时起,共同享有该处宅基地使用权及地上房屋所有权。

《民法典》第二百二十条第一款规定,权利人、利害关系人认为不动产登记簿记载的事项错误的,可以申请更正登记。不动产登记簿记载的权利人书面同意更正或者有证据证明登记确有错误的,登记机构应当予以更正。据此可知,更正登记是纠正登记簿上的记载事项错误的不动产登记,申请人申请更正登记后,登记簿上记载的权利人书面同意更正或者有证据证明登记确有错误的,登记机构应当予以更正。本问中,如前所述,自合法建造的房屋竣工时起,无须办理不动产登记,甲、乙即共同享

第八部分　更正登记

有该处宅基地使用权及地上房屋所有权，甲、乙应当共同申请登记为其共有，但现时却登记在甲名下，属于登记错误，应当通过更正登记予以纠正，因此，对甲、乙申请的更正登记，登记机构可以办理。

当然，如果该处宅基地使用权是在甲婚前取得的，地上房屋也是其婚前建造并竣工的，则属于甲的婚前财产，若将该处宅基地使用权及地上房屋所有权登记为甲、乙共有，只能通过赠与或转让转移登记途径，但乙不符合宅基地申请条件，即乙不是宅基地所在地农村集体经济组织的村民，该处宅基地使用权及地上房屋所有权不能登记为甲、乙共有。

第 98 问　享有优先购买权的共有人申请的更正登记，登记机构可否办理

张三、张四是一处房屋的按份共有人，各占 50%份额。张四将其份额转让给赵六。签订转让合同后的第二天，张四、赵六持张三放弃优先购买权的公证声明、转让合同等材料申请转让转移登记，登记机构经审查符合转让转移登记要求，当天即核准了转让转移登记，赵六领取了不动产权属证书。转让转移登记完成后的第七天，张三持公证机构出具的其未曾为张三办理放弃优先购买权的公证声明的证明等材料，向登记机构申请更正登记，申请将登记在赵六名下的房屋的 50%份额更正登记回张四名下，便于他行使优先购买权。问：对张三申请的更正登记，登记机构可否办理？

有观点认为，公证机构的证明证实，登记机构为张四、赵六办理转让转移登记时，采用的张三放弃优先购买权的公证声明系不真实的，表明该转让转移登记程序错误，登记簿上记载的转让转移登记当然错误，对利害关系人张三申请的更正登记，登记机构应当办理，即登记机构应当根据张三的申请，将登记在赵六名下的房屋的 50%份额更正登记回张四名下。笔者不支持此观点。

一、本问中，张三申请更正登记的原因成立

按《民法典》第二百二十条规定，权利人、利害关系人认为不动产登记簿记载的事项错误的，可以申请更正登记。据此可知，更正登记是纠正登记簿上的记载事项错误时适用的不动产登记，换言之，不动产登记簿上的记载事项没有错误则不适用更正登记。本问中，如前所述，公证机构的证明证实，登记机构为张四、赵六办理转让转移登记时，采用的张三放弃优先购买权的公证声明系不真实的，表明该转让转移登记程序错误，登记簿上记载的转让转移登记当然错误，因此，张三申请更正登记的原因成立。

二、张三作为更正登记的申请人不适格

按《民法典》第二百二十条规定，权利人、利害关系人认为不动产登记簿记载的事项错误的，可以申请更正登记。笔者据此认为，作为更正登记申请人的权利人，是指登记簿上现时记载的不动产权利人。在共有人按份共有不动产的情形下，因登记簿上记载的不动产的共有性质或共有情况等与全体共有人权益直接相关的事项错误产生的更正登记，各共有人才是更正登记申请人中的权利人。但是因份额内的相关事项错误产生的更正登记，持有该份额的共有人才是更正登记申请人中的权利人，如因按份共有人姓名登记错误产生的更正登记，只能由持有份额的共有人申请。作为更正登记申请人中的利害关系人，是指登记簿上现时记载的错误登记事项，对其享有不动产物权或对其依法行使不动产物权有不利影响的人。本问中，张三申请将登记在赵六名下的房屋的50%份额更正登记回张四名下，不属于张三份额内的错误产生的更正登记，张三不是更正登记申请人中的权利人。那么，张三是否是更正登记申请人中的利害关系人呢？登记簿上的错误登记事项是赵六因受让张四的份额产生的转移登记，与张三在其份额内享有不动产物权或对其依法行使其份额内的不动产物权没有不利影响，因此，张三不是更正登记申请人中的利害

第八部分　更正登记

关系人。概言之，张三作为更正登记的申请人不适格，故对张三申请的更正登记，登记机构不能办理。

三、张三的优先购买权的救济

《民法典》第三百零五条规定，按份共有人可以转让其享有的共有的不动产或者动产份额。其他共有人在同等条件下享有优先购买的权利。该法第三百零六条第一款规定，按份共有人转让其享有的共有的不动产或者动产份额的，应当将转让条件及时通知其他共有人。其他共有人应当在合理期限内行使优先购买权。在司法实务中，《民法典物权编司法解释（一）》第十一条规定："优先购买权的行使期间，按份共有人之间有约定的，按照约定处理；没有约定或者约定不明的，按照下列情形确定：（一）转让人向其他按份共有人发出的包含同等条件内容的通知中载明行使期间的，以该期间为准；（二）通知中未载明行使期间，或者载明的期间短于通知送达之日起十五日的，为十五日；（三）转让人未通知的，为其他按份共有人知道或者应当知道最终确定的同等条件之日起十五日；（四）转让人未通知，且无法确定其他按份共有人知道或者应当知道最终确定的同等条件的，为共有份额权属转移之日起六个月。"据此可知，一般情形下，按份共有人向共有人以外的人转让份额时，应当将其份额转让的条件通知其他共有人，其他共有人自收到该通知之日起十五日内享有优先购买权。未将份额转让的条件通知其他共有人的，其他共有人自该份额权属转移之日起六个月内享有优先购买权。本问中，张四持不真实的张三放弃优先购买权的公证声明作为转让转移登记申请材料，表明张四未将其份额转让的条件通知张三，张三可以自张四的份额转移登记在赵六名下之日起六个月内行使优先购买权。张三该怎样行使优先购买权呢？

在司法实务中，《民法典物权编司法解释（一）》第十二条规定："按份共有人向共有人之外的人转让其份额，其他按份共有人根据法律、司法解释规定，请求按照同等条件优先购买该共有份额的，应予支持。其他按份共有人的请求具有下列情形之一的，不予支持：（一）未在本解释第十一条规定的期间内主张优先购买，或者虽主张优先购买，但提出减少转让价款、增加转让人负担等实质性变更要求；（二）以其优先购买权受到侵害为由，仅请求撤销共有份额转让合同或者认定该合同无效。"据此可知，按份共有人向共有人之外的人转让其份额的，其他按份共有人可以提起诉讼，请求按照同等条件优先购买该份额，同时，请求撤销共有份额转让合同或者认定该合同无效的，会得到人民法院的支持。因此，本问中，张三可以向人民法院起诉张四、赵六，请求人民法院判决支持其优先购买权，同时判决撤销张四、赵六签订的房屋共有份额转让合同或者认定该合同无效。若如此，张三可请求登记机构启动依职权更正登记，将登记在赵六名下的份额更正登记回张四名下，或张三申请人民法院执行，将共有份额更正登记回张四名下后，张三就可以行使其优先购买权了。

第99问　登记簿上没有登记共有性质的情形下共有人约定共有为按份共有的，应当申请什么不动产登记

父子共同签订商品房买卖合同购买了一套商品住房，转移登记在父子二人名下后，父子二人分别领取了不动产权属证书，但登记簿和不动产权属证书上都没有登记共有性质，即登记机构只在登记簿和不动产权属证书的权利人处登记了父子二人的姓名，但共有情况处既没有登记共同共有，也没有登记按份共有。父子二人经查询登记档案得知：转移登记申请书上没有填写拟申请登记的共有情况，申请材料中也没有父子二人关于共有性质的约定材料。现父子二人约定共有性质为按份共有，各占50%。父子二人到登记机构咨询：他们应当申请什么不动产登记？

笔者认为，父子二人应当申请更正登记。

《民法典》第三百零八条规定，共有人对共有的不动产或者动产没有约定为按份共有或者共同共有，或者约定不明确的，除共有人具有家庭

第八部分　更正登记

关系等外，视为按份共有。据此可知，共有人对共有的不动产，可以约定为按份共有，也可以约定为共同共有。按《不动产登记暂行条例》第十七条第一款第（三）项规定，申请材料不齐全或者不符合法定形式的，登记机构应当当场书面告知申请人不予受理并一次性告知需要补正的全部内容。在不动产登记实务中，《不动产登记暂行条例实施细则》第二十条第一款规定，不动产登记机构应当根据不动产登记簿，填写并核发不动产权属证书或者不动产登记证明。该实施细则第二十一条第二款规定，共有不动产权属证书应当注明共有情况，并列明全体共有人。按当时适用的《国土资源部关于启用不动产登记簿证样式（试行）的通知》（国土资发〔2015〕25号）附《不动产登记簿使用和填写说明》规定，共有情况填写单独所有、按份共有或共同共有。据此可知，共有性质（共有情况）是不动产登记簿和不动产权属证书应当记载的内容。当事人申请将不动产登记为共有时，提交了共有性质约定材料的，登记机构应当按约定材料登记共有性质。没有提交共有性质约定材料的，登记机构应当告知当事人提交，当事人坚持不提交的，登记机构应当以登记申请材料不齐全为由，作不予受理处理。本问中，登记机构只在登记簿和不动产权属证书的权利人处登记了父子二人的姓名，但共有情况处既没有登记共同共有，也没有登记按份共有。父子二人经查询登记档案得知：转移登记申请书上没有填写拟申请登记的共有情况，申请材料中也没有父子二人关于共有性质的约定材料，表明父子二人申请其共同购买的商品住房转移登记时，没有约定共有性质，导致登记机构应当在登记簿和不动产权属证书上记载的共有性质没有记载，笔者认为，这是登记机构不充分作为的表现，由此办理的不动产转移登记存在瑕疵，有瑕疵的不动产转移登记实质上也是错误的不动产登记。按《民法典》第二百二十条第一款规定，权利人、利害关系人认为不动产登记簿记载的事项错误的，可以申请更正登记。《不动产登记规程》（TD/T 1095—2024）A.2.2.5条之f）规定，共有情况：填写单独所有、按份共有或者共同共有。属于按份共有的，还要填写共有的份额。据此可知，本问中，父子二人应当向登记机构申请更正登记，将房屋更正登记为父子二人按份共有，各占 50%份额。

第 100 问　有证据证明登记簿上记载的补证事项是错误的，登记机构该怎样处理

陈六向登记机构申请其房改房的遗失补证，登记机构按程序给陈六办理了遗失补证手续，陈六领取了补发的不动产权属证书。之后，登记机构清理档案时发现陈六于 2002 年 10 月办理的房改房退房手续和缴回的盖有注销章的原房屋所有权证。问：对登记簿上记载的陈六的错误的补证事项，登记机构该怎样处理？

笔者认为，对登记簿上记载的陈六的错误的补证事项，登记机构应当适用更正登记予以纠正。

《民法典》第二百一十六条第一款规定，不动产登记簿是物权归属和内容的根据。该法第二百一十七条规定，不动产权属证书是权利人享有该不动产物权的证明。不动产权属证书记载的事项，应当与不动产登记簿一致；记载不一致的，除有证据证明不动产登记簿确有错误外，以不动产登记簿为准。在不动产登记实务中，《不动产登记暂行条例实施细则》第二十条第一款规定，不动产登记机构应当根据不动产登记簿，填写并核发不动产权属证书或者不动产登记证明。据此可知，一般情形下，不动产登记簿是物权归属和内容的根据，不动产权属证书和不动产登记证明是登记机构基于登记簿上有效的记载内容向权利人核发的证明（表征）其享有不动产物权的证明。申言之，不动产登记簿上记载的物权因被人民法院、仲裁机构生效的法律文书确认无效，或被登记机构依法注销而消灭的，则不动产权属证书和不动产登记证明因失去证明（表征）对象而失效。本问中，陈六在 2002 年 10 月办理房改房退房手续时适用的《城市房屋权属登记管理办法》第五条第一款规定，房屋权属证书是权利人依法拥有房屋所有权并对房屋行使占有、使用、收益和处分权利的唯一

第八部分　更正登记

合法凭证。据此可知，陈六当时已经办理了房改房退房手续且注销了其持有的房屋所有权证，表明陈六对房改房享有的房屋所有权消灭，不能再补办并持有不动产权属证书表征该房改房的所有权。因此，登记簿上记载的陈六的补证事项错误。

《民法典》第二百二十条第一款规定，权利人、利害关系人认为不动产登记簿记载的事项错误的，可以申请更正登记。不动产登记簿记载的权利人书面同意更正或者有证据证明登记确有错误的，登记机构应当予以更正。在不动产登记实务中，《不动产登记暂行条例实施细则》第二十三条规定，因不动产权利灭失等情形，不动产登记机构需要收回不动产权属证书或者不动产登记证明的，应当在不动产登记簿上将收回不动产权属证书或者不动产登记证明的事项予以注明；确实无法收回的，应当在不动产登记机构门户网站或者当地公开发行的报刊上公告作废。该实施细则第八十一条规定，不动产登记机构发现不动产登记簿记载的事项错误，应当通知当事人在30个工作日内办理更正登记。当事人逾期不办理的，不动产登记机构应当在公告15个工作日后，依法予以更正；但在错误登记之后已经办理了涉及不动产权利处分的登记、预告登记和查封登记的除外。据此可知，本问中，如前所述，登记簿上记载的陈六的补证事项是错误的，登记机构可以依职权办理更正登记予以纠正，更正登记完成后，登记簿上记载的陈六的错误的补证项失效，其持有的不动产权属证书因其表征的房屋所有权已经消灭，在无法收回该不动产权属证书的情形下，由登记机构公告作废。

第 101 问　登记簿上记载的不动产登记被行政复议决定撤销后，登记机构该怎样处理

有人向登记机构实名反映：甲于2010年申请国有土地上的房屋所有权初始登记时提交的建设工程规划许可证是假的，请求注销甲的房屋所有权初始登记。登记机构经函询市规划机关，市规划机关函复该规划许可证不是其核发的。登记机构按《不动产登记暂行条例实施细则》第十七条第一款第（四）项规定，依职权注销了甲的房屋所有权初始登记。甲对登记机构注销其房屋所有权初始登记不服，向市政府提出行政复议。市政府下达行政复议决定认定登记机构的依职权注销登记无法律依据，适用法律错误，作出行政复议决定：一是撤销被申请人（登记机构）的注销登记行为；二是责令被申请人（登记机构）重新作出处理。登记机构根据市政府的行政复议决定恢复了甲的房屋所有权初始登记。现市政府下达《责令履行行政复议决定通知书》，要求登记机构重新落实对甲的房屋所有权初始登记的处理措施。问：登记机构该怎样重新落实对甲的房屋所有权初始登记的处理措施？

笔者认为，登记机构应当适用更正登记消灭甲的房屋所有权初始登记。

本问中，甲于2010年申请国有土地上的房屋所有权初始登记，按当时适用的《房屋登记办法》第十六条规定，建设工程符合规划的证明是当事人申请国有土地上的房屋所有权初始登记时应当提交的材料。现经登记机构查实：甲当时申请房屋所有权初始登记时提交的建设工程符合规划的证明是建设工程规划许可证，该建设工程规划许可证不真实。表明登记机构据此不真实的建设工程规划许可证为甲办理房屋所有权初始登记的程序错误，导致登记簿上记载的甲的房屋所有权初始登记错误。

按《民法典》第二百二十条第一款规定，权利人、利害关系人认为不动产登记簿记载的事项错误的，可以申请更正登记。据此可知，更正登记是纠正登记簿上记载的事项错误的不动产登记。笔者认为，更正登记纠正登记簿上记载的事项错误：一是将登记簿上错误的记载事项直接恢复到之前的登记状态；二是将登记簿上错误的记载事项更正为正确的登记状态；三是消灭登记簿上错误记载事项的效力。如前所述，本问中，登记机构为甲办理的房屋所有权初始登记错误，应当适用更正登记纠正此错误，即更正登记完成后，此房屋所有权初始登记失效。现时适用的《不动产暂行条例实施细则》第十七条第一款第（四）项虽然规定了登记机构可

第八部分 更正登记

以依职权办理不动产注销登记,但该实施细则却没有规定登记机构可以依职权办理注销登记的情形,因此,登记机构依职权办理注销登记不具有可操作性。本问中,登记机构依职权注销甲的房屋所有权初始登记被市政府下达的行政复议决定认定为"无法律依据,适用法律错误",并撤销登记机构办理的该注销登记并无不妥。

本问中,登记机构依职权注销甲的房屋所有权初始登记被市政府下达的行政复议决定撤销,表明该注销登记错误,登记机构根据市政府的行政复议决定恢复了甲的房屋所有权初始登记,虽然纠正了错误的注销登记,但没有重新落实对甲的房屋所有权初始登记的处理的行政复议决定事项,登记机构该怎样重新落实对甲的房屋所有权初始登记的处理措施呢?如前所述,登记机构为甲办理的房屋所有权初始登记错误,应当适用更正登记纠正此错误,因此,登记机构应当适用更正登记消灭其恢复的甲的房屋所有权初始登记,即更正登记完成后,登记机构恢复的甲的房屋所有权初始登记失效,换言之,更正登记的完成,使登记簿上的记载恢复到无甲的房屋所有权初始登记的状态。

第 102 问　申请人申请的因继承权公证书被撤销产生的更正登记,登记机构可否办理

乙继承其父亲甲遗留的房地产,持继承权公证书、甲名下的不动产权属证书等材料办理了继承转移登记,领取了新的不动产权属证书。现另一继承人丙持公证机构因乙提供虚假材料骗取继承权公证书而撤销该继承权公证书的证明,向登记机构申请更正登记,拟将房屋更正登记回父亲甲名下,以便于其与乙解决继承纠纷。问:对丙申请的更正登记,登记机构可否办理?

有观点认为,依据继承权公证书作出不动产登记后该公证书被撤销,由于继承权公证书不是不动产登记的原因行为,登记机构依据继承权公证书做出继承转移登记,是依据继承权公证书做出的有法律效力的继承权归属事实。换句话说，即使没有继承权公证书，登记机构也可以依据继承人与被继承人之间的法律关系认定继承人的继承权并办理继承转移登记。登记机构没有司法认定权，继承权公证书无效或被撤销，并不意味着继承权认定错误，也不能导致物权变动当然无效，发生诉讼时，人民法院也不可将不动产转移登记撤销，登记机构也不能将不动产更正登记到死者名下。因此，本问中，对丙申请的更正登记，登记机构不能办理。笔者不支持此观点。

《民法典》第二百三十条规定，因继承取得物权的，自继承开始时发生效力。该法第一千一百二十一条第一款规定，继承从被继承人死亡时开始。在不动产登记实务中，《不动产登记暂行条例实施细则》第十四条规定，因继承、受遗赠取得不动产，当事人申请登记的，应当提交死亡证明材料、遗嘱或者全部法定继承人关于不动产分配的协议以及与被继承人的亲属关系材料等，也可以提交经公证的材料或者生效的法律文书。据此可知，自被继承人死亡时起，继承人无须办理不动产转移登记，即依法、即时取得被继承人遗留的不动产物权，但继承人申请将其因继承取得的不动产物权登记到自己名下时，应当向登记机构提交被继承人的死亡证明材料、遗嘱或者全部法定继承人关于不动产分配的协议以及与被继承人的亲属关系证明材料等，也可以提交经公证的材料或者生效的法律文书。其中，经公证的材料是继承人基于继承取得被继承人遗留的不动产物权的证明，是登记机构办理因继承产生的不动产登记的主要证据材料。本问中，乙申请继承转移登记时提交的继承权公证书已经被撤销，表明登记机构为乙办理继承转移登记的主要证据不存在，属于主要证据不足的情形。

《不动产登记暂行条例》第十六条对申请人申请不动产登记时应当提交的申请材料做了具体列举加概括式的规定，该条处于第三章"登记程序"之中，据此可知，申请人申请不动产登记时向登记机构提交登记申请

第八部分　更正登记

材料或登记机构办理不动产登记时向申请人收取登记证据材料,属于不动产登记程序中的一个环节。本问中,乙申请继承转移登记时提交的继承权公证书已经被撤销,表明登记机构为乙办理继承转移登记的主要证据不存在,虽然不是登记机构的错误,但登记机构为乙办理继承转移登记的程序客观违法,即违反法定程序。

按《行政诉讼法》第七十条第(一)项、第(三)项规定,主要证据不足的,违反法定程序的行政行为,人民法院判决撤销或者部分撤销,并可以判决被告重新作出行政行为。据此可知,本问中,如前所述,登记机构为乙办理的继承转移登记主要证据不足和违反法定程序,产生诉讼时,该继承转移登记可能被人民法院判决撤销。

《民法典》第二百二十条第一款规定,权利人、利害关系人认为不动产登记簿记载的事项错误的,可以申请更正登记。不动产登记簿记载的权利人书面同意更正或者有证据证明登记确有错误的,登记机构应当予以更正。在不动产登记实务中,《不动产登记暂行条例实施细则》第七十九条规定:"权利人、利害关系人认为不动产登记簿记载的事项有错误,可以申请更正登记。权利人申请更正登记的,应当提交下列材料:(一)不动产权属证书;(二)证实登记确有错误的材料;(三)其他必要材料。利害关系人申请更正登记的,应当提交利害关系材料、证实不动产登记簿记载错误的材料以及其他必要材料。"据此可知,更正登记是纠正登记簿上的记载事项错误的不动产登记,且登记簿上记载的权利人书面同意更正或者有证据证明不动产登记确有错误的,登记机构应当予以更正。本问中:一是丙是被继承人甲的另一个继承人,自甲死亡时起,无须办理不动产转移登记,丙与乙基于继承共同享有甲遗留的房地产物权,但该房地产物权现时却登记在乙名下,影响了丙基于继承对该房地产物权的享有,换言之,丙对现时登记在乙名下的房地产物权存在利害关系,是当然的利害关系人。二是丙向登记机构提交了乙据以办理房地产物权转移登记的继承权公证书已经被撤销的证明，如前所述，表明登记机构为乙办理的继承转移登记主要证据不足和违反法定程序，即登记机构为乙办理的继承转移登记确有错误。概言之，登记机构根据丙的申请办理更正登记的条件成就，因此，对丙申请的更正登记，登记机构可以办理。但登记机构可否将该房地产更正登记回甲名下呢？笔者认为是可以的。

如前所述，更正登记是纠正登记簿上的记载事项错误的不动产登记，将登记簿上记载的错误事项恢复到错误登记前的状态也是纠正登记簿上的记载事项错误的范围，当然包括将登记簿上现时记载的错误的权利主体，恢复为之前的权利主体。即错误的继承转移登记前，房地产物权登记在死者甲名下，表明房地产物权是甲的遗产，登记机构若将房地产物权更正登记到甲名下，是纠正登记簿的错误记载之举，换言之，登记机构此举不是将甲作为取得或设立房地产物权的主体记载在登记簿上。概言之，登记机构若将房地产物权更正登记到死者甲名下，是恢复该房地产物权作为遗产的本来面目，与已经去世的甲有无民事权利能力无关。因此，登记机构可以将该房地产物权更正登记到甲名下。

第 103 问　申请人在异议登记有效期内持人民法院生效的撤销不动产登记的行政判决书申请的更正登记，登记机构可否直接办理

有一处不动产因继承转移登记在甲名下，利害关系人乙认为该不动产登记在甲名下错误，在向甲请求更正被其拒绝后，乙向登记机构申请异议登记，登记机构经审查核准了乙的异议登记。之后，乙就异议登记事项向 A 人民法院提起民事诉讼，A 人民法院向乙出具了案件受理通知书，乙也向登记机构提交了该案件受理通知书复印件，以延续异议登记有效期间。在异议登记有效期内，B 人民法院基于另一利害关系人丙提起的行政诉讼，判决撤销了登记机构为甲办理的继承转移登记。现丙持 B 人民法院的行政判决书及该判决书已经生效的证明等材料向登记机构申请更正登记，拟通过更正登记将不动产恢复登记到被继承人名下。问：在乙申

第八部分　更正登记

请的异议登记有效期内，对丙申请的更正登记，登记机构可否办理？

笔者认为，在乙申请的异议登记有效期内，对丙申请的更正登记，登记机构可以办理。

《民法典》第二百二十条第一款规定，权利人、利害关系人认为不动产登记簿记载的事项错误的，可以申请更正登记。不动产登记簿记载的权利人书面同意更正或者有证据证明登记确有错误的，登记机构应当予以更正。据此可知，更正登记是纠正登记簿上的记载事项错误的不动产登记，登记簿上记载的权利人书面同意更正或者有证据证明不动产登记确有错误的，登记机构应当予以更正。本问中，在异议登记有效期内，B人民法院基于另一利害关系人丙提起的行政诉讼，判决撤销了登记机构为甲办理的继承转移登记，表明登记机构为甲办理的继承转移登记错误，丙申请更正登记的事由成立。在不动产登记实务中，《不动产登记暂行条例实施细则》第八十四条规定，异议登记期间，不动产登记簿上记载的权利人以及第三人因处分权利申请登记的，不动产登记机构应当书面告知申请人该权利已经存在异议登记的有关事项。申请人申请继续办理的，应当予以办理，但申请人应当提供知悉异议登记存在并自担风险的书面承诺。据此可知，异议登记期间，当事人因处分不动产申请的转移登记尚且可以办理，那么，当事人因人民法院生效的判决书申请的更正登记也可以办理。因此，本问中，在乙申请的异议登记有效期内，对丙申请的更正登记，登记机构可以办理。

本问中，丙拟通过更正登记将不动产恢复登记到被继承人名下，是纠正登记簿上的记载事项错误的措施，与被继承人有无民事权利能力无关，故此举并不违反相关法律的规定。

第 104 问　申请人凭撤销作为协助执行通知书附件的判决书的判决书申请的更正登记，登记机构可否办理

前年 2 月，登记机构按人民法院送达的协助执行通知书要求将王五的房屋所有权转移登记在张三名下。附随该协助执行通知书送达的 001 号判决书判决王五在该判决书生效之日起三十日内协助张三办理房屋过户登记手续。去年 5 月，张三将该房屋转让给李四，房屋转移登记到李四名下后，李四为获取贷款用该房屋作抵押，办理了抵押权登记。现在，王五持人民法院 002 号判决书向登记机构申请更正登记，拟申请将房屋更正登记回其名下，002 号判决书判决撤销该人民法院 001 号判决书。但 002 号判决书没有提及该房屋所有权归属。问：对王五申请的更正登记，登记机构可否办理？

笔者认为，对王五申请的更正登记，登记机构不能办理。

《民法典》第二百二十条第一款规定，权利人、利害关系人认为不动产登记簿记载的事项错误的，可以申请更正登记。不动产登记簿记载的权利人书面同意更正或者有证据证明登记确有错误的，登记机构应当予以更正。在不动产登记实务中，《不动产登记暂行条例实施细则》第七十九条第二款规定，利害关系人申请更正登记的，应当提交利害关系材料、证实不动产登记簿记载错误的材料以及其他必要材料。据此可知，更正登记是纠正登记簿上的记载事项错误的不动产登记，即登记簿上现时记载的事项有错误，才适用更正登记予以纠正。更正登记的申请人，是登记簿上现时记载的权利人，或登记簿上错误的记载事项对其享有不动产物权或行使不动产物权有利害关系的人。申请人向登记机构申请更正登记时，证实登记簿上的记载事项错误的证明是其应当提交的申请材料。本问中，王五不是现时登记簿上记载的房屋所有权人，是该房屋曾经的所有权人，是现时对该房屋主张所有权的人，即王五是与登记簿上现时记载的房屋所有权有利害关系的人，其申请更正登记适格，但王五提交的作为申请材料的 002 号判决书没有判决该房屋所有权的归属，且被 002 号判决书撤销的 001 号判决书判决的是王五协助张三办理房屋的过户登记手续，即 001 号判决书也没有判决该房屋归张三，换言之，002 号判决书不能证实登记簿上的记载事项错误。因此，王五申请更正登记的事由不成立，故对王五申请的更正登记，登记机构不能办理。

但是，《民事诉讼法》第二百三十三条规定，执行完毕后，据以执行的判决、裁定和其他法律文书确有错误，被人民法院撤销的，对已被执行的财产，人民法院应当作出裁定，责令取得财产的人返还；拒不返还的，强制执行。据此可知，王五申请更正登记的房屋所有权，之前，是登记机构按照人民法院送达的协助执行通知书要求转移登记到李四名下的，王五申请更正登记时提交的 002 号判决书判决撤销了 001 号判决书，表明作为协助执行通知书附件的 001 号判决书错误，若该房屋现时还登记在张三名下，登记机构可告知王五，根据 002 号判决书向人民法院申请执行回转，登记机构根据人民法院的执行文书才可以将房屋所有权更正(恢复)登记到其名下。现在，因该房屋已经转移登记到李四名下，且李四已作贷款抵押，王五可以向人民法院请求其他救济。

第 105 问　登记机构可否凭当事人提交的人民法院撤销执行裁定书的裁定书，将已经按协助执行通知书要求办结转移登记的土地使用权更正登记回原来的权属登记状态和查封登记状态

有一宗地的国有建设用地使用权登记在甲企业名下，甲企业因债务产生诉讼，乙人民法院查封了该宗地，登记机构为乙人民法院办理了查封登记。后来，乙人民法院依法拍卖该宗地，丙通过拍卖取得该宗地的国有建设用地使用权。乙人民法院向登记机构送达拍卖成交裁定书和协助执行通知书。拍卖成交裁定书载明：自本裁定书送达时起涉案土地的国有建设用地使用权转移给丙。协助执行通知书载明：登记机构解除涉案土地上的查封后将该宗地的国有建设用地使用权变更登记给丙，并将不动产权属证书交付给丙。登记机构按协助执行通知书要求注销该宗地上的查封登记后，将该宗地的国有建设用地使用权转移登记在丙名下。通知丙领取不动产权属证书时，丙到登记机构说他发现该宗地有其他问题，向乙人民法院提出异议后，乙人民法院撤销了执行裁定书，并向登记机构提交了乙人民法院制作的撤销执行裁定书的裁定书，明确表示其拒绝领取不动产权属证书，要求登记机构将国有建设用地使用权恢复登记到甲企业名下，同时，恢复乙人民法院对该国有建设用地使用权的查封登记。问：登记机构可否凭丙提交的乙人民法院制作的撤销执行裁定书的裁定书，将该宗地更正登记回甲企业名下，同时，恢复该宗地上的乙人民法院的查封登记？

笔者认为，登记机构不能凭丙提交的乙人民法院制作的撤销执行裁定书的裁定书，将该宗地更正登记回甲企业名下，也不能恢复该宗地上的乙人民法院的查封登记。

《民事诉讼法》第二百五十八条规定，在执行中，需要办理有关财产权证照转移手续的，人民法院可以向有关单位发出协助执行通知书，有关单位必须办理。在司法实务中，《最高人民法院、国土资源部、建设部关于依法规范人民法院执行和国土资源房地产管理部门协助执行若干问题的通知》（法发〔2004〕5号）第一条规定，人民法院在办理案件时，需要国土资源、房地产管理部门协助执行的，国土资源、房地产管理部门应当按照人民法院的生效法律文书和协助执行通知书办理协助执行事项。该通知第二十七条规定，人民法院制作的土地使用权、房屋所有权转移裁定送达权利受让人时即发生法律效力，人民法院应当明确告知权利受让人及时到国土资源、房地产管理部门申请土地、房屋权属变更、转移登记。国土资源、房地产管理部门依据生效法律文书进行权属登记时，当事人的土地、房屋权利应当追溯到相关法律文书生效之时。据此可知，协助执行单位在协助人民法院办理有关财产权证照转移手续时，依据的是人民法院送达的协助执行通知书，即协助执行通知书是启动不动产登记程序并办理不动产登记的嘱托文书，附随该协助执行通知书送达的房地产权利转移的执行裁定书是协助执行通知书的附件。本问中，登记机构按

第八部分　更正登记

乙人民法院送达的协助执行通知书要求注销该宗地上的查封登记后,将该宗地的国有建设用地使用权转移登记在丙名下后,被乙人民法院撤销的执行裁定书是该协助执行通知书的附件,而作为登记机构注销该宗地上的查封登记并将其国有建设用地使用权转移登记在丙名下的支撑证据的协助执行通知书没有被撤销,即登记机构注销该宗地上的查封登记和为丙办理的该宗地的国有建设用地使用权转移登记仍然有效。

《民事诉讼法》第二百四十条规定,执行完毕后,据以执行的判决、裁定和其他法律文书确有错误,被人民法院撤销的,对已被执行的财产,人民法院应当作出裁定,责令取得财产的人返还;拒不返还的,强制执行。据此可知,协助执行中,财产权利发生转移后,据以转移的判决、裁定和其他法律文书确有错误,被人民法院撤销的,已经转移的财产权利须凭人民法院的返还财产裁定才能转移回原权利人名下。如果财产权利人不履行人民法院的返还财产裁定的,还须人民法院实施强制执行措施将该财产权利转移回原权利人名下。本问中,登记机构按乙人民法院送达的协助执行通知书要求注销该宗地上的查封登记后,将该宗地的国有建设用地使用权转移登记在丙名下,此后,乙人民法院裁定撤销了执行裁定书,表明协助执行事项已经执行完毕,乙人民法院撤销了作为协助执行通知书附件的执行裁定书,登记机构可以凭甲持乙人民法院出具的返还土地裁定书提出的转移登记申请,或凭乙人民法院送达的协助执行通知书、返还土地裁定书,将该宗地的国有建设用地使用权转移登记回甲名下。因此,登记机构不能凭丙提交的乙人民法院制作的撤销执行裁定书的裁定书,将该宗地的国有建设用地使用权更正登记回甲企业名下。

按《民法典》第二百二十条第一款规定,权利人、利害关系人认为不动产登记簿记载的事项错误的,可以申请更正登记。据此可知,更正登记是纠正登记簿上的记载事项错误的不动产登记,换言之,登记簿上的记载事项没有错误的,则无须更正登记。本问中,该宗地上的查封登记,如前所述，已经被登记机构按照乙人民法院送达的协助执行通知书要求注销，但该协助执行通知书至今未被撤销，即登记机构办理的该查封登记注销登记并无错误，没有通过更正登记予以恢复的前提。因此，登记机构不能凭丙提交的乙人民法院制作的撤销执行裁定书的裁定书，通过更正登记恢复该宗地上的乙人民法院的查封登记。笔者认为，要恢复该宗地上的查封登记，须由乙人民法院向登记机构送达查封裁定书和协助执行通知书，嘱托登记机构重新为其办理查封登记。

第九部分 异议登记

第 106 问 申请人提交的以不动产登记程序违法为由起诉登记机构的行政案件受理通知书,登记机构可否用作延长异议登记期间的证据材料

有一处不动产登记在甲名下,利害关系人乙认为该处不动产应当是其与甲共有,要求甲将该处不动产更正为甲、乙共有,甲拒绝了乙的请求。乙遂向登记机构申请异议登记,登记机构经审查,将乙申请的异议登记记载在登记簿上。在异议登记被记载在登记簿上的第 10 天,乙向登记机构提交人民法院出具的案件受理通知书,请求延长异议登记的有效期间。登记机构经查验得知:乙向登记机构提交的是其以不动产登记程序违法为由起诉登记机构,请求人民法院判决撤销登记机构为甲办理的不动产登记的行政案件受理通知书。问:异议登记申请人乙提交的起诉登记机构的行政案件受理通知书,登记机构可否用作延长异议登记期间的证据?

笔者认为,异议登记申请人乙提交的起诉登记机构的行政案件受理通知书,登记机构不可以用作延长异议登记期间的证据。

《民法典》第二百一十六条第一款规定,不动产登记簿是物权归属和内容的根据。该法第二百二十条规定,权利人、利害关系人认为不动产登记簿记载的事项错误的,可以申请更正登记。不动产登记簿记载的权利人书面同意更正或者有证据证明登记确有错误的,登记机构应当予以更正。不动产登记簿记载的权利人不同意更正的,利害关系人可以申请异

议登记。登记机构予以异议登记，申请人自异议登记之日起十五日内不提起诉讼的，异议登记失效。异议登记不当，造成权利人损害的，权利人可以向申请人请求损害赔偿。据此可知，利害关系人认为登记簿上记载的不动产物权归属和内容错误，请求登记簿上记载的权利人予以更正，登记簿上记载的权利人不同意更正的，利害关系人才可以申请异议登记。登记簿上错误记载的不动产物权的归属和内容即异议事项。申请人自异议登记之日起十五日内不提起诉讼的，异议登记失效。反之，异议登记的效力持续，即异议登记的有效期间延长，延长至处理异议事项的法律文书生效之时。笔者据此认为，作为异议事项的登记簿上错误记载的不动产物权的归属和内容，属于民事权利和内容，利害关系人在申请异议登记前请求登记簿上的权利人予以更正，是将该错误记载的不动产物权归属和内容更正为正确的登记状态，是对民事权利的归属和内容的主张。在登记簿上的权利人不同意更正的情形下，利害关系人才可以申请异议登记，申请异议登记的目的，是在登记簿上的权利人处分不动产时，阻却他人善意取得该不动产物权，有利于自己进一步向登记簿上记载的权利人主张该不动产物权。进一步向登记簿上记载的权利人主张该不动产物权的手段是向人民法院提起诉讼，因此，利害关系人即异议登记申请人向人民法院提起的诉讼应当是民事诉讼，而非行政诉讼。换言之，异议登记被记载在登记簿上后，异议登记申请人须向登记机构提交针对异议事项提起民事诉讼的案件受理通知书后，异议登记的有效期间才能延长。因此，本问中，异议登记申请人乙提交的起诉登记机构的行政案件受理通知书不可以用作延长异议登记期间的证据材料。

按《不动产登记暂行条例》第二十二条第（二）项规定，申请人提交的不动产登记申请存在尚未解决的权属争议的，登记机构应当作不予登记处理。本问中，如果异议登记申请人乙向登记机构提交其以不动产登记程序违法为由起诉登记机构，请求人民法院判决撤销登记机构为甲办理的不动产登记的行政案件受理通知书后，甲因处分该不动产向登记机

第九部分　异议登记

构申请不动产登记时，表明甲因处分该不动产提交的不动产登记申请存在尚未解决的权属争议，登记机构应当在受理后作不予登记处理。当然，不满足受理条件的，则作不予受理处理。

第 107 问　申请人对登记簿上记载的异议登记申请的异议登记，登记机构可否办理

甲向乙出具委托书，委托乙：以乙的名义代甲与房地产开发企业签订商品房买卖合同，房屋交付后将该房屋登记在乙的名下，购房税费由甲承担。该委托书未公证。房屋交付后登记在乙名下，乙领取了不动产权属证书。若干年后，甲请求乙将房屋登记回其名下，乙拒绝。甲持其向乙出具的委托书等材料对登记在乙名下的房屋申请异议登记，异议登记记载在登记簿上后的第 14 天，甲以乙为被告向人民法院提起房屋权属确认的诉讼，人民法院向甲出具了案件受理通知书，甲向登记机构提交了该案件受理通知书复印件，以延续异议登记有效期间。在甲提起诉讼的案件开庭审理前，乙在其律师的陪同下，对登记簿上记载的甲的异议登记申请异议登记，其提交的主要材料有：甲向乙出具的委托书是甲伪造的情况说明、某银行出具的拟抵押房屋上有异议登记而拒绝接受抵押的通知、甲拒绝乙请求纠正其错误的异议登记的微信信息转化的纸介质材料等。登记机构询问乙时，乙告诉登记人员：银行说他能证明甲的异议登记错误，银行就接受他的房屋抵押，向他发放贷款。问：对乙申请的异议登记，登记机构可否办理？

笔者认为，对乙申请的异议登记，登记机构可以办理。

《民法典》第二百二十条规定："权利人、利害关系人认为不动产登记簿记载的事项错误的，可以申请更正登记。不动产登记簿记载的权利人书面同意更正或者有证据证明登记确有错误的，登记机构应当予以更正。不动产登记簿记载的权利人不同意更正的，利害关系人可以申请异议登记。登记机构予以异议登记，申请人自异议登记之日起十五日内不提起

- 187 -

诉讼的，异议登记失效。异议登记不当，造成权利人损害的，权利人可以向申请人请求损害赔偿。"据此可知，当事人申请异议登记时应当同时具备的条件有：一是当事人申请的异议登记的针对事项是登记簿上错误的记载事项；二是当事人申请异议登记前向登记簿上记载的权利人请求过更（纠）正登记簿上错误的记载事项，但被权利人拒绝；三是异议登记申请人是登记簿上错误的记载事项对其享有不动产物权或行使不动产物权有利害关系的人。本问中，第一，乙申请的异议登记针对的对象是登记簿上记载的甲针对乙的房屋权属的异议登记，乙对登记簿上记载的甲的异议登记申请异议登记时提交了甲向乙出具的委托书是甲伪造的情况说明，以此证明登记簿上记载的甲的异议登记是不正确的；第二，乙申请异议登记时，提交的材料中有"甲拒绝乙请求纠正其错误的异议登记的微信信息转化的纸介质材料"，以此证明乙在申请异议登记前请求过甲更（纠）正其记载在登记簿上的错误的异议登记，但被甲拒绝；第三，乙申请异议登记时，提交的材料中有"某银行出具的拟抵押房屋上有异议登记而拒绝接受抵押的通知"。登记机构询问乙时，乙告诉登记人员：银行告知他能证明甲的异议登记错误，银行就接受他的房屋抵押，向他发放贷款。以此证明甲记载在登记簿上的异议登记对乙用房屋作抵押获取贷款有不利影响，即甲记载在登记簿上的异议登记对乙行使房屋所有权中的处分权能有利害关系，乙是甲记载在登记簿上的异议登记的利害关系人。概言之，乙申请异议登记的法定条件具备，对其申请的异议登记，登记机构可以办理。

第十部分 协助执行

第 108 问　登记机构可否按人民法院送达的协助执行通知书要求，对一宗出让取得的但未首次登记的国有建设用地使用权办理预查封登记

人民法院向登记机构送达协助执行通知书、执行裁定书、土地出让合同复印件，要求登记机构对一宗因出让取得的但尚未办理首次登记的国有建设用地使用权办理预查封登记。问：登记机构可否按人民法院送达的协助执行通知书要求，对该宗国有建设用地使用权办理预查封登记？

笔者认为，登记机构应当按人民法院送达的协助执行通知书要求，对该宗国有建设用地使用权办理预查封登记。

《最高人民法院、国土资源部、建设部关于依法规范人民法院执行和国土资源房地产管理部门协助执行若干问题的通知》（法发〔2004〕5号）第三条规定，对人民法院查封或者预查封的土地使用权、房屋，国土资源、房地产管理部门应当及时办理查封或者预查封登记。该通知第十三条规定，被执行人全部缴纳土地使用权出让金但尚未办理土地使用权登记的，人民法院可以对该土地使用权进行预查封。按《不动产登记规程》（TD/T 1095—2024）4.2.3 条之 c）规定，未办理不动产首次登记的情形下，可以办理预查封登记。据此可知，对被执行人因出让取得的但尚未办理首次登记的国有建设用地使用权，人民法院可以进行预查封，登记机构也应当按人民法院送达的协助执行通知书要求即时在登记簿上作预查封登记。但是，被预查封的国有建设用地使用权尚未首次登记，登记簿尚未编制，预查封登记该怎样记载呢？

笔者认为，登记机构按人民法院送达的协助执行通知书要求即时在登记簿上作预查封登记是履行自己的协助执行义务，此情形下，登记机构应当按人民法院送达的土地出让合同复印上载明的宗地信息编制登记簿后，再将该土地出让合同复印件上载明的被执行人因出让取得该宗国有建设用地使用权的相关信息录入登记簿，在此基础上为人民法院记载预查封登记。但是，按《民法典》第三百四十九条规定，设立建设用地使用权的，应当向登记机构申请建设用地使用权登记。建设用地使用权自登记时设立。据此可知，本问中，被执行人没有申请其因出让取得的国有建设用地使用权登记，人民法院只是要求登记机构办理对该宗地的预查封登记，没有要求登记机构办理该宗地的国有建设用地使用权登记，因此，登记机构在登记簿上录入被执行人因出让取得该宗国有建设用地使用权的相关信息时，不得填写国有建设用地使用权的登记时间，以表明该宗国有建设用地使用权尚未首次登记。

第 109 问　登记机构可否协助人民法院办理只签订了房地产转让合同的房屋的预查封登记

张三将登记在其名下的一处房地产转让给李四，签订了房地产转让合同，但一直没有办理因转让房地产产生的转移登记，也没有办理房地产权利转移预告登记。之后，李四与他人发生诉讼，案件终审后进入执行程序，人民法院向登记机构送达协助执行通知书、执行裁定书、张三与李四签订的房地产转让合同复印件，要求登记机构对李四受让的房屋办理预查封登记。问：登记机构可否按人民法院的要求对李四受让的房屋办理预查封登记？

有观点认为，房屋尚未转移登记到李四名下，也没有办理房地产权利转移预告登记，李四的房地产权利在登记簿上没有记载，不具备办理预查封登记的前提。另外，《最高人民法院、国土资源部、建设部关于依法规范人民法院执行和国土资源房地产管理部门协助执行若干问题的通知》(法发〔2004〕5号)第十五条规定:"下列房屋虽未进行房屋所有权登记,人民法院也可以进行预查封:(一)作为被执行人的房地产开发企业,已办理了商品房预售许可证且尚未出售的房屋;(二)被执行人购买的已由房地产开发企业办理了房屋权属初始登记的房屋;(三)被执行人购买的办理了商品房预售合同登记备案手续或者商品房预告登记的房屋。"据此可知,本问中,李四受让的房屋虽然签订了房地产转让合同,但一直没有办理因转让房地产产生的转移登记,也没有办理房地产权利转移预告登记,不属于前述司法解释规定的可以被人民法院预查封的房地产。因此,登记机构不能够按人民法院的要求对李四受让的房屋办理预查封登记。笔者不支持此观点。

一、人民法院实施预查封的对象可以是被执行人基于合同或协议取得的不动产物权的期待权

《最高人民法院、国土资源部、建设部关于依法规范人民法院执行和国土资源房地产管理部门协助执行若干问题的通知》(法发〔2004〕5号)第十五条规定:"下列房屋虽未进行房屋所有权登记,人民法院也可以进行预查封:(一)作为被执行人的房地产开发企业,已办理了商品房预售许可证且尚未出售的房屋;(二)被执行人购买的已由房地产开发企业办理了房屋权属初始登记的房屋;(三)被执行人购买的办理了商品房预售合同登记备案手续或者商品房预告登记的房屋。"该通知第十六条规定,国土资源、房地产管理部门应当依据人民法院的协助执行通知书和所附的裁定书办理预查封登记。土地、房屋权属在预查封期间登记在被执行人名下的,预查封登记自动转为查封登记,预查封转为正式查封后,查封期限从预查封之日起开始计算。申言之,人民法院实施预查封的对象可以是被执行人基于合同或协议享有的不动产物权的期待权。在不动产物权登记到被执行人名下后,该不动产物权的期待权因其期待的目的实现而消灭,登记簿上既有的预查封登记自动转为查封登记。概言之,人民法

院实施预查封的对象可以是被执行人基于合同或协议取得的不动产物权的期待权,实施查封的对象是被执行人享有的不动产物权。本问中,李四受让的房屋虽然只签订了房地产转让合同,但一直没有办理因转让房地产产生的转移登记,也没有办理房地产权利转移预告登记,但李四基于房地产转让合同对该房地产权利享有的期待权,作为人民法院实施预查封的对象适格。

二、对执行标的可否作预查封的对象作审查是对法律文书作实体审查,不属于登记机构的审查范围

何为对法律文书作实体审查,据笔者查询,现时的法律、法规、规章和政策均无明确规定。《民事诉讼法》第一百六十四条第一款规定,当事人不服地方人民法院第一审判决的,有权在判决书送达之日起十五日内向上一级人民法院提起上诉。该法第一百六十八条规定,第二审人民法院应当对上诉请求的有关事实和适用法律进行审查。据此可知,我国的民事审判实行二审终审制,对当事人就一审人民法院作出的法律文书提出的上诉,二审人民法院对该法律文书确认的事实是否清楚和适用的法律是否正确进行审查。笔者据此认为,二审人民法院对被上诉的一审人民法院作出的法律文书的审查即实体审查。申言之,登记机构协助人民法院办理相关不动产登记时,对人民法院送达的协助执行通知书、执行裁定书确认的事实是否清楚和适用的法律是否正确进行审查,即对人民法院送达的该协助执行通知书、执行裁定书作实体审查。本问中,登记机构若对人民法院可否对李四享有的房地产权利的期待权实施预查封进行审查,就是对人民法院送达的协助执行通知书、执行裁定书认定的事实是否清楚作审查,换言之,登记机构若对人民法院可否对李四享有的房地产权利的期待权实施预查封进行审查,是对人民法院送达的协助执行通知书、执行裁定书作实体审查,不符合《最高人民法院、国土资源部、建设部关于依法规范人民法院执行和国土资源房地产管理部门协助执行

若干问题的通知》(法发〔2004〕5号号)第三条第二款关于"国土资源、房地产管理部门在协助人民法院执行土地使用权、房屋时,不对生效法律文书和协助执行通知书进行实体审查"的规定。笔者认为,前述《最高人民法院、国土资源部、建设部关于依法规范人民法院执行和国土资源房地产管理部门协助执行若干问题的通知》(法发〔2004〕5号)第十五条规定,由人民法院实施查封、预查封时把握,登记机构无须过问。

三、本问的实务处理

《最高人民法院、国土资源部、建设部关于依法规范人民法院执行和国土资源房地产管理部门协助执行若干问题的通知》(法发〔2004〕5号)第一条第一款规定,人民法院在办理案件时,需要国土资源、房地产管理部门协助执行的,国土资源、房地产管理部门应当按照人民法院的生效法律文书和协助执行通知书办理协助执行事项。据此可知,登记机构按人民法院送达的协助执行通知书要求即时在登记簿上作预查封登记是履行自己的协助执行义务,此情形下,登记机构应当按人民法院送达的张三与李四签订的房地产买卖合同复印件在登记簿上录入被执行人李四受让的房地产的相关信息后,记载预查封登记。但是,《民法典》第二百一十四条规定,不动产物权的设立、变更、转让和消灭,依照法律规定应当登记的,自记载于不动产登记簿时发生效力。据此可知,一般情形下,基于民事法律行为设立、变更、转让和消灭不动产物权的,自记载于登记簿上时起生效。本问中,张三与李四签订房地产转让合同,将登记在其名下的房地产转让给李四,系基于民事法律行为转让房地产权利,自该房地产权利在登记簿上记载在李四名下时起,李四才依法享有该房地产权利,因此,登记机构在登记簿上录入被执行人李四受让取得该房地产权利的相关信息时,不得填写房地产转移登记时间,以表明该房地产权利尚未完成转移登记,李四尚未取得该房地产权利。

第 110 问　人民法院送达协助执行通知书要求将被执行人未经首次登记的房屋过户登记给申请执行人的，登记机构该如何办理

甲因出让取得了一宗地的国有建设用地使用权，办理了国有建设用地使用权首次登记，领取了不动产权属证书。之后，甲在该宗地上建造了一幢综合楼，综合楼竣工至今未办理首次登记。乙与甲产生债务纠纷，通过诉讼后，人民法院支持了乙的诉讼请求，乙申请人民法院执行。现人民法院向登记机构送达协助执行通知书，要求登记机构将登记在甲名下的国有建设用地使用权和地上房屋所有权过户登记给乙。附随协助执行通知书送达的执行裁定书载明：登记在甲名下的国有建设用地使用权和地上房屋所有权抵债归乙。附随协助执行通知书送达的建设工程规划许可证、建设工程竣工验收备案表复印件上的主体却是甲。问：对人民法院送达的协助执行通知书要求的将登记在甲名下的国有建设用地使用权和地上未经首次登记的房屋所有权过户登记给乙，登记机构该怎样办理？

笔者认为，登记机构应当将地上房屋所有权首次登记在甲名下后，再将房地产权利一并转移（过户）登记给乙。

本问中，人民法院向登记机构送达协助执行通知书，要求登记机构将登记在甲名下的国有建设用地使用权和地上房屋所有权过户登记给乙，即要求登记机构将登记在甲名下的国有建设用地使用权和地上未经首次登记的房屋所有权转移登记给乙，表明：一是将登记在甲名下的国有建设用地使用权转移登记给乙；二是将地上未经首次登记的房屋所有权首次登记给甲后，再转移登记给乙。如果地上房屋所有权不首次登记给甲，则没有转移登记的前提，就不能按协助执行通知书要求将地上房屋所有权转移登记乙。另外，附随协助执行通知书送达的建设工程规划许可证、建设工程竣工验收备案表复印件上的主体却是甲，表明甲合法建造的房屋已经竣工，且自该房屋竣工时起，甲无须办理不动产登记即依法、即时享有该房屋的所有权。《不动产登记规程》（TD/T 1095—2024）5.2.5.3 条

第十部分 协助执行

规定,对未办理首次登记的不动产,具备首次登记条件的,不动产登记机构应按照人民法院生效法律文书和协助执行通知书,一并办理首次登记和转移登记或者首次登记和查封登记;不具备首次登记条件的,不动产登记机构应向人民法院书面说明情况,不予办理登记,但具备预查封条件的除外。因此,登记机构应当凭协助执行通知书及附随其送达的执行裁定书等材料将地上房屋所有权首次登记在甲名下后,实现房地产主体同一,再将国有建设用地使用权和地上房屋所有权一并直接转移(过户)登记给乙。

在司法实务中,《最高人民法院关于审理房屋登记案件若干问题的规定》(法释〔2010〕15号)第二条第一款规定,房屋登记机构根据人民法院、仲裁委员会的法律文书或者有权机关的协助执行通知书以及人民政府的征收决定办理的房屋登记行为,公民、法人或者其他组织不服提起行政诉讼的,人民法院不予受理,但公民、法人或者其他组织认为登记与有关文书内容不一致的除外。据此可知,登记机构按人民法院送达的协助执行通知书内容办理的房屋登记,公民、法人或者其他组织认为登记机构办理的房屋登记与人民法院送达的协助执行通知书内容不一致的,可以向人民法院提起行政诉讼,人民法院也会予以受理,且登记机构可能因此承受不利后果。本问中,甲没有申请地上房屋所有权首次登记,人民法院送达的协助执行通知书也没有要求登记机构为甲办理地上房屋所有权首次登记,登记机构凭协助执行通知书及附随其送达的执行裁定书等材料将地上房屋所有权首次登记在甲名下是否与人民法院送达的协助执行通知书内容一致?

《民事诉讼法》第二百五十八条规定,在执行中,需要办理有关财产权证照转移手续的,人民法院可以向有关单位发出协助执行通知书,有关单位必须办理。在司法实务中,《最高人民法院、国土资源部、建设部关于依法规范人民法院执行和国土资源房地产管理部门协助执行若干问题的通知》(法发〔2004〕5号)第一条第一款规定,人民法院在办理案件时，需要国土资源、房地产管理部门协助执行的，国土资源、房地产管理部门应当按照人民法院的生效法律文书和协助执行通知书办理协助执行事项。在不动产登记实务中，按《不动产登记暂行条例实施细则》第十九条第二款第（一）项规定，人民法院持生效法律文书和协助执行通知书要求不动产登记机构办理登记的，不动产登记机构应当直接办理不动产登记。据此可知，人民法院向登记机构送达协助执行通知书要求办理不动产登记的，登记机构应当按人民法院送达的协助执行通知书要求直接办理。本问中，虽然人民法院送达的协助执行通知书没有要求登记机构为甲办理地上房屋所有权首次登记，但要求将甲（被执行人）未经首次登记的地上房屋所有权过户登记给乙，如前所述，登记机构凭协助执行通知书及附随其送达的执行裁定书等材料将地上房屋所有权首次登记在甲名下，就是为将该房屋所有权过户登记给乙建立前提，因此，登记机构凭协助执行通知书及附随其送达的执行裁定书等材料将地上房屋所有权首次登记在甲名下与人民法院送达的协助执行通知书内容是一致的。

另外，《民法典》第二百二十九条规定，因人民法院、仲裁机构的法律文书或者人民政府的征收决定等，导致物权设立、变更、转让或者消灭的，自法律文书或者征收决定等生效时发生效力。据此可知，基于人民法院的确认权属的法律文书取得的不动产物权，自该法律文书生效时起，权利人无须办理不动产登记即依法、即时享有该不动产物权。本问中，附随协助执行通知书送达的执行裁定书载明：登记在甲名下的国有建设用地使用权和地上房屋所有权抵债归乙，表明自该执行裁定书生效时起，乙无须办理不动产登记即依法、即时享有该国有建设用地使用权和地上房屋所有权，此情形下，执行裁定书不仅是乙享有国有建设用地使用权和地上房屋所有权的权利来源的凭证，更是乙享有该国有建设用地使用权和地上房屋所有权的权利凭证。如果人民法院送达的协助执行通知书要求登记机构将登记在甲名下的国有建设用地使用权和地上房屋所有权登记给乙，则表明协助执行通知书对不动产登记类型没有作具体要求，

第十部分 协助执行

只要能够将该国有建设用地使用权和地上房屋所有权登记到乙名下即可，因此，登记机构可以凭协助执行通知书和附随其送达的执行裁定书将房屋所有权直接首次登记给乙。即登记机构可以凭协助执行通知书和附随其送达的执行裁定书直接将登记在甲名下的国有建设用地使用权转移登记给乙后，再将地上房屋所有权直接首次登记给乙，尔后，直接向乙颁发载明国有建设用地使用权及地上房屋所有权的不动产权属证书。

第 111 问 协助执行实现抵押权产生的不动产登记时，作为抵押物的树种事前已经发生变化的，登记机构适用什么不动产登记类型

甲通过其他方式取得一宗地的集体土地经营权后，在地上成片种植了乙种树，甲办理了集体土地经营权及地上林木所有权首次登记，领取了某字第 YJ00S00468 号不动产权属证书，登记簿和不动产权属证书上记载的树种为乙。后来，甲为了获取借款将该集体土地经营权及地上林木所有权抵押给丙，甲、丙办理了抵押权登记。债务履行期间届满后，甲没有履行还款付息义务，丙通过人民法院实现抵押权。现人民法院向登记机构送达协助执行通知书和执行裁定书，执行裁定书载明：甲名下的某字第 YJ00S00468 号不动产权属证书载明的集体土地经营权及地上林木所有权抵债归丙；协助执行通知书载明：将甲名下的某字第 YJ00S00468 号不动产权属证书载明的集体土地经营权及地上林木所有权过户登记给丙。在登记机构将甲名下的某字第 YJ00S00468 号不动产权属证书载明的集体土地经营权及地上林木所有权转移登记给丙前，丙自行向登记机构提交书面情况说明，告知登记机构：地上的乙种树在丙向人民法院起诉甲前一年已经被甲伐完售出，地上现时种植的是丁种树，请求登记机构将地上树种直接登记为丁。问：对人民法院送达的协助执行通知书要求和丙的请求，登记机构适用什么不动产登记类型？

笔者认为，登记机构应当按人民法院送达的协助执行通知书要求，将甲名下的某字第 YJ00S00468 号不动产权属证书载明的集体土地经营权及地上林木所有权转移登记给丙。

《民事诉讼法》第二百五十八条规定，在执行中，需要办理有关财产权证照转移手续的，人民法院可以向有关单位发出协助执行通知书，有关单位必须办理。在司法实务中，《最高人民法院、国土资源部、建设部关于依法规范人民法院执行和国土资源房地产管理部门协助执行若干问题的通知》（法发〔2004〕5号）第一条第一款规定，人民法院在办理案件时，需要国土资源、房地产管理部门协助执行的，国土资源、房地产管理部门应当按照人民法院的生效法律文书和协助执行通知书办理协助执行事项。申言之，人民法院在办理案件时，需要登记机构协助执行的，登记机构应当按照人民法院的生效法律文书和协助执行通知书办理相关协助执行事项。在不动产登记实务中，按《不动产登记暂行条例实施细则》第十九条第二款第（一）项规定，人民法院持生效法律文书和协助执行通知书要求不动产登记机构办理登记的，不动产登记机构直接办理不动产登记。据此可知，人民法院向登记机构送达协助执行通知书要求办理不动产登记的，登记机构应当按人民法院送达的协助执行通知书要求直接办理。本问中，人民法院向登记机构送达的协助执行通知书载明：将甲名下的某字第 YJ00S00468 号不动产权属证书载明的集体土地经营权及地上林木所有权过户登记给丙。因此，登记机构应当按人民法院送达的协助执行通知书要求，将甲名下的某字第 YJ00S00468 号不动产权属证书载明的集体土地经营权及地上林木所有权转移登记给丙。

但是，《民法典》第二百三十一条规定，因合法建造、拆除房屋等事实行为设立或者消灭物权的，自事实行为成就时发生效力。据此可知，以拆除房屋等事实行为消灭不动产物权的，自拆除房屋等事实行为成就时起相应的不动产物权无须办理不动产注销登记即依法、即时消灭。申言之，以消灭不动产实体的事实行为消灭不动产物权的，自不动产实体消灭时起，无须办理注销登记，不动产物权即依法、即时消灭。本问中，丙自行向登记机构提交书面情况说明，告知登记机构：地上的乙种树在丙

第十部分 协助执行

向人民法院起诉甲前一年已经被甲伐完售出,地上现时种植的是丁种树。此情形下,登记机构应当在丙的协助下实地查看以核实地上现时种植的是否是丁种树,若是丁种树,则作为登记簿上和某字第 YJ00S00468 号不动产权属证书上载明的乙种树的林木所有权,自甲伐完时起消灭,树木购买人取得的是作为动产的树木的所有权。若如此,人民法院送达的协助执行通知书要求登记机构将甲名下的某字第 YJ00S00468 号不动产权属证书载明的已经依法消灭的乙种树的林木所有权过户登记给丙,属于执行事项存在权属错误的情形。在司法实务中,按《最高人民法院、国土资源部、建设部关于依法规范人民法院执行和国土资源房地产管理部门协助执行若干问题的通知》(法发〔2004〕5号)第三条第一款规定,国土资源、房地产管理部门认为人民法院查封、预查封或者处理的土地、房屋权属错误的,可以向人民法院提出审查建议,但不应当停止办理协助执行事项。申言之,登记机构认为人民法院查封、预查封或者处理的不动产权属存在错误的,可以向人民法院提出审查建议,但不应当停止办理协助执行事项。本问中,登记机构在按人民法院送达的协助执行通知书要求,将甲名下的某字第 YJ00S00468 号不动产权属证书载明的集体土地经营权及地上林木所有权转移登记给丙时,应当向人民法院提出书面审查建议,该建议应当载明协助办理转移(过户)登记的乙种树的林木所有权自甲伐完时起消灭的事实,该协助转移(过户)事项存在权属错误的证据和请求人民法院重新审查的建议、依据等。

本问中,对丙拟将地上树种直接登记为丁种树的请求,登记机构应当明确告知丙:登记机构必须即时按人民法院送达的协助执行通知书要求将甲名下的某字第 YJ00S00468 号不动产权属证书载明的集体土地经营权及地上林木所有权转移登记给丙,不能按其请求将地上树种直接登记为丁种树。若人民法院送达的协助执行通知书要求登记机构将树种直接登记为丁种树的,登记机构可遵照执行。

第 112 问　人民法院送达的协助执行通知书载明的协助执行事项不明确的，登记机构该如何处理

甲以一次性付款的方式向乙房地产开发企业购买了 10 间门市，签订了商品房预售合同，但没有办理商品房预售合同备案和预购商品房预告登记。后来，甲与丙发生诉讼，案件审理终结时房屋尚未竣工，丁人民法院向登记机构送达协助执行通知书和执行裁定书。执行裁定书载明：甲与乙房地产开发企业签订商品房预售合同购买的 10 间门市归丙。协助执行通知书载明协助执行事项：在具备相关条件和完善相关手续后将甲与乙房地产开发企业签订商品房预售合同购买的 10 间门市过户登记在丙名下。问：对丁人民法院送达的协助执行通知书，登记机构该如何处理？

笔者认为，由于丁人民法院送达的协助执行通知书载明的协助执行事项不明确、不具体，登记机构应当致函丁人民法院，请求其对该协助执行通知书载明的协助执行事项予以明确、具体后，再根据明确、具体的协助执行事项办理相关不动产登记。

在司法实务中，《最高人民法院、国土资源部、建设部关于依法规范人民法院执行和 国土资源房地产管理部门协助执行若干问题的通知》（法发〔2004〕5 号 号）第一条第一款规定，人民法院在办理案件时，需要国土资源、房地产管理部门协助执行的，国土资源、房地产管理部门应当按照人民法院的生效法律文书和协助执行通知书办理协助执行事项。《最高人民法院关于印发执行文书样式的通知》（法发〔2009〕11 号）第四十三条规定，通知请予协助执行的内容，应具体明确地加以表述。据此可知，登记机构协助人民法院办理案件时，按照人民法院送达的生效法律文书和协助执行通知书载明的事项办理相关不动产登记是其职责，但人民法院向登记机构送达的协助执行通知书载明的要求协助办理的不动产登记事项应当明确、具体，否则，登记机构不能履行或不能充分履行协助人民法院办理相关不动产登记的职责。本问中，丁人民法院向登记机

第十部分　协助执行

构送达的协助执行通知书载明协助执行事项：在具备相关条件和完善相关手续后将甲与乙房地产开发企业签订商品房预售合同购买的 10 间门市过户登记在丙名下。其中的措辞"具备相关条件和完善相关手续"，笔者认为，这是对协助执行事项的模糊表达，即该协助执行通知书对要求协助执行的内容，没有明确、具体地加以表述，与前述《最高人民法院关于印发执行文书样式的通知》（法发〔2009〕11 号）第四十三条规定不符，因此，登记机构应当致函丁人民法院，请求其对该协助执行通知书载明的协助执行事项予以明确、具体（如在房屋竣工且满足交付使用的情形下，将甲与乙房地产开发企业签订商品房预售合同购买的 10 间门市过户登记给丙），再根据明确、具体的协助执行事项办理相关不动产登记。

第 113 问　破产管理人申请的注销查封登记，登记机构可否办理

登记在甲企业名下的房地产上有 A 人民法院的查封登记。后来，甲企业向 B 人民法院申请破产，B 人民法院裁定受理了破产申请，同时指定乙会计师事务所为管理人。现管理人乙会计师事务所持受理破产申请裁定书和指定管理人决定书等材料向登记机构申请注销 A 人民法院的查封登记。问：对管理人乙会计师事务所申请的注销 A 人民法院的查封登记，登记机构可否办理？

有观点认为，《最高人民法院、国土资源部、建设部关于依法规范人民法院执行和国土资源房地产管理部门协助执行若干问题的通知》（法发〔2004〕5 号）第三条第一款规定，对人民法院查封或者预查封的土地使用权、房屋，国土资源、房地产管理部门应当及时办理查封或者预查封登记。国家发展改革委、最高人民法院、财政部、人力资源社会保障部、自然资源部、住房和城乡建设部等部委联合发布实施的《关于推动和保障管理人在破产程序中依法履职进一步优化营商环境的意见》（发改财金规〔2021〕274 号）第十八条规定："依法解除破产企业财产保全措施。人民法院裁定受理企业破产案件后，管理人持受理破产申请裁定书和指定管

理人决定书，依法向有关部门、金融机构申请解除对破产企业财产的查封、扣押、冻结等保全措施的，相关部门和单位应当根据企业破产法规定予以支持配合。保全措施解除后，管理人应当及时通知原采取保全措施的相关部门和单位。管理人申请接管、处置海关监管货物的，应当先行办结海关手续，海关应当对管理人办理相关手续提供便利并予以指导。（最高人民法院、自然资源部、人民银行、海关总署、税务总局、银保监会、证监会等按职责分工负责）。"据此可知，办理查封登记是登记机构的职责，申言之，办理注销查封登记也是登记机构的职责，登记机构根据管理人的申请办理注销查封登记，使被查封的破产企业的房地产恢复到没有查封登记的状态，就是履行自己的职责。因此，本问中，对管理人乙会计师事务所申请的注销 A 人民法院的查封登记，登记机构可以办理。笔者不支持此观点。

一、破产企业财产上的保全措施的解除，遵循"谁保全谁解除"的原则

《企业破产法》第十九条规定，人民法院受理破产申请后，有关债务人财产的保全措施应当解除，执行程序应当中止。在司法实务中，《破产法司法解释（二）》第七条规定，对债务人财产已采取保全措施的相关单位，在知悉人民法院已裁定受理有关债务人的破产申请后，应当依照企业破产法第十九条的规定及时解除对债务人财产的保全措施。据此可知，无论是诉前、诉中，还是执行程序中对债务人财产实施查封、扣押等保全措施的人民法院，在受理债务人的破产申请后，应当自行解除其在债务人财产上实施的查封、扣押等保全措施。在知悉其他人民法院受理债务人的破产申请后，也应当解除其在债务人财产上实施的查封、扣押等保全措施。概言之，"谁保全谁解除"是法律、司法解释的规定确立的解除债务人财产上的查封、扣押等保全措施的原则。

第十部分 协助执行

二、不动产登记簿上记载的查封登记不是狭义的保全措施，是保全措施的落实手段

在司法实务中，《最高人民法院、国土资源部、建设部关于依法规范人民法院执行和国土资源房地产管理部门协助执行若干问题的通知》（法发〔2004〕5号）第三条规定，对人民法院查封或者预查封的土地使用权、房屋，国土资源、房地产管理部门应当及时办理查封或者预查封登记。国土资源、房地产管理部门在协助人民法院执行土地使用权、房屋时，不对生效法律文书和协助执行通知书进行实体审查。国土资源、房地产管理部门认为人民法院查封、预查封或者处理的土地、房屋权属错误的，可以向人民法院提出审查建议，但不应当停止办理协助执行事项。据此可知，对人民法院要求办理查封登记、预查封登记的生效法律文书和协助执行通知书，登记机构无权实施实体审查，只能按照生效的法律文书和协助执行通知书要求在相关的不动产上记载查封登记、预查封登记。申言之，登记机构记载在登记簿上的查封登记、预查封登记不是查封、预查封等财产保全措施，而是查封、预查封等财产保全措施的落实手段。笔者认为，从广义上看，登记机构在登记簿上记载的查封登记，是人民法院采取的保全措施的延伸，也属于保全措施。从狭义上看，查封、扣押等保全措施只能由人民法院等有权的国家机关实施，登记机构只是按这些有权的国家机关的嘱托，通过在登记簿上记载查封登记以落实保全措施，因此，查封登记属于对有权的国家机关采取的保全措施的协助行为，是保全措施的落实手段。如前所述，《最高人民法院、国土资源部、建设部关于依法规范人民法院执行和国土资源房地产管理部门协助执行若干问题的通知》（法发〔2004〕5号）第三条规定体现的是狭义的查封、扣押。概言之，查封、预查封等财产保全措施，只能由人民法院等有权的国家机关实施，由登记机构通过在登记簿上记载查封登记、预查封登记来具体落实。

三、本案的实务处理

在不动产登记实务中,《不动产登记暂行条例实施细则》第九十条规定:"人民法院要求不动产登记机构办理查封登记的,应当提交下列材料:(一)人民法院工作人员的工作证;(二)协助执行通知书;(三)其他必要材料。"该实施细则第九十二条规定,查封期间,人民法院解除查封的,不动产登记机构应当及时根据人民法院协助执行通知书注销查封登记。据此可知,无论是查封登记的办理还是注销查封登记的办理,登记程序均依人民法院的协助执行通知书启动,即无论是查封登记还是注销查封登记,都属于嘱托登记。所谓嘱托登记,是指登记机构根据有权的国家机关的嘱托登记文书办理的不动产登记。概言之,无论是查封登记还是注销查封登记,均是不能依相关当事人的申请启动的不动产登记。因此,本问中,对管理人乙会计师事务所申请的注销A人民法院的查封登记,登记机构不能办理。

在工作实务中,国家发展改革委、最高法、财政部、人力资源社会保障部、自然资源部、住房和城乡建设部等部委联合发布实施的《关于推动和保障管理人在破产程序中依法履职进一步优化营商环境的意见》(发改财金规〔2021〕274号)第十八条规定:"依法解除破产企业财产保全措施。人民法院裁定受理企业破产案件后,管理人持受理破产申请裁定书和指定管理人决定书,依法向有关部门、金融机构申请解除对破产企业财产的查封、扣押、冻结等保全措施的,相关部门和单位应当根据企业破产法规定予以支持配合。保全措施解除后,管理人应当及时通知原采取保全措施的相关部门和单位。管理人申请接管、处置海关监管货物的,应当先行办结海关手续,海关应当对管理人办理相关手续提供便利并予以指导。(最高人民法院、自然资源部、人民银行、海关总署、税务总局、银保监会、证监会等按职责分工负责)"据此可知,人民法院裁定受理企业破产案件申请后,破产企业财产上的查封、扣押、冻结等保全措施的解

第十部分　协助执行

除由最高人民法院、自然资源部、人民银行、海关总署、税务总局、银保监会、证监会等按职责分工负责。申言之，人民法院裁定受理企业破产案件申请后，破产企业财产上现存的查封、扣押、冻结等保全措施，由实施保全措施的国家机关解除，落实保全措施的机关凭解除保全措施的材料解除落实保全措施的手段，使破产企业财产恢复到没有被查封、扣押、冻结等保全措施的状态。因此，本问中，管理人乙会计师事务所应当持受理破产申请裁定书和指定管理人决定书等材料向 A 人民法院申请解除查封，A 人民法院予以解除查封的，向登记机构送达解除查封的裁定书和协助执行通知书，登记机构据此注销 A 人民法院的查封登记。

第十一部分 其 他

第 114 问 分期开发中的第一批房屋转移登记到业主名下后,宗地的国有建设用地使用权该登记给谁

某房地产开发企业以出让方式取得一宗用途为商住的国有建设用地的使用权后,办理了国有建设用地使用权首次登记,领取了不动产权属证书。按宗地规划条件,该房地产开发企业决定分三期完成开发建设。第一期开发建设完成后,房地产开发企业拟将售出的商品房转移登记给购房人。问:由于当地没有实行房屋分摊土地的制度,宗地上第一期开发建设的已售房屋转移登记办结时,登记簿上的国有建设用地使用权是同时登记在"某房地产开发企业"和"某小区全体业主"名下,还是登记在"某小区全体业主"名下,抑或仍然登记在"某房地产开发企业"名下?

据笔者调查,关于此问题,不动产登记实务上的困惑主要有:一是将宗地的国有建设用地使用权登记在"某房地产开发企业"和"某小区全体业主"名下,这样既保护了全体购房人利益,也便于房地产开发企业办理第二期、第三期开发建设手续。但是,由于宗地的国有建设用地使用权是同时登记在"某房地产开发企业"和"某小区全体业主"名下的,如果发生人民法院因审理、执行案件需要查封房地产开发企业的土地时,往往是一并查封,若如此,不利于购房人享有权利、行使权利。因此,将宗地的国有建设用地使用权同时登记在"某房地产开发企业"和"某小区全体业主"名下欠妥。二是如果在第一期开发建设的已售房屋转移登记办结时,基于地随房走的原则,将登记在房地产开发企业名下的国有建设用地使用权转移登记到"某小区全体业主"名下,则房地产开发企业名下再也没有该宗地的国有建设用地使用权。但本宗地是按规划条件分期开发建设的，第一期开发建设的已售房屋转移登记办结后，房地产开发企业名下就没有了本宗地的国有建设用地使用权，那么，房地产开发企业在办理第二期、第三期的开发建设手续及楼盘的预售、权属登记等手续时无有效的土地权属证明，又不利于房地产开发企业的利益保护，此种做法也不当。三是如果仍然登记在某房地产开发企业名下，则没有国有建设用地使用权登记在业主名下，不能体现房地一并转移、一并登记的原则，也不利于业主的权益保护。这些困惑如何解决？

笔者认为，房地产开发企业是登记簿上记载的原权利人，由于当地没有实行房屋分摊土地的制度，第一期开发建设的已售房屋转移登记办结时，基于地随房走的原则，全体购房人基于取得房屋所有权而享有该宗地的相应的国有建设用地使用权，即房地产开发企业与全体购房人共同成为该宗地的权利人，换言之，房地产开发企业与全体购房人共同成为该宗地的业主。购房人的房地产权利在不动产登记簿和不动产权属证书上的表达为：房屋建筑面积、宗地面积。房地产开发企业的房地产权利在不动产登记簿和不动产权属证书上的表达为：宗地面积，附记栏附记第二期、第三期开发建设享有的建设用地面积。附图载明第二期、第三期开发建设享有的建设用地在宗地中的位置。若如此，既保护了购房人的权利，也便于房地产开发企业办理第二期、第三期的开发建设手续及楼盘的预售、权属登记等手续。此情形下，宗地不再单纯地登记在"某房地产开发企业"、"某小区全体业主"名下，而是按前述方式登记在各业主（包括房地产开发企业）名下。

第 115 问　登记机构遗失待发的不动产权属证书的，该怎么处理

登记机构根据登记簿上的记载填写了不动产权属证书，也在该权属证书上盖了登记机构的不动产登记专用章，但权利人到登记机构领取不动产权属证书时，该不动产权属证书却不知所终。问：登记机构遗失待发

的不动产权属证书的,该怎么处理?

据笔者调查,有的登记机构是撤销遗失的不动产权属证书后,根据登记簿上的记载重新填写一本载明内容与遗失的证书一样的不动产权属证书,但在附记栏注明"重新颁发"字样,然后发放给权利人。有的登记机构与权利人协商,按遗失补证处理,即由权利人向登记机构申请遗失补证,权利人须在登记机构的网站上刊发遗失声明后,登记机构向权利人补发一本载明内容与遗失的证书一样的不动产权属证书。也有的登记机构在其网站上刊发遗失的不动产权属证书作废的公告后,根据登记簿上的记载重新填写一本载明内容与遗失的证书一样的不动产权属证书,但在附记栏注明"补发"字样,然后发放给权利人。笔者不支持这些处理方式。笔者认为,登记机构遗失待发的不动产权属证书后,规范的处理方式是:登记机构在其网站上刊发遗失的不动产权属证书作废的公告后,根据登记簿上的记载重新填写一本载明内容与遗失的证书一样的不动产权属证书,但在附记栏注明"重新缮制"字样,然后发放给权利人。

一、登记机构撤销其遗失的不动产权属证书没有法律上的依据

按《行政复议法》第二条和第二十八条规定,侵犯公民、法人或者其他组织合法权益的具体行政行为才可以被其申请行政复议,申请行政复议后,该具体行政行为可能被行政复议机关作出的行政复议决定撤销。按《行政诉讼法》第二条和第七十条规定,侵犯公民、法人或者其他组织合法权益的行政行为才可以被其提起行政诉讼,行政诉讼中,该行政行为可能被人民法院判决撤销。据此可知,在行政复议、行政诉讼中能够被撤销的是行政机关(构)作出的行政行为。申言之,行政机关(构)基于自我纠错可以撤销的是其作出的行政行为。因此,登记机构可以撤销的是其实施的作为行政行为的不动产登记。按《不动产登记暂行条例》第六条、第七条规定,不动产登记是由作为行政机关的县级以上人民政府的自然资源管理机关(不动产登记机构)实施的行政行为。该暂行条例第二

第十一部分 其 他

十一条规定,登记事项自记载于不动产登记簿时完成登记。不动产登记机构完成登记,应当依法向申请人核发不动产权属证书或者登记证明。在不动产登记实务中,《不动产登记暂行条例实施细则》第二十条第一款规定,不动产登记机构应当根据不动产登记簿,填写并核发不动产权属证书或者不动产登记证明。质言之,登记机构(自然资源管理机关)经审核,将准予登记的不动产物权和其他法定事项记载在登记簿上后,基于登记簿上的记载填写并向权利人颁发证明其享有不动产物权和其他法定事项的权益的不动产权属证书。换言之,核发不动产权属证书属于不动产登记程序终结后的行为,该不动产权属证书是登记机构办理的不动产登记的结果的表现形式。据此可知,登记机构可以撤销的是其实施的错误的不动产登记,不是该错误的不动产登记结果表现形式的不动产权属证书。因此,登记机构撤销其遗失的不动产权属证书没有法律上的依据。当然,登记机构撤销其错误的不动产登记后,表征该错误登记结果的不动产权属证书自动作废,由登记机构收回归档。不能收回的,由登记机构公告作废。

二、补发不动产权属证书适用于权利人持有的不动产权属证书遗失、灭失的情形

在不动产登记实务中,《不动产登记暂行条例实施细则》第二十二条第二款、第三款规定,不动产权属证书或者不动产登记证明遗失、灭失,不动产权利人申请补发的,由不动产登记机构在其门户网站上刊发不动产权利人的遗失、灭失声明15个工作日后,予以补发。不动产登记机构补发不动产权属证书或者不动产登记证明的,应当将补发不动产权属证书或者不动产登记证明的事项记载于不动产登记簿,并在不动产权属证书或者不动产登记证明上注明"补发"字样。据此可知,补发不动产权属证书适用于权利人从登记机构领取后持有的不动产权属证书遗失、灭失的情形,且由权利人申请补发的不动产权属证书上才注明"补发"字样。

本问中，登记机构遗失的是盖有其不动产登记专用章的生效的不动产权属证书，但该证书尚未被权利人领取、持有，无论是登记机构与权利人协商按遗失补证程序向权利人补发证书的做法，还是由登记机构在其网站上刊发遗失的不动产权属证书作废的公告后向权利人颁发一本在附记栏注明"补发"字样的不动产权属证书的做法，实质上都是向权利人补发不动产权属证书，笔者认为，这两种做法都不符合《不动产登记暂行条例实施细则》第二十二条第二款、第三款的规定，不值得倡导。

三、登记机构应当重新填写不动产权属证书并注明"重新缮制"后向权利人颁发

《行政复议法》第六十六条规定，被申请人不履行法定职责的，行政复议机关决定被申请人在一定期限内履行。《行政诉讼法》第七十二条规定，人民法院经过审理，查明被告不履行法定职责的，判决被告在一定期限内履行。按前述《不动产登记暂行条例》第二十一条规定和《不动产登记暂行条例实施细则》第二十条第一款规定，根据登记簿上的记载填写并向权利人颁发不动产权属证书是登记机构应当履行的职责。本问中，登记机构因遗失待发的不动产权属证书而不能向权利人颁发，属于不履行其职责，产生行政复议或行政诉讼时，会被行政复议决定要求在一定期限内履行，或被人民法院判决在一定期限内履行。因此，登记机构应当主动履行向权利人颁发不动产权属证书的法定职责：一是在其网站上刊发遗失的不动产权属证书作废的公告。《不动产登记暂行条例实施细则》第二十二条第三款规定，不动产登记机构补发不动产权属证书或者不动产登记证明的，应当将补发不动产权属证书或者不动产登记证明的事项记载于不动产登记簿，并在不动产权属证书或者不动产登记证明上注明"补发"字样。据此可知，自补发事项记载于登记簿上时起，已经遗失的不动产权属证书失效，申言之，登记簿上记载的不动产物权和其他法定事项，只能有一本有效的不动产权属证书表征。该实施细则第二十三条

规定，因不动产权利灭失等情形，不动产登记机构需要收回不动产权属证书或者不动产登记证明的，应当在不动产登记簿上将收回不动产权属证书或者不动产登记证明的事项予以注明；确实无法收回的，应当在不动产登记机构门户网站或者当地公开发行的报刊上公告作废。申言之，登记机构对其颁发的不动产权属证书有权公告其作废。因此，登记机构可以在其网站上刊发被其遗失的待发不动产权属证书的作废公告，以杜绝或减轻其流失社会造成的负面影响。二是根据登记簿上的记载重新填写一本载明内容与遗失的证书一样的不动产权属证书，但在附记栏注明"重新缮制"字样，然后发放给权利人。在附记栏注明"重新缮制"字样系对登记机构因不慎遗失待发的不动产权属证书后采取的补救措施的注记。当然，登记机构因不慎遗失待发的不动产权属证书是其过错，如果因此给相关当事人的权益造成损害的，应当承担相应的责任。

第 116 问　申请人申请的基于人民法院生效的判决书取得有预购商品房预告登记和预购商品房抵押预告登记负担的房屋所有权产生的不动产登记，登记机构该如何办理

在不动产统一登记以前，房地产开发企业将商品房预售给 A，签订了《商品房预售合同》，A 一次性支付了购房款。同时，房地产开发企业又将该商品房网签给按揭贷款购房的 B，B 与银行签订了借款合同、抵押合同后，办理了预购商品房预告登记、预购商品房抵押预告登记。房屋竣工后，房地产开发企业将房屋交付给 A，A 住进了房屋。后 A 因房屋权属与房地产开发企业产生诉讼，人民法院生效的判决书判决该房屋的所有权归 A，但对该房屋上存在的预购商品房预告登记、预购商品房抵押预告登记未作处理。A 持人民法院生效的判决书等材料向登记机构申请房屋所有权登记时，登记机构告知 A，因该房屋的预购商品房预告登记、预购商品房抵押预告登记尚未注销，登记机构依法不能为其办理房屋所有权登记。A 遂向人民法院诉请确认房地产开发企业和 B 签订的购房合同无效。经审理，人民法院确认了房地产开发企业与 B 签订的购房合同无效。现在，A 告知登记机构：人民法院对其诉请确认 B 与银行签订的借款合同无效一案无法立案，其无法通过司法途径处理因 B 记载在登记簿上的预购商品房抵押预告登记，申请登记机构按"预告登记有效期只有 3 个月"的法律规定，直接注销该房屋上的预购商品房预告登记、预购商品房抵押预告登记后为其办理房屋所有权转移登记。问：对 A 申请的基于人民法院生效的判决书取得的有预购商品房预告登记、预购商品房抵押预告登记负担的房屋所有权登记，登记机构该如何办理？

笔者认为，对 A 申请的不动产登记，登记机构有三种处理方式。

第一种处理方式，《民法典》第二百二十九条规定，因人民法院、仲裁机构的法律文书或者人民政府的征收决定等，导致物权设立、变更、转让或者消灭的，自法律文书或者征收决定等生效时发生效力。据此可知，基于人民法院的确认权属的判决书取得的不动产物权，自该判决书生效时起，无须办理不动产登记，权利人即依法、即时享有该不动产物权，换言之，人民法院生效的确认权属的判决书，既是权利人享有该不动产物权的权利来源的凭证，也是权利人享有该不动产物权的权利凭证。本问中，如果房地产开发企业已经办理了首次登记的，登记机构可以凭生效的确认房屋归 A 的判决书，直接将该房屋所有权转移登记给 A。因 A 是基于人民法院生效的判决书取得的房屋所有权，是干净的、没有任何负担的权利，登记簿上因 B 记载的预购商品房预告登记、预购商品房抵押预告登记对 A 的房屋所有权无任何约束力，但也不满足登记机构可以径为办理注销登记的条件，让其留在登记簿上空挂。

第二种处理方式，《民法典》第二百二十条第一款规定，权利人、利害关系人认为不动产登记簿记载的事项错误的，可以申请更正登记。不动产登记簿记载的权利人书面同意更正或者有证据证明登记确有错误的，登记机构应当予以更正。据此可知，更正登记是纠正登记簿上记载的内容错误的不动产登记。笔者据此认为，登记簿上记载的内容错误，可能是

第十一部分 其 他

登记机构的原因（如登记机构将申请登记的房屋的所在层第"3"层错误记载为第"5"层），也可能是申请人的原因（如申请人申请不动产登记时隐瞒了共有人），还有可能是登记机构和申请人共同的原因（如代理人提交伪造的代为申请不动产登记的公证委托书上只有公证机构的印章，没有公证员的签名[章]，但登记机构在查验登记申请材料时没有发现此瑕疵，即没有尽到合理审慎的注意义务），但无论是申请人的原因，还是登记机构的原因，抑或是登记机构和申请人共同的原因，只要登记簿上记载的内容错误，就适用更正登记予以纠正。本问中，如前所述，既然人民法院生效的判决书将房屋确认归 A，自该判决书生效时起，无须办理不动产登记，A 即依法、即时享有该房屋所有权，而登记簿上，该房屋的所有权却还记载在房地产开发企业名下，即登记簿上的记载与人民法院生效的确认权属的判决结果不同一，笔者认为，这也属于不动产登记错误，可以通过更正登记予以纠正。当然，造成这种错误的根本原因是房地产开发企业一房二卖。在不动产登记实务中，《不动产登记暂行条例实施细则》第八十一条规定，不动产登记机构发现不动产登记簿记载的事项错误，应当通知当事人在 30 个工作日内办理更正登记。当事人逾期不办理的，不动产登记机构应当在公告 15 个工作日后，依法予以更正；但在错误登记之后已经办理了涉及不动产权利处分的登记、预告登记和查封登记的除外。因此，登记机构可以依职权办理更正登记，通过更正登记消灭登记在房地产开发企业名下的该套房屋的所有权。A 基于人民法院生效的判决书取得的房屋所有权是原始取得，登记机构可以为 A 办理首次登记，若如此，登记簿上，该房屋所有权登记在名下后，不再有因 B 记载的预购商品房屋预告登记、预购商品房抵押预告登记。

第三种处理方式，如前所述，一般情形下，不动产登记机构发现不动产登记簿记载的事项错误的，可以依职权办理更正登记，以纠正此错误登记事项。本问中，人民法院生效的判决书确认了房地产开发企业与 B 签订的购房合同无效，即登记机构因办理预购商品房屋预告登记的证据材料自始无效而导致登记程序错误，基于此错误程序记载在登记簿上的预购商品房屋预告登记错误，登记机构可以按《不动产登记暂行条例实施细则》第八十一条规定办理更正登记，通过更正登记消灭预购商品房屋预告登记的效力。预购商品房屋预告登记的效力消灭后，基于该预购商品房屋预告登记办理的预购商品房抵押预告登记程序也错误，登记簿上记载的预购商品房抵押预告登记亦错误，登记机构也可以按《不动产登记暂行条例实施细则》第八十一条规定办理更正登记，通过更正登记消灭预购商品房屋抵押预告登记的效力。尔后，再将该房屋所有权转移登记给 A。

第 117 问　申请人基于一本载明了两宗国有建设用地使用权的国有土地使用权证申请的换证，登记机构该如何处理

申请人持不动产统一登记前依法领取的国有土地使用权证换发不动产权属证书，但该国有土地使用权证上载明了两宗地的国有建设用地使用权，其所附的宗地图显示两块宗地不毗邻，即两块宗地间有一定的距离。问：对申请人申请的换证，登记机构该怎样处理？

笔者认为，登记机构应当根据两块宗地的信息，分别编制登记簿，输入相应宗地的国有建设用地使用权信息后再做换证处理。

在不动产登记实务中，《不动产登记暂行条例实施细则》第二十二条第一款规定，不动产权属证书或者不动产登记证明污损、破损的，当事人可以向不动产登记机构申请换发。符合换发条件的，不动产登记机构应当予以换发，并收回原不动产权属证书或者不动产登记证明。笔者据此认为，换发证书，是指在不动产权属证书或者不动产登记证明污损、破损的情形下，登记机构根据申请人的申请，基于登记簿上现时的记载，向申请人核发一本与污损、破损的不动产权属证书或者不动产登记证明载明信息同一的新的不动产权属证书或者不动产登记证明。按该实施细则第一百零五条规定，当事人也可以凭不动产统一登记前依法领取的各类不

第十一部分 其 他

动产权属证书，申请换发新的不动产权属证书或者不动产登记证明。本问中，申请人凭不动产统一登记前依法领取的国有土地使用权证申请换发不动产权属证书有登记规则上的依据。按《不动产登记暂行条例》第八条第一款规定，不动产以不动产单元为基本单位进行登记。按《不动产登记暂行条例实施细则》第五条第二款规定，土地的不动产单元是该地块的权属界线封闭的空间，即宗地。该实施细则第六条规定，不动产登记簿以宗地或者宗海为单位编成，一宗地或者一宗海范围内的全部不动产单元编入一个不动产登记簿。据此可知，在现行制度环境下，不动产单元是实施不动产登记的基本单位，宗地是编制不动产登记簿的基础，即一宗地编制一个不动产登记簿。宗地也是实施土地登记的基本单位。本问中，申请人申请换证时提交的国有土地使用权证上载明的是两块不毗邻的宗地的国有建设用地使用权，若凭该国有土地使用权证向申请人换发一本仍然载明两块不毗邻的宗地的国有建设用地使用权的新的不动产权属证书，则登记簿的编制不符合现行的不动产登记规则的规定，换证无法实施。因此，登记机构应当根据两块宗地的信息，分别编制登记簿，将原国有土地使用权证上载明的两块宗地的相应的国有建设用地使用权信息分别录入登记簿后，在此基础上做换证处理，换证事项记载在登记簿上后，向申请人（权利人）核发两本新的不动产权属证书。

第 118 问　申请人持载明土地使用权（工业用地）期限已经届满的国有土地使用权证申请的换证，登记机构可否办理

若干年前，甲因出让取得了一宗工业用地，在地上建造了厂房，申请了国有土地使用权及地上房屋所有权登记，领取了国有土地使用权证、房屋所有权证。现甲持国有土地使用权证、房屋所有权证等材料向登记机构申请换发载明国有建设用地使用权及地上房屋所有权的不动产权属证书。登记机构经查验申请材料发现国有土地使用权证载明的工业用地使用权期限已经届满。经询问申请人，申请人告知登记人员其没有申请

· 215 ·

过续期使用该地。经查询登记簿和登记档案，未发现该国有土地使用权、房屋所有权的注销登记记录、注销登记材料。问：对甲申请的换证，登记机构可否办理？

有观点认为，《民法典》第三百六十条规定，建设用地使用权消灭的，出让人应当及时办理注销登记。登记机构应当收回权属证书。按《土地管理法》第五十八条第一款第（二）项规定，土地出让等有偿使用合同约定的使用期限届满，土地使用者未申请续期或者申请续期未获批准的，由有关人民政府自然资源主管部门报经原批准用地的人民政府或者有批准权的人民政府批准，可以收回国有土地使用权。在不动产登记实务中，按《不动产登记暂行条例实施细则》第二十八条第一款第（二）项规定，不动产被依法收回属于当事人申请注销登记的情形。据此可知，一般情形下，因出让取得的土地使用权期限届满未获准续期使用的，该土地使用权因被依法收回而消灭，当事人应当向登记机构申请注销登记。本问中，甲持有的国有土地使用权证载明的工业用地使用权期限已经届满，甲应当向登记机构申请注销登记，而非换证手续，因此，对甲申请的换证，登记机构不可以办理。

也有观点认为，记载在登记簿上的建设用地使用权的消灭，自注销登记记载在登记簿上时起生效，登记机构应当收回原权属证书。本问中，登记机构经查询登记簿和登记档案，未发现该国有土地使用权的注销登记记录、注销登记材料，表明甲享有的国有土地使用权未办理注销登记，即甲享有的国有土地使用权并未消灭。另外，甲享有的国有土地使用权使用期限届满，只是成就了该国有土地使用权被依法收回的原因，从而产生了当事人申请或嘱托人嘱托办理该国有土地使用权注销登记的情形，并不产生该国有土地使用权消灭的法律后果。在不动产登记实务中，按《不动产登记暂行条例实施细则》第一百零五条规定，不动产统一登记前，依法核发的各类不动产权属证书继续有效。不动产权利未发生变更、转

第十一部分 其 他

移的，不动产登记机构不得强制要求不动产权利人更换不动产权属证书。据此可知，不动产统一登记前，依法核发的各类有效的不动产权属证书，当事人自愿申请换发新的不动产权属证书的，登记机构应当支持。本问中，如前所述，甲享有的国有土地使用权、房屋所有权未办理过注销登记，表征该国有土地使用权、房屋所有权的国有土地使用权证、房屋所有权证当然有效，满足申请换证的要求。而且登记机构作出的不动产权属证书换发行为，因没有改变登记簿上记载的内容，由此产生的诉讼，人民法院不予受理，即登记机构实施未改变登记内容的换发、补发不动产权属证书的行为没有法律上的风险。因此，对甲申请的换证，登记机构可以办理。

笔者支持对甲申请的换证，登记机构不可以办理的观点。

一、从法理上看，国有建设用地使用权因期限届满且未申请续期或申请续期但未获批准而消灭

基地使用权，是指为在他人所有的土地上建造并所有建筑物或其他附着物而使用他人土地的权利[1]。基地使用权的期限，是指基地使用权的存续期间。基地使用权的期限届满，基地使用权即归于消灭[2]。土地出让等有偿使用合同约定的使用期限届满，土地使用权者未申请续期或申请续期但未获批准，属于国有土地使用权消灭的原因[3]。土地使用权可因土地使用权出让合同规定的使用年限届满、提前收回及土地灭失等原因而终止。土地使用权出让合同规定的使用年限届满，是出让土地使用权终止的一般原因[4]。据此可知，基于有偿取得的国有建设用地使用权因期限届满且未申请续期或虽申请续期但未获批准而消灭已成法理上的通说。

---

[1] 梁慧星：《中国民法典草案建议稿附理由·物权编》，法律出版社2004年版，第209页。
[2] 梁慧星：《中国民法典草案建议稿附理由·物权编》，法律出版社2004年版，第224页。
[3] 王利明：《民法学》，复旦大学出版社2004年版，第328页。
[4] 彭万林：《民法学》，中国政法大学出版社2002年版，第658页。

本问中，甲基于出让享有的国有土地使用权因使用期限届满且其未申请续期使用而消灭有法理上的依据。

二、从法律规定上看，国有建设用地使用权因期限届满且未申请续期或虽申请续期但未获批准而消灭

《房地产管理法》第三条规定，国家依法实行国有土地有偿、有限期使用制度。但是，国家在本法规定的范围内划拨国有土地使用权的除外。该法第二十二条第二款规定，土地使用权出让合同约定的使用年限届满，土地使用者未申请续期或者虽申请续期但依照前款规定未获批准的，土地使用权由国家无偿收回。按《土地管理法》第五十八条第一款第（二）项规定，土地出让等有偿使用合同约定的使用期限届满，土地使用者未申请续期或者申请续期未获批准，属于国有土地使用权被收回的情形。质言之，有偿取得的国有土地使用权期限届满，土地使用者未申请续期或者虽申请续期但未获批准的，该国有土地使用权因消灭而被国家收回。如果该国有土地使用权没有消灭，则土地使用者继续享有该国有土地使用权，国家就不能"收回"该国有土地使用权。国家要取得该国有土地使用权，应当通过征收、收储等方式，而不是"收回"。概言之，有偿取得的国有建设用地使用权期限届满且未申请续期或虽申请续期但未获批准的，该国有建设用地使用权消灭。本问中，甲基于出让享有的国有土地使用权因使用期限届满且其未申请续期使用而依法消灭。

三、本问的实务处理

《民法典》第二百一十六条第一款规定，不动产登记簿是物权归属和内容的根据。该法第二百一十七条规定，不动产权属证书是权利人享有该不动产物权的证明。不动产权属证书记载的事项，应当与不动产登记簿一致；记载不一致的，除有证据证明不动产登记簿确有错误外，以不动产登记簿为准。在不动产登记实务中，《不动产登记暂行条例实施细则》第二十条第一款规定，不动产登记机构应当根据不动产登记簿，填写并

核发不动产权属证书或者不动产登记证明。据此可知，我国的不动产登记，实行的是登记簿的记载与向权利人颁发不动产权属证书相结合的制度，不动产权属证书颁发的基础是登记簿上记载的不动产物权的归属和内容，换言之，不动产物权的归属和内容以登记簿上的记载为准，不动产权属证书是登记簿上记载的不动产物权的归属和内容的外在表征凭证。申言之，不动产登记簿上记载的内容是有公信力的。所谓公信力，即法律对第三人依据不动产登记簿的记载所表征的不动产物权的归属和内容而取得的相应的权利予以强制保护，使其免受任何人追夺的强制力。笔者认为，登记簿的公信力的支撑是登记簿上记载的内容必须合法、真实、有效。因此，登记簿上记载的内容必须是合法、真实、有效的不动产物权，根据不动产登记簿上记载的内容填写并核发的不动产权属证书表征的必然是合法、真实、有效的不动产物权。本问中，甲基于出让享有的国有建设用地使用权因使用期限届满且其未申请续期使用而消灭，不再是不动产权属证书表征的对象，因此，对甲申请的换证，登记机构不可以办理。

第 119 问 申请人申请换证时提交的集体土地使用权证与地上的房屋所有权证的主体不同一的，登记机构可否为其换证

1998 年 5 月，户主谢某以其名义在集镇和村庄规划区外获批一块宅基地后建成了一幢五层的房屋。同年 10 月，谢某以其名义申请了宅基地使用权登记，领取了集体土地使用权证，该集体土地使用权证上没有记载共有情况。2002 年 10 月，申请了房屋所有权登记，房屋的第一、二、三层登记的所有权人为谢某，第四、五层登记的所有权人为谢某的女儿小谢，谢某、小谢分别领取了自己的房屋所有权证，但房屋所有权证上均没有记载共有情况。现谢某、小谢持集体土地使用权证、房屋所有权证等材料向登记机构申请换发不动产权属证书。登记机构经查阅谢某、小谢的宅基地使用权和房屋所有权登记档案得知：宅基地登记档案中，谢某申请宅基地使用权的权属来源证明材料是县政府准予使用宅基地的批文

和镇政府签署"同意"意见的且载明家庭成员为谢某的配偶和女儿小谢的宅基地申请表。房屋登记档案中，谢某、小谢申请房屋所有权初始登记的权属来源证明材料是载明权利人为谢某的集体土地使用权证复印件和宅基地所在地村民委员会为谢某、小谢（建造房屋时小谢已成年）出具的房屋建造证明。问：对谢某、小谢换发不动产权属证书的申请，登记机构可否办理？

有观点认为，本问中，宅基地使用权虽然登记在户主谢某名下，但并不代表就没有谢某的女儿小谢的宅基地使用权，也就不存在房地权利主体不一致的情形，且这种登记方式符合当时的宅基地使用权登记的规定。因此，对谢某、小谢换发不动产权属证书的申请，登记机构可以办理。笔者不支持此观点。

一、土地及地上房屋的权利主体同一是曾经的房屋登记原则，土地及地上定作物的权利主体同一是现时的不动产登记原则

本问中，谢某、小谢申请房屋所有权初始登记时适用的《城市房屋权属登记管理办法》（2001年修订版）[①]第六条规定，房屋权属登记应当遵循房屋的所有权和该房屋占用范围内的土地使用权权利主体一致的原则。现时适用的《不动产登记暂行条例实施细则》第二条第二款规定，房屋等建筑物、构筑物和森林、林木等定着物应当与其所依附的土地、海域一并登记，保持权利主体一致。据此可知，土地及地上房屋的权利主体同一是曾经的房屋登记原则，简称房地主体同一原则。土地及地上定作物的权利主体同一是现时的不动产登记原则。申言之，曾经的房屋登记机构违反房地主体同一原则办理的房屋登记是错误的登记。现时的不动产登记机构违反土地及地上定作物的权利主体同一的原则办理的不动产登记，

[①] 《城市房屋权属登记管理办法》（2001年修订版）第二条规定，本办法适用于城市规划区国有土地范围内的房屋权属登记。该办法第三十九条规定，本办法第二条规定范围外的房屋权属登记，参照本办法执行。基于这些规定，申请人申请宅基地上的房屋所有权登记时，当时的房屋登记机构参照《城市房屋权属登记管理办法》的相关规定办理。

第十一部分 其 他

是错误的不动产登记。《不动产登记暂行条例实施细则》第八十一条规定，不动产登记机构发现不动产登记簿记载的事项错误，应当通知当事人在30个工作日内办理更正登记。当事人逾期不办理的，不动产登记机构应当在公告15个工作日后，依法予以更正；但在错误登记之后已经办理了涉及不动产权利处分的登记、预告登记和查封登记的除外。据此可知，登记机构发现登记簿上记载的不动产登记事项错误后，应当依职权启动更正登记程序予以纠正，这是《不动产登记暂行条例实施细则》第八十一条规定课以登记机构的义务，登记机构应当履行。本问中，登记机构经查阅谢某、小谢的房屋登记档案得知：谢某、小谢申请房屋所有权初始登记的权属来源证明材料是载明权利人为谢某的集体土地使用权证复印件和宅基地所在地村民委员会为谢某、小谢出具的房屋建造证明，表明曾经的房屋登记机构为小谢办理房屋所有权初始登记时，载明宅基地使用权的集体土地使用权证上的权利人是谢某，而建造房屋证明上的权利人是小谢，此情形下，登记申请材料上载明的房地主体不同一，房屋登记机构为小谢办理的房屋所有权初始登记因违反房地主体同一的房屋登记原则而错误。如果不动产登记机构为小谢办理换证手续，不符合《不动产登记暂行条例实施细则》第八十一条规定。因此，对谢某、小谢换发不动产权属证书的申请，登记机构不得办理。

二、本问中，宅基地使用权及地上房屋所有权当时应当具备的登记状态

本问中，谢某申请宅基地时适用的《土地管理法》（1988年修订版）关于宅基地的规定集中在第三十八条，但该条规定没有明确确立一户农村村民只能拥有一处宅基地的原则。当时适用的《中共中央国务院关于进一步加强土地管理切实保护耕地的通知》（中发〔1997〕11号）规定，农村居民每户只能有一处不超过标准的宅基地，多出的宅基地，要依法收归集体所有。据此可知，谢某申请宅基地时适用的中央政策的规定明

确确立了一户农村村民只能拥有一处宅基地的原则。换言之，宅基地当时虽然是以户主谢某的名义获批的，但该宅基地属于作为户内家庭成员的谢某及其妻子、女儿小谢共同享有。基于房地一致原则，该宅基地上的五层的房屋建成后，也为谢某夫妻及其女儿共同享有。因此，本问中，宅基地使用权及地上房屋所有权当时应当具备的登记状态：一是谢某作为"户"的代表，将宅基地使用权及地上房屋所有权均登记在其名下。此情形下，户主谢某是登记权利人，谢某的妻子和女儿小谢是隐名共有人。隐名共有人，是指没有登记在不动产登记簿上或者没有反映在不动产权属证书上，但根据法律规定，又是法律意义上的不动产权利人的人。隐名共有人是不动产登记进程中的遗留问题，登记机构应当正确对待[1]。二是谢某及其妻子、小谢共同申请宅基地使用权及地上房屋所有权登记，登记为三人共有；三是谢某、小谢凭县政府准予使用宅基地的批文、镇政府签署"同意"意见的且载明家庭成员为谢某的妻子和女儿小谢的宅基地申请表、村民委员会为谢某和小谢出具的房屋建造证明、分家析产协议等材料，将宅基地使用权登记为谢某、小谢共有，将房屋第一、二、三层的所有权人登记为谢某，第四、五层所有权人登记为小谢[2]。也可以将宅基地使用权登记为谢某及其妻子、小谢三人共有，将房屋第一、二、三层的所有权人登记为谢某及其妻子，第四、五层所有权人登记为小谢。宅基地是共有共用宗地。若如此，均满足房地主体同一的要求，此情形下，对谢某、小谢换发不动产权属证书的申请，登记机构可以办理。

---

[1] 刘守君：《不动产登记审查实务》，西南交通大学出版社2023年版，第59页。
[2] 按《民法典》第二百三十一条规定，合法建造的房屋，自房屋竣工时起无须办理不动产登记，谢某及其妻子、小谢即依法、即时共同对该房屋享有所有权。基于县政府准予使用宅基地的批文，谢某及其妻子、小谢也共同对该房屋占用范围内的宅基地享有使用权，即使在其共同享有的宅基地使用权及地上房屋所有权未办理首次登记的情形下，谢某及其妻子、小谢也可以通过分家析产协议对其作分割。因此，县政府准予使用宅基地的批文、建房手续与分家析产协议组合，就解决了首次登记中直接将房屋第一、二、三层的所有权人登记为谢某，第四、五层所有权人登记为小谢时房地主体同一的问题。

三、本问的实务处理

如前所述，房屋登记机构当时为小谢办理的房屋所有权初始登记因违反房地主体同一的房屋登记原则，是错误的房屋登记。按《民法典》第二百二十条规定，更正登记是纠正登记簿上记载的内容错误的不动产登记。本问中，如前所述，基于房屋所有权与宅基地使用权的权利主体同一的曾经的房屋登记原则和现时的土地及地上定作物的权利主体同一的不动产登记原则，应当由谢某及其女儿小谢共同申请更正登记，将房屋所有权人更正登记为谢某。如前所述，以谢某名义获批的宅基地使用权及地上建造的房屋所有权属于谢某夫妻及其女儿小谢共同享有，房屋所有权人更正登记为谢某后，实现房地主体同一，谢某夫妻及其女儿小谢可以申请因分家析产或分割共有不动产产生的转移登记，将相应的宅基地使用权及地上房屋所有权转移登记在谢某、女儿小谢名下后，分别领取属于自己的不动产权属证书。宅基地是共有共用宗地。

第120问　申请人申请补证时要求增加共有人的，登记机构可否办理

甲、乙是夫妻。2002年，甲以其名义与房地产开发企业签订商品房买卖合同，购买门市一间。2004年，房屋交付后，房屋所有权登记在甲名下，甲领取了房屋所有权证。2018年，乙去世。现甲在儿子的陪同下持遗失声明、甲与乙的结婚证等材料以甲、乙的名义向登记机构申请遗失补证，补发的证书上的共有情况为按份共有，甲、乙各占50%份额。登记人员经查询不动产登记档案得知：甲当初与房地产开发企业申请转移登记的申请书上共有人栏目中没有填写乙，申请人栏目上也没有乙的签名，申请材料中没有乙的身份证明。问：对甲申请的补证，登记机构该如何办理？

笔者认为，若甲按正常程序申请补证，登记机构可以只为其补发一本载明权利人为"甲"的不动产权属证书。若甲坚持以甲、乙的名义向登记机构申请遗失补证的，告知甲由其与乙的全部继承人共同申请更正登记。

在不动产登记实务中,《不动产登记暂行条例实施细则》第二十条第一款规定,不动产登记机构应当根据不动产登记簿,填写并核发不动产权属证书或者不动产登记证明。该实施细则第二十二条第二款规定,不动产权属证书或者不动产登记证明遗失、灭失,不动产权利人申请补发的,由不动产登记机构在其门户网站上刊发不动产权利人的遗失、灭失声明15个工作日后,予以补发。据此可知,登记机构填写并向申请人核发的不动产权属证书的内容应当与登记簿上记载的相关内容一致。权利人因遗失、灭失申请补发的不动产权属证书上的内容也应当与登记簿上记载的相关内容一致,简言之,补证,即登记机构基于申请人的申请,根据登记簿上现时的记载,向其补发一本与遗失、灭失的不动产权属证书记载内容一致的新的不动产权属证书。本问中,甲于2004年领取房屋所有权证,当时不动产(房屋)登记簿制度尚未建立,房屋所有权证记载内容应当与登记申请材料上载明的相关内容一致。登记人员经查询不动产登记档案得知:甲当初与房地产开发企业申请转移登记的申请书上共有人栏目中没有填写乙,申请人栏目上也没有乙的签名,申请材料中没有乙的身份证明,表明甲遗失的房屋所有权证上的权利人中没有乙,甲申请以甲、乙的名义补证没有有效的证据支撑,对该补证申请,登记机构应当不予办理。但登记机构应当告知甲,可以办理只以甲的名义申请的补证手续,向甲核发一本新的与其遗失的房屋所有权证载明内容一致的不动产权属证书。

若甲坚持以甲、乙的名义向登记机构申请遗失补证的,登记机构该如何处理?

本问中,甲、乙是夫妻。2002年,甲以其名义与房地产开发企业签订商品房买卖合同,购买门市一间。2004年,房屋交付后,房屋所有权登记在甲名下,甲领取了房屋所有权证。当时适用的《婚姻法》(现已废止)第十七条规定:"夫妻在婚姻关系存续期间所得的下列财产,归夫妻共同所有:(一)工资、奖金;(二)生产、经营的收益;(三)知识产权

第十一部分 其他

的收益;(四)继承或赠与所得的财产,但本法第十八条第三项规定的除外;(五)其他应当归共同所有的财产。夫妻对共同所有的财产,有平等的处理权。"该法第十八条规定:"有下列情形之一的,为夫妻一方的财产:(一)一方的婚前财产;(二)一方因身体受到伤害获得的医疗费、残疾人生活补助费等费用;(三)遗嘱或赠与合同中确定只归夫或妻一方的财产;(四)一方专用的生活用品;(五)其他应当归一方的财产。"在当时的房屋登记实务中,《城市房屋权属登记管理办法》第十一条第二款规定,共有的房屋,由共有人共同申请。质言之,一般情形下,当事人在婚姻关系存续期间取得的财产为夫妻共同财产。如果该共同财产是不动产的,应当由夫妻共同申请不动产登记,登记为夫妻共有。本问中,如前所述,甲当初与房地产开发企业申请转移登记的申请书上共有人栏目中没有填写乙,申请人栏目上没有乙的签名,申请材料中没有乙的身份证明。现甲在儿子的陪同下持遗失声明、甲与乙的结婚证等材料以甲、乙的名义向登记机构申请遗失补证,补发的证书上的共有情况为按份共有,甲、乙各占 50%份额。表明该门市是甲在其与乙婚姻关系存续期间购买的,是其与乙的夫妻共同财产,当初应当由甲、乙共同申请转移登记,登记为甲、乙共有,却登记在甲的名下,属于不动产登记错误。

《民法典》第二百二十条第一款规定,权利人、利害关系人认为不动产登记簿记载的事项错误的,可以申请更正登记。不动产登记簿记载的权利人书面同意更正或者有证据证明登记确有错误的,登记机构应当予以更正。据此可知,更正登记是纠正登记簿上的记载事项错误的不动产登记,更正登记由登记簿上记载的权利人申请,也可以由因登记簿上的错误的记载事项对其依法享有不动产权利或行使不动产权利有影响的利害关系人申请。登记簿上记载的权利人书面同意更正或者有证据证明不动产登记确有错误的,登记机构应当予以更正。如前所述,本问中,本应登记为甲、乙共有的门市却登记在甲名下属于登记错误,甲是权利人,作为更正登记申请人适格。乙的继承人因该错误登记可能影响其基于继承对该门市享有所有权，故乙的继承人作为利害关系人申请更正登记也适格。因此，登记机构可以告知甲，由其与乙的全部继承人共同申请更正登记，将该门市更正登记为甲、乙按份共有，甲、乙各占50%份额。

《民法典》第十三条规定，自然人从出生时起到死亡时止，具有民事权利能力，依法享有民事权利，承担民事义务。据此可知，只有有生命的自然人，才具有民事权利能力，民事权利能力是自然人享有民事权利，履行民事义务的资格。换言之，有生命的自然人，才具备享有不动产权利的资格，即只有有生命的自然人，才可以成为登记簿上记载的取得或设立不动产权利的权利主体。本问中，已经死亡的乙可否作为权利主体记载在登记簿上后再为其核发不动产权属证书呢？如前所述，更正登记是纠正登记簿上的记载事项错误的不动产登记，将错误登记为甲的门市更正登记为甲、乙共有是将此错误登记事项恢复到正确的登记状态，换言之，此举不是将乙作为取得或设立房屋所有权的主体记载在登记簿上。概言之，登记机构若将房屋更正登记到甲、乙名下，是恢复该房屋所有权本该有的正确的登记状态，与已经去世的乙有无民事权利能力无关。因此，登记机构应当告知甲和乙的全体继承人申请将该门市更正登记为甲、乙按份共有，甲、乙各占50%份额，尔后，再根据登记簿上更正登记后的记载核发不动产权属证书。当然，登记机构也可以引导乙的全部继承人申请继承转移登记，将该房屋转移登记为甲与继承人按份共有。如果其他继承人放弃继承的，则转移登记为甲单独所有。

第 121 问 房、地均已经灭失但尚未办理注销登记，表征该房地产权利的不动产权属证书是否还有效

有一处国有建设用地使用权及地上房屋所有权登记在甲名下，该处国有建设用地及地上房屋因乙公司采矿坍塌而灭失，但甲没有申请注销登记。现甲因与乙公司协商赔偿需要，持载明国有建设用地使用权及地上房屋所有权的不动产权属证书到登记机构咨询：甲持有的载明国有建

第十一部分 其 他

设用地使用权及地上房屋所有权的不动产权属证书是否还有效？

有观点认为，《民法典》第二百一十六条第一款规定，不动产登记簿是物权归属和内容的根据。该法第二百一十七条规定，不动产权属证书是权利人享有该不动产物权的证明。不动产权属证书记载的事项，应当与不动产登记簿一致；记载不一致的，除有证据证明不动产登记簿确有错误外，以不动产登记簿为准。《不动产登记暂行条例》第二十一条规定，登记事项自记载于不动产登记簿时完成登记。不动产登记机构完成登记，应当依法向申请人核发不动产权属证书或者登记证明。在不动产登记实务中，《不动产登记暂行条例实施细则》第二十条第一款规定，不动产登记机构应当根据不动产登记簿，填写并核发不动产权属证书或者不动产登记证明。据此可知，我国的不动产登记，实行的是登记簿的记载与向权利人颁发不动产权属证书相结合的制度，不动产权属证书颁发的基础是登记簿上记载的不动产物权的归属和内容，换言之，不动产物权的归属和内容以登记簿上的记载为准，不动产权属证书是登记簿上记载的不动产物权的归属和内容的外在表征凭证。换言之，登记簿上记载的不动产物权的归属和内容不注销，不动产权属证书表征该不动产物权的归属和内容的效力不消灭。因此，本问中，登记在甲名下的国有建设用地使用权及地上房屋所有权虽然因土地、房屋的实体灭失而消灭，也只是成就了办理该国有建设用地使用权及地上房屋所有权注销登记的事由，甲未申请注销登记，记载在登记簿上的国有建设用地使用权及地上房屋所有权仍然处于有效状态，作为其外在表征凭证的不动产权属证书亦有效。简言之，甲持有的载明国有建设用地使用权及地上房屋所有权的不动产权属证书仍然有效。笔者不支持此观点。

如前所述，我国的不动产登记，实行的是登记簿的记载与向权利人颁发不动产权属证书相结合的制度，不动产权属证书颁发的基础是登记簿上记载的不动产物权的归属和内容，换言之，不动产物权的归属和内容以登记簿上的记载为准，不动产权属证书是登记簿上记载的不动产物权的归属和内容的外在表征凭证。申言之，不动产登记簿上记载的内容是有公信力的。所谓公信力，即法律对第三人依据不动产登记簿的记载所表征的不动产物权的归属和内容而取得的相应的权利予以强制保护，使其免受任何人追夺的强制力。笔者认为，登记簿的公信力的支撑是登记簿上记载的内容必须合法、真实、有效。因此，登记簿上记载的内容必须是合法、真实、有效的不动产物权，根据登记簿上的记载填写并核发的不动产权属证书表征的必然是合法、真实、有效的不动产物权。

《民法典》第二百三十一条规定，因合法建造、拆除房屋等事实行为设立或者消灭物权的，自事实行为成就时发生效力。据此可知，以拆除房屋等事实行为消灭不动产物权的，自拆除房屋等事实行为成就时起相应的不动产物权无须办理不动产注销登记即依法、即时消灭。申言之，自房屋等不动产实体消灭时起，房屋所有权等不动产物权无须办理不动产注销登记即依法、即时消灭。房屋所有权等不动产物权自依法、即时消灭时起，就不再是不动产权属证书表征的对象了。

在不动产登记实务中，《不动产登记暂行条例实施细则》第二十三条规定，因不动产权利灭失等情形，不动产登记机构需要收回不动产权属证书或者不动产登记证明的，应当在不动产登记簿上将收回不动产权属证书或者不动产登记证明的事项予以注明；确实无法收回的，应当在不动产登记机构门户网站或者当地公开发行的报刊上公告作废。据此可知，一般情形下，基于注销登记消灭不动产物权的，自注销登记完成时起该不动产物权消灭，表征该不动产物权的不动产权属证书失效，由登记机构收回。无法收回的，由登记机构在其门户网站或者当地公开发行的报刊上公告作废。申言之，不动产物权无须办理不动产注销登记即依法、即时消灭的，表征该不动产物权的不动产权属证书自其消灭时起自动失效。本问中，虽然因乙公司采矿坍塌而消灭的国有建设用地使用权及地上房屋所有权还登记在甲名下，但该国有建设用地使用权及地上房屋所有权因无须办理不动产注销登记即依法、即时消灭，不再属于不动产权属证书表征的合法、真实、有效的不动产物权,故甲持有的不动产权属证书随其表征的国有建设用地使用权及地上房屋所有权的消灭而自动失效。但该不动产权属证书可以作为甲是因乙公司采矿坍塌而消灭的国有建设用地使用权及地上房屋所有权的权利主体的证据,甲可以据此向乙公司协商相关赔偿事宜,在协商不成时,可以据此向人民法院起诉乙公司,通过诉讼途径主张自己的权利。

第 122 问 作为申请材料收回的不动产权属证书上是否要盖登记机构的作废章

在不动产登记实务中,按《不动产登记暂行条例实施细则》的相关规定,申请人申请变更登记、转移登记、注销登记等不动产登记时,应当提交的申请材料中有相关的不动产权属证书。问:变更登记、转移登记、注销登记等不动产登记办结后,归档时,申请人提交的作为申请材料的原不动产权属证书上是否必须盖登记机构的作废章?

笔者认为,变更登记、转移登记、注销登记等不动产登记办结后,归档时,申请人提交的作为申请材料的原不动产权属证书上可以盖登记机构的作废章。

《民法典》第二百一十六条第一款规定,不动产登记簿是物权归属和内容的根据。该法第二百一十七条规定,不动产权属证书是权利人享有该不动产物权的证明。不动产权属证书记载的事项,应当与不动产登记簿一致;记载不一致的,除有证据证明不动产登记簿确有错误外,以不动产登记簿为准。《不动产登记暂行条例》第二十一条规定,登记事项自记载于不动产登记簿时完成登记。不动产登记机构完成登记,应当依法向申请人核发不动产权属证书或者登记证明。在不动产登记实务中,《不动产登记暂行条例实施细则》第二十条第一款规定,不动产登记机构应当根据不动产登记簿,填写并核发不动产权属证书或不动产登记证明。

据此可知，我国的不动产登记，实行的是登记簿的记载与向权利人颁发不动产权属证书相结合的制度，不动产权属证书颁发的基础是登记簿上记载的不动产物权的归属和内容，换言之，不动产物权的归属和内容以登记簿上的记载为准，不动产权属证书是登记簿上记载的不动产物权的归属和内容的外在表征凭证。登记机构办理变更登记、转移登记、注销登记时，收取不动产权属证书的目的：一是在接收申请人提交的不动产登记申请时，可以直接、快捷地判定拟被变更、转移、注销的权利已经依法记载在登记簿上，办理变更登记、转移登记、注销登记的前提存在；二是变更登记、转移登记、注销登记办结后，原权利内容因变更登记产生新的内容而自动注销，原权利人的权利因转移给他人而自动注销，原权利人的权利因注销登记的完成而消灭，即原不动产权属证书因被表征的对象消灭而失效，应当由登记机构收回归档，以免流失社会产生负面影响。换言之，不动产权属证书即时表征登记簿上记载的不动产物权的归属和内容，即变更登记、转移登记、注销登记等不动产登记办结后，登记簿上记载的原不动产物权的归属和内容失效，表征原不动产物权的归属和内容的不动产权属证书随之失效。相反，因变更登记、转移登记、注销登记等不动产登记的办结，新记载在登记簿上的不动产物权的归属和内容生效，登记机构基于此向权利人颁发表征新的不动产物权的归属和内容的不动产权属证书。当然，注销登记办结的，登记机构不再向当事人核发不动产权属证书。至于申请人提交的作为申请材料的原不动产权属证书上是否盖登记机构的作废章，据笔者查询，法律、法规、规章和政策均没有作规定。笔者认为，即使原不动产权属证书上没有盖登记机构的作废章，对该证书的失效也没有任何影响，更不影响其作为不动产登记档案材料的存在。当然，登记机构也可以在其上盖作废章，避免或最大程度降低其不慎流失社会造成的负面影响。

第十一部分 其 他

第 123 问 《契税法》实施后,契税缴纳凭证是否是登记机构办理相关不动产登记时的收件

有登记机构问:按《契税法》第十一条规定,登记机构办理土地、房屋权属登记时,应当查验契税完税、减免税凭证或者有关信息。那么,契税缴纳凭证是否是登记机构办理相关不动产登记时的收件?

笔者认为,在《不动产登记暂行条例实施细则》、《不动产登记规程》(TD/T 1095—2024)失效或作出相关修订前,契税缴纳凭证仍然是登记机构办理相关不动产登记时的收件。

《契税法》第十一条规定,纳税人办理纳税事宜后,税务机关应当开具契税完税凭证。纳税人办理土地、房屋权属登记,不动产登记机构应当查验契税完税、减免税凭证或者有关信息。未按照规定缴纳契税的,不动产登记机构不予办理土地、房屋权属登记。据此可知,登记机构办理相关房地产登记时,只需查实、验证当事人缴纳契税的事实是否存在,如果存在,就可以办理相关房地产登记,否则,不可以办理相关房地产登记。即法律没有规定登记机构办理相关房地产登记时必须收取当事人的契税缴纳凭证。

在不动产登记实务中,按《不动产登记暂行条例实施细则》、《不动产登记规程》(TD/T 1095—2024)的相关条文规定,登记机构办理因出让等有偿取得的国有建设用地使用权首次登记、因出让等有偿方式增加国有建设用地使用权面积产生的变更登记、因转让等交易原因产生的房地产转移登记时,契税缴纳凭证是应当收取的要件。如前所述,虽然法律没有规定登记机构办理相关房地产登记时必须收取当事人的契税缴纳凭证,但作为登记机构办理不动产登记重要依据的《不动产登记暂行条例实施细则》、《不动产登记规程》(TD/T 1095—2024)的相关条文规定,登记机构办理相关不动产登记时应当收取契税缴纳凭证,与法律的规定不冲突,是对法律规定的补充、完善,登记机构应当遵守,即登记机构办理相关不动产登记时，契税缴纳凭证仍然是应当收取的要件。

笔者认为，登记机构通过人民政府的信息共享渠道、数据大平台、税务机关的官网能够查验当事人的契税缴纳事实的，应当将证明当事人缴纳契税事实的网页截屏打印后归入不动产登记案卷内备查。不能通过人民政府的信息共享渠道、数据大平台、税务机关的官网查验当事人的契税缴纳事实的，应当核验当事人的契税缴纳凭证原件后收取经当事人签名的复印件归入不动产登记案卷内备查，这些打印件、复印件是证明登记机构和登记人员是否履行法定的查验当事人契税缴纳事实的职责的凭证。

第 124 问　当事人提交的用契税纳税凭证复印件调换不动产登记档案中的契税纳税凭证原件的申请，登记机构可否同意

甲、乙持赠与合同、契税纳税凭证原件等材料向登记机构申请房地产赠与转移登记。赠与转移登记完成后，甲领取了不动产权属证书。现甲持契税纳税凭证复印件向登记机构申请用该契税纳税凭证复印件调换不动产登记档案中的契税纳税凭证原件。问：对甲提交的用契税纳税凭证复印件调换不动产登记档案中的契税纳税凭证原件的申请，登记机构可否同意？

笔者认为，对甲提交的用契税纳税凭证复印件调换不动产登记档案中的契税纳税凭证原件的申请，登记机构不能同意。

在不动产登记实务中，《不动产登记暂行条例实施细则》第九条规定，申请不动产登记的，申请人应当填写登记申请书，并提交身份证明以及相关申请材料。申请材料应当提供原件。因特殊情况不能提供原件的，可以提供复印件，复印件应当与原件保持一致。该实施细则第九十四条规定："不动产登记资料包括：（一）不动产登记簿等不动产登记结果；（二）不动产登记原始资料，包括不动产登记申请书、申请人身份材料、不动产权属来源、登记原因、不动产权籍调查成果等材料以及不动产登记机构审核材料。不动产登记资料由不动产登记机构管理。不动产登记机构应当建立不动产登记资料管理制度以及信息安全保密制度,建设符合不动产登记资料安全保护标准的不动产登记资料存放场所。不动产登记资料中属于归档范围的,按照相关法律、行政法规的规定进行归档管理,具体办法由自然资源部会同国家档案主管部门另行制定。"据此可知,一般情形下,申请人申请不动产登记时,提交给登记机构的申请材料应当是原件,不动产登记办结后,申请人提交的申请材料即不动产登记原始资料,应当由登记机构保管。本问中,甲、乙申请房地产赠与转移登记时提交契税纳税凭证原件作为申请材料符合《不动产登记暂行条例实施细则》第九条规定,该件转移登记办结后,甲、乙提交的契税纳税凭证原件属于登记机构办结转移登记后形成的原始资料,自然应当由登记机构管理,如果被调换了,就不再由登记机构管理了,因此,登记机构若准许其调换,违反《不动产登记暂行条例实施细则》第九十四条规定。换言之,登记机构已经归档的不动产登记资料是不允许调换的。概言之,本问中,对甲提交的用契税纳税凭证复印件调换不动产登记档案中的契税纳税凭证原件的申请,登记机构不能同意。

第 125 问 小区业主委员会以小区全体业主的名义提交申请书申请查询房地产开发企业的土地出让合同的,登记机构可否提供查询

房地产开发企业合法建造了某居住小区,小区交付后,房地产开发企业为业主(购房人)办理了房地产转移登记,业主也领取了载明国有建设用地使用权及地上房屋所有权的不动产权属证书。现因种种原因,小区业主委员会以小区全体业主的名义,向登记机构提交申请书申请查询作为房地产开发企业办理国有建设用地使用权及地上房屋所有权首次登记申请材料的土地出让合同。问:对小区业主委员会以小区全体业主的名义申请查询房地产开发企业的土地出让合同的,登记机构可否提供查询?

笔者认为，对小区业主委员会以小区全体业主的名义申请查询房地产开发企业的土地出让合同的，登记机构不得提供查询。

在不动产登记实务中，《不动产登记资料查询暂行办法》第二条第一款第（二）项规定，不动产登记原始资料，包括不动产登记申请书、申请人身份材料、不动产权属来源、登记原因、不动产权籍调查成果等材料以及不动产登记机构审核材料。该办法第十四条规定，不动产登记簿上记载的权利人可以查询本不动产登记结果和本不动产登记原始资料。据此可知，登记簿上记载的不动产物权的权利主体，才可以申请查询登记机构为其办理该不动产物权登记的原始材料，即登记簿上记载的不动产物权的权利主体，才可以申请查询其申请该不动产物权登记时提交的不动产权属来源材料、登记原因材料等申请材料。本问中，小区业主委员会以小区全体业主的名义申请查询的房地产开发企业的土地出让合同，是房地产开发企业申请该小区的国有建设用地使用权及地上房屋所有权首次登记时提交给登记机构的申请材料，属于不动产登记资料中的原始资料，只有登记簿上记载的该国有建设用地使用权及地上房屋所有权首次登记的权利主体才可以申请查询，即只有建造该小区的房地产开发企业才可以申请查询。小区交付后，房地产开发企业为业主（购房人）办理了房地产转移登记，业主也领取了载明国有建设用地使用权及地上房屋所有权的不动产权属证书，表明：业主（们）享有的，一是基于转移登记在其名下的房屋分摊取得的国有建设用地使用权，此情形下，登记簿上记载房屋建筑面积、分摊取得的土地面积、宗地面积；二是基于转移登记在其名下的房屋与其他业主共同享有整个小区的国有建设用地使用权，此情形下，登记簿上记载房屋建筑面积、宗地面积。据此可知，作为权利人的业主（们）可以申请查询的是作为随其购买的商品房所有权转移而转移的国有建设用地使用权权属转移原因材料的商品房销售（买卖）合同，而非作为小区国有建设用地使用权首次登记申请材料的土地出让合同。因此，对小区业主委员会以小区全体业主的名义申请查询房地产开发企业的土地出让合同的，登记机构不得提供查询。

第 126 问　营业执照被吊销的公司的法定代表人以公司名义申请查阅该公司的不动产登记原始资料的，登记机构可否提供查询

甲是乙公司的法定代表人，甲以乙公司的名义向登记机构申请查阅该公司的不动产登记原始资料。登记机构通过人民政府的信息共享渠道查询得知：乙公司的营业执照已经被吊销，但一直没有办理注销登记手续。问：对甲以乙公司的名义提交的不动产登记原始资料查询申请，登记机构可否提供查询？

笔者认为，对甲以乙公司的名义提交的不动产登记原始资料查询申请，登记机构可以提供查询。

《民法典》第五十九条规定，法人的民事权利能力和民事行为能力，从法人成立时产生，到法人终止时消灭。该法第六十一条第一款规定，依照法律或者法人章程的规定，代表法人从事民事活动的负责人，为法人的法定代表人。该法第六十八条规定："有下列原因之一并依法完成清算、注销登记的，法人终止：（一）法人解散；（二）法人被宣告破产；（三）法律规定的其他原因。法人终止，法律、行政法规规定须经有关机关批准的，依照其规定。"《公司法》第三条规定，公司是企业法人，有独立的法人财产，享有法人财产权。公司以其全部财产对公司的债务承担责任。该法第一百八十八条规定，公司清算结束后，清算组应当制作清算报告，报股东会、股东大会或者人民法院确认，并报送公司登记机关，申请注销公司登记，公告公司终止。据此可知，作为企业法人的公司，只要没有办理注销登记的，该企业法人及其法定代表人就处于存续状态。本问中，乙公司的营业执照虽然已经被吊销，但一直没有办理注销登记手续，表明乙公司是依法存续的企业法人，甲仍然是乙公司合法的法定代表人。

在不动产登记资料查询实务中，《不动产登记资料查询暂行办法》第四条第二款规定，不动产权利人、利害关系人可以委托律师或者其他代理人查询、复制不动产登记资料。据此可知，作为不动产权利人的法人尚且可以委托代理人查询、复制其不动产登记资料，那么，作为该法人的法定代表人更可以查询、复制其不动产登记资料。本问中，如前所述，作为不动产权利人的乙公司是依法存续的企业法人，甲仍然是乙公司合法的法定代表人，甲可以以乙公司的名义申请查询该公司的不动产登记资料，即对甲以乙公司的名义提交的不动产登记原始资料查询申请，登记机构可以提供查询。

第 127 问　申请人申请不动产转移登记时提交的身份证上的信息与登记簿上记载的身份证信息不一致的，登记机构该怎样履行合理审慎的查验职责

某人因转让房屋，与受让方一起申请转让转移登记，经受理人员查询，转让方提交的居民身份证上的公民身份号码与登记簿上记载的居民居民身份证的号码不一致。经询问申请人得知：该人因在务工地购房后，享受当地政策，在当地落户并凭旧居民身份证换发了新居民身份证，新居民身份证上的号码发生了变化，但当地公安机关和原住地公安机关均称不出具居民身份证变更证明。问：对该人申请转让转移登记时提交的居民身份证，登记机构该怎样履行合理审慎的查验职责？

在司法实务中，按《最高人民法院关于审理房屋登记案件若干问题的规定》（法释〔2010〕15号）第十二条规定，登记机构对申请人提交的不动产登记申请材料履行合理审慎的查验职责。笔者据此认为，所谓合理审慎的查验职责，一般情形下，是指登记机构根据现有的设备设施条件，以一般社会人的认知标准，对申请人提交的登记申请材料的真实性、合法性和有效性进行判定。本问中，因申请人申请不动产转移登记时提交的身份证信息与登记簿上记载的身份证信息不一致，登记机构为其办理转移登记时，应当履行的合理审慎的查验职责主要有：

第一，通过居民身份证识别器，查验申请人提交的居民身份证是否

真实。若申请人提交的居民身份证是假的自无可言。若是真实的，认真比对申请人、新居民身份证和不动产登记档案中留存的居民身份证复印件上的人像是否一致或是否相像。若一致或相像，可以判定新居民身份证是基于旧居民身份证换发的。

第二，通过互联网登录原住地、现住地人民政府的信息共享渠道、数据大平台或公安机关的官网，录入新的居民身份证上的公民身份号码和原居民身份证上的公民身份号码，查验申请人的出生年月日是否同一，查验新旧居民身份证上的公民身份号码所在地区与新旧居民身份证上的记载及申请人回答登记人员的陈述是否相符，据此判定新居民身份证是否是基于旧居民身份证换发的。能够判定新居民身份证是基于旧居民身份证换发的，将相关查询页面打印件作为登记材料归卷。若通过原住地、现住地人民政府的信息共享渠道、数据大平台或公安机关的官网，无法核查的，可由申请人出具身份证明信息情况变更说明并作为登记申请材料。

第三，在不动产登记实务中，按《不动产登记暂行条例实施细则》第二十六条第（一）项规定，登记簿上记载的居民身份证上的公民身份号码变更属于当事人申请变更登记的情形。笔者据此认为，本问中，由于登记簿上记载的转让方的居民身份证上的公民身份号码已经发生了变更，转让方应当申请因居民身份证上的公民身份号码变更产生的变更登记后再与受让方一起申请转让转移登记，当然，这两个登记间有密切的联系，申请人可以一并申请后，登记机构合并受理。合并受理后，登记机构根据审查情况，在与申请人协商一致的情形下，对拟变更登记的内容予以公告。公告期满无人提出异议或异议不成立的，依次办理因居民身份证上的公民身份号码变更产生的变更登记和转让转移登记。无需对变更登记内容进行公告的，直接依次序办理因居民身份证上的公民身份号码变更产生的变更登记和转让转移登记。

整个过程体现的是，登记机构履行了合理审慎的查验职责。

第 128 问　因放弃产生的不动产注销登记完成后原权利人持其曾经申请该不动产首次登记的申请材料再次申请该不动产首次登记的，登记机构可否作不予登记处理

甲因出让取得一宗地的国有建设用地使用权后，办理了建设工程规划许可证并依规划条件建造了一幢房屋，房屋竣工后，取得了建设工程竣工验收备案表，甲申请了国有建设用地使用权及地上房屋所有权首次登记，领取了不动产权属证书。后因不明原因，以放弃该国有建设用地使用权及地上房屋所有权为由申请不动产注销登记。现该国有建设用地使用权及地上房屋所有权注销登记已经完成。问：如果甲再凭原用地、建房手续等材料申请该国有建设用地使用权及地上房屋所有权首次登记，登记机构可否作不予登记处理？

笔者认为，在因依法将该国有建设用地使用权及地上房屋所有权收归国有的不动产登记记载在登记簿上前，如果甲再凭原用地、建房手续等材料申请该国有建设用地使用权及地上房屋所有权首次登记的，登记机构可以作不予登记处理。

从实体上看，设立不动产物权应当遵守"一物一权"的民法原则。所谓"一物一权"的民法原则，是指在一个物上不能设定两个以上（含两个）内容相冲突的物权，比如一个物上不能设定两个所有权。本问中，如前所述，甲因放弃产生的国有建设用地使用权及地上房屋所有权注销登记完成后，仍然记载在登记簿上的该国有建设用地使用权及地上房屋所有权并没有绝对消灭，其归属处于待定状态（将按程序收归国有）。甲就该宗地和地上房屋再次申请国有建设用地使用权及地上房屋所有权首次登记，即在该宗地和地上房屋上拟再在登记簿上记载一个国有建设用地使用权及地上房屋所有权，有悖于"一物一权"的民法原则。从程序上看，在不动产登记实务中，按《不动产登记规程》（TD/T 1095—2024）5.4.8 条之e）规定，申请登记的事项与不动产登记簿的记载相冲突的，登记机构应当作不予登记处理。据此可知，本问中，甲申请将该宗地的国有建设用地使用权及地上房屋所有权再次首次登记在其名下，与登记簿上仍然存续的归属待定的国有建设用地使用权及地上房屋所有权相冲突。概言之，无论从实体上看还是从程序上看，甲再凭原用地、建房手续等材料就同一宗地和地上房屋再次申请国有建设用地使用权及地上房屋所有权首次登记均属于登记机构作不予登记处理的情形。

另外，笔者认为，本问中，以甲的名义办理的土地出让合同、建设工程规划许可证、建设工程竣工验收备案表等用地、建房材料已被登记机构采用为甲办理国有建设用地使用权及地上房屋所有权首次登记的证据材料，是合法、真实、有效的材料。笔者认为，因甲放弃权利产生的注销登记虽然已经办结，但不影响土地出让合同、建设工程规划许可证、建设工程竣工验收备案表等材料本身的合法性、真实性、有效性。然而，在不动产登记实务中，作为不动产登记原因证明（权属来源材料）的土地出让合同、建设工程规划许可证、建设工程竣工验收备案表等材料支撑的国有建设用地使用权及地上房屋所有权已经登记在甲名下，即其支撑的结果已经产生，但该已经产生的结果（即已经登记在甲名下的国有建设用地使用权及地上房屋所有权）被甲放弃。甲若再凭原土地出让合同、建设工程规划许可证、建设工程竣工验收备案表等材料就同一宗地和地上房屋再次申请国有建设用地使用权及地上房屋所有权首次登记的，则这些材料不再具有国有建设用地使用权及地上房屋所有权权属证明效力，登记机构不应当再用作办理不动产登记的证据材料。

第129问　登记机构为当事人办理转让抵押不动产产生的转移登记，是否侵害抵押权人的利益

有登记机构问：若登记机构为当事人办理因转让抵押不动产产生的转移登记，是否侵害抵押权人的利益？

笔者认为，登记机构为当事人办理因转让抵押不动产产生的转移登记，不侵害抵押权人的利益。

一、从法律规定上看，登记机构为当事人办理因转让抵押不动产产生的转移登记，不侵害抵押权人的利益

《民法典》第四百零六条第一款规定，抵押期间，抵押人可以转让抵押财产。当事人另有约定的，按照其约定。抵押财产转让的，抵押权不受影响。据此可知，一般情形下，抵押人可以转让抵押财产，但抵押权不因该抵押财产的转让而受影响，即抵押财产被转让后，受让人承接该抵押财产上既有的抵押权负担。换言之，转让抵押不动产产生的转移登记完成后，登记簿上记载在该不动产上的抵押人虽然没有变更为受让人，但该抵押权仍然持续有效，在实现抵押权的条件成就时，抵押权人追踪该不动产实现抵押权，即抵押权人可以就该不动产的变现款优先受偿，也可以就该不动产折价抵债。概言之，一般情形下，基于抵押权的追及效力，抵押人转让抵押不动产后抵押权人的利益也能够得到充分保障。因此，登记机构为当事人办理因转让抵押不动产产生的转移登记，不侵害抵押权人的利益。

二、从不动产登记实务上看，登记机构为当事人办理因转让抵押不动产产生的转移登记，不侵害抵押权人的利益

1. 办理因转让《民法典》施行前抵押的不动产产生的转移登记

在不动产登记实务中，按《不动产登记规程》（TD/T 1095—2024）5.2.7条规定，《民法典》施行前已办理抵押权登记的不动产，抵押期间申请转移登记的，应提交抵押权人同意的书面材料。据此可知，抵押权是在《民法典》施行前登记的，登记机构办因转让抵押不动产产生的转移登记时，应当收取抵押权人同意抵押人转让抵押不动产或同意办理因抵押人转让抵押不动产产生的转移登记的证明，否则，不予办理该件转移登

记。申言之，如果抵押权人出具了同意抵押人转让抵押不动产或同意办理因抵押人转让抵押不动产产生的转移登记的证明，表明抵押权人自愿承担因抵押不动产被转让导致其债权失去保障的风险，此情形下，抵押权人的利益受损，也因抵押权人出具了同意抵押人转让抵押不动产或同意办理因抵押人转让抵押不动产产生的转移登记的证明所致，而非登记机构办理的因转让抵押不动产产生的转移登记所致。

2. 办理因转让《民法典》施行后抵押的不动产产生的转移登记

按《不动产登记规程》（TD/T 1095—2024）5.2.7条规定，《民法典》施行后办理抵押权登记的不动产，抵押期间申请转移登记的，不动产登记簿上记载禁止或者限制转让抵押财产的约定的，应由受让人、抵押人和抵押权人共同申请；不动产登记簿上没有记载约定的，由受让人、抵押人共同申请。据此可知：一是登记簿上无当事人关于禁止或限制转让抵押不动产的约定的，因转让抵押不动产产生的转移登记由受让人、抵押人（转让人）共同申请，若如此，受让人可能因善意取得抵押不动产而使抵押权人的债权失去保障，此情形下，抵押权人的利益可能受损，但受损的原因是登记簿没有记载当事人关于禁止或限制抵押人转让抵押不动产的约定，以阻却受让人善意取得抵押不动产，即抵押权人的利益受损是其不行使法律的规定赋予的权利保护自己的利益所致，而非登记机构办理的因转让抵押不动产产生的转移登记所致。二是登记簿上记载有当事人关于禁止或限制抵押人转让抵押不动产的约定，此情形下，因转让抵押不动产产生的转移登记由受让人、抵押人（转让人）和抵押权人共同申请，表明抵押权人知晓抵押不动产被转让的事实，且配合转让方与受让方申请办理转移登记手续，并自愿承担因抵押不动产被转让导致其债权失去保障的风险。此情形下，抵押权人的利益受损，也非登记机构办理的因转让抵押不动产产生的转移登记所致。

结论：无论是从法律规定上看，还是从不动产登记实务上看，登记机构为当事人办理因转让抵押不动产产生的转移登记,均不侵害抵押权人的利益。

第 130 问　如何理解不动产登记中的"法无禁止即可为"与"法无授权不可为"

案例一：申请人申请因离婚转移登记的集体建设用地使用权及地上房屋所有权是其在婚姻关系存续期间取得,但登记在配偶一方名下且没有载明为该配偶单独享有。登记机构认为,《不动产登记暂行条例实施细则》第四十六条和《不动产登记规程》（TD/T 1095—2024）7.5.3.1 条规定的当事人可以申请集体建设用地使用权及地上房屋所有权转移登记的情形中没有"离婚、析产",换言之,"离婚、析产"不是导致集体建设用地使用权及地上房屋所有权转移的情形。基于"法无授权不可为"的原则,登记机构不能为当事人办理因离婚产生的集体建设用地使用权及地上房屋所有权转移登记。申请人则认为,法律、行政法规没有规定夫妻离婚时作为夫妻共同财产的集体建设用地使用权及地上房屋所有权不可以分割,"法无禁止即可为",登记机构应当为其办理离婚转移登记。孰对孰错？

案例二：房地产开发企业用净地作抵押,在银行获得 1 亿元的贷款,办理了一般抵押权登记。之后,房地产开发企业根据银行的要求,增加地上新增的在建建筑物作为抵押物,与已经抵押的净地共同担保该 1 亿元的贷款债权。房地产开发企业与银行持以增加抵押物（在建建筑物）为主要内容的抵押合同变更协议向登记机构申请抵押权变更登记。登记机构认为,《不动产登记暂行条例实施细则》第六十八条和《不动产登记规程》（TD/T 1095—2024）7.13.2.1 条规定的当事人可以申请抵押权变更登记的情形中没有"增加抵押物",换言之,"增加抵押物"不是导致抵押权变更的情形。基于"法无授权不可为"的原则,登记机构不能为申请人办理因增加地上新增的在建建筑物作为抵押物产生的抵押权变更登记。申请人则认为,法律、行政法规没有规定不可以增加抵押物,"法无禁止即可为",

第十一部分 其 他

登记机构应当为其办理抵押权变更登记。孰对孰错?

问:在不动产登记中,因"法无禁止即可为"与"法无授权不可为"产生的碰撞时有发生,二者能否和谐共处?

一、"法无禁止即可为"与"法无授权不可为"的含义

"法无禁止即可为"与"法无授权不可为"是二个意思相反的法谚,但"法无禁止即可为"是民法上的法谚,"法无授权不可为"是公法上的法谚。

"法无禁止即可为"又称"法无禁止皆自由",是指自然人、法人、非法人组织等民事主体,在不违反法律的规定明确禁止的情形下,依自己的意思参与民事活动,建立民事法律关系,为自己设定权利或义务,据此产生的权利受法律的保护,当然,当事人不履行据此产生的义务时,也要承担相应的法律责任。因此,民事主体在"法无禁止即可为"的前提下,参与民事活动,建立的民事法律关系,是其设立、变更、转移和消灭不动产权利的原因。

"法无授权不可为",是指国家公权机关在法律的规定赋予的权限范围内依照法律规定的程序处理公务,即国家公权机关不得超越职权处理公务,不得违反法定程序处理公务。具体到不动产登记,是指不动产登记机构依照法律的规定赋予的不动产登记职权,按法定程序将当事人基于民事法律行为、非基于民事法律行为(基于法律文书或人民政府的征收决定、继承、合法建造或拆除房屋等)设立、变更、转移和消灭的不动产权利记载在登记簿上,供相关的当事人查询、知晓,为其抉择是否与登记簿上记载的不动产产生交易提供可信赖的信息,以维护交易安全,稳定交易秩序。

概言之,在不动产登记中,"法无禁止即可为"产生设立、变更、转移和消灭不动产权利的原因,"法无授权不可为"产生设立、变更、转移和消灭不动产权利登记的结果,二者如何协调一致呢?

二、"法无禁止即可为"与"法无授权不可为"在不动产登记中的协调一致

按《不动产登记暂行条例》第五条规定，登记机构的职权是对集体土地所有权、房屋等建筑物（构筑物）所有权、森林（林木）所有权、耕地（林地、草地等）土地承包经营权和土地经营权、建设用地使用权、宅基地使用权、海域使用权、地役权、抵押权及法律规定需要登记的其他不动产权利进行登记。申言之，对民事主体基于"法无禁止即可为"设立、变更、转移和消灭的集体土地所有权、房屋等建筑物（构筑物）所有权、森林（林木）所有权、耕地（林地、草地等）土地承包经营权和土地经营权、建设用地使用权、宅基地使用权、海域使用权、地役权、抵押权及法律规定需要登记的其他不动产权利进行登记属于登记机构的职权范围，这是"法无禁止即可为"与"法无授权不可为"在不动产登记职权上协调一致的体现。

如前所述，登记机构实施不动产登记时，须严格遵守法定的登记程序，即登记机构实施不动产登记时，须遵守法定的方式、步骤、顺序、手续等。按《民法典》《不动产登记暂行条例》《不动产登记暂行条例实施细则》《不动产登记规程》（TD/T 1095—2024）的相关规定，登记机构实施不动产登记的方式是将申请人申请登记的且满足登记要求的内容记载在登记簿上，明确物的归属，发挥物的效用，保护权利人的不动产物权；登记机构实施不动产登记的步骤和先后顺序是申请人申请不动产登记、登记机构受理不动产登记申请、审核不动产登记申请、记载于登记簿；登记机构实施不动产登记的手续是指申请人提交的登记申请书、身份证明、登记原因证明材料等。民事主体基于"法无禁止即可为"产生的设立、变更、转移和消灭不动产权利的原因材料，更是登记机构办理不动产登记时依据的手续。民事主体基于"法无禁止即可为"产生的设立、变更、转移和消灭不动产权利的原因对应的是不动产登记程序上的导致不动产权

第十一部分 其 他

利设立、变更、转移和消灭的情形。这是"法无禁止即可为"与"法无授权不可为"在不动产登记程序上协调一致的体现。

案例一中，按《民法典》第一千零八十七条规定，一般情形下，离婚时，夫妻的共同财产可以由原夫妻以协议的方式进行分割。本问中，离婚的夫妻以申请离婚转移登记的方式确认登记在配偶一方名下的集体建设用地使用权及地上房屋所有权为其夫妻共同财产并对其作分割，有法律上的依据。在不动产登记实务中，离婚的夫妻申请离婚转移登记时提交的离婚协议是《不动产登记暂行条例实施细则》第四十六条第一款第（二）项规定的集体建设用地使用权及地上建筑物所有权发生转移的材料。《不动产登记规程》（TD/T 1095—2024）7.5.3.1条规定："已经登记的集体建设用地使用权及建筑物、构筑物所有权，因下列情形导致权属发生转移的，当事人可申请转移登记：a）集体经营性建设用地使用权及建筑物、构筑物所有权转让、互换、出资、赠与等导致权属发生转移的；b）继承或者受遗赠的；c）因企业合并、分立、破产、兼并等情形，导致建筑物、构筑物所有权发生转移的；d）共有人增加或者减少以及共有份额变化的；e）因人民法院、仲裁机构的生效法律文书等导致权属转移的；f）法律、行政法规规定的其他情形。"据此可知，离婚的夫妻分割作为夫妻共同财产的集体建设用地使用权及地上房屋所有权不属于该条之a）、之b）、之c）、之d）、之e）规定的导致集体建设用地使用权及建筑物、构筑物所有权转移的具体情形，但属于该条之f）规定的法律、行政法规规定的导致集体建设用地使用权及地上房屋所有权权属转移的其他情形。

案例二中，按《民法典》第四百条第二款第（三）项规定，一般情形下，抵押财产的数量是抵押合同的内容。该法第五百四十三条规定，当事人协商一致，可以变更合同。据此可知，抵押权人和抵押人在协商一致的情形下，可以变更抵押合同载明的抵押财产数量。一般情形下，抵押权人和抵押人通过签订抵押合同变更协议的方式变更抵押合同载明的抵押财产数量。在不动产登记实务中，《不动产登记暂行条例实施细则》第六十八条第一款规定："有下列情形之一的,当事人应当持不动产权属证书、不动产登记证明、抵押权变更等必要材料,申请抵押权变更登记:(一)抵押人、抵押权人的姓名或者名称变更的;(二)被担保的主债权数额变更的;(三)债务履行期限变更的;(四)抵押权顺位变更的;(五)法律、行政法规规定的其他情形。"据此可知,抵押权人和抵押人通过签订抵押合同变更协议变更抵押财产数量不是该条第一款第(一)项至第(四)项规定的导致抵押权变更的具体情形,但是该条第一款第(五)项规定的法律、行政法规规定的抵押权发生变更的其他情形,抵押合同变更协议是该处规定的抵押权发生变更的证明材料。

结论:在不动产登记中,"法无禁止即可为"与"法无授权不可为"在不动产登记机构的职权上和实施不动产登记的程序上是协调一致的。

主要参考书目

[1] 梁慧星. 中国民法典草案建议稿附理由·物权编[M]. 北京：法律出版社，2004.

[2] 梁慧星. 中国民法典草案建议稿附理由·侵权行为编·继承编[M]. 北京：法律出版社，2004.

[3] 梁慧星. 民法总论[M]. 北京：法律出版社，2001.

[4] 王利民. 民法学[M]. 上海：复旦大学出版社，2004.

[5] 王利明. 物权法教程[M]. 北京：中国政法大学出版，2003.

[6] 彭万林. 民法学[M]. 北京：中国政法大学出版社，2002.

[7] 王国征. 中国民法原理[M]. 济南：山东人民出版社，2004.

[8] 佟柔，周大新. 佟柔中国民法讲稿[M]. 北京：北京大学出版社，2008.